社会学の基礎

松本 康 監修
小池 靖
貞包英之 編

有斐閣

はじめに

今日，日本の多くの大学で社会学が教えられている。社会学を専門とする学部・学科・専攻だけでなく，全学共通科目や一般教養科目といった枠のなかに社会学の講義がおかれていることも多い。授業用の教科書として販売されている社会学の入門書を見ればわかるように，その内容はかなり多様で，初学者にとって社会学の全体像はわかりにくい。ふつう教科書といえば，ある程度標準化されているものなのだが，日本の社会学の教科書はほとんど標準化されていないように思われる。

ところが英語圏の教科書を調べてみると，多様性のなかにもある種の統一性が見られ，教科書としてのスタンダードがあることがわかる。だがそのようなスタンダードを体現した日本語の教科書は，翻訳書を除けば見当たらない。おそらくそのようなスタンダードがあること自体，日本ではだれも意識していないのではあるまいか。

そこで，本書では，限られた紙幅のなかで，できるだけこのスタンダードに準拠する努力をした。具体的には，全体を4部に分割し，第1部は，社会学の視点を導入した後に，社会の構造と機能に関する基礎的な理論（文化，社会化，集団・組織，逸脱など）をおき，第2部は社会階層，人種，ジェンダーなどの社会的なカテゴリーの多様性と不平等を，第3部は家族，宗教，経済，政治など社会の諸制度を扱い，最後の第4部はマクロな社会変動として都市化，情報化，環境を扱うこととした。英語の教科書では独立した章として扱われることの多いテーマのうち，章として取り上げることのできなかったテーマはコラムとして可能なかぎり言及するようにした。

目　次

III　社会の諸制度

執筆者紹介

（執筆順。◆は監修者，◇は編者）

◆**松本　康**（まつもと やすし）　〔Prologue，Chapter1〕

現職　大妻女子大学社会情報学部教授

主著　『「シカゴ学派」の社会学——都市研究と社会理論』有斐閣，2021 年。『都市社会学・入門〔改訂版〕』（編著）有斐閣，2022 年。

本田量久（ほんだ かずひさ）　〔Chapter2〕

現職　東海大学観光学部教授

主著　『「アメリカ民主主義」を問う——人種問題と討議民主主義』唯学書房，2005 年。『公正な社会とは——教育，ジェンダー，エスニシティの視点から』（共編著）人文書院，2012 年。

前田泰樹（まえだ ひろき）　〔Chapter3〕

現職　立教大学社会学部教授

主著　『心の文法——医療実践の社会学』新曜社，2008 年。『急性期病院のエスノグラフィー——協働実践としての看護』（共著）新曜社，2020 年。

山田真茂留（やまだ まもる）　〔Chapter4〕

現職　早稲田大学文学学術院教授

主著　『集団と組織の社会学——集合的アイデンティティのダイナミクス』世界思想社，2017 年。『グローバル現代社会論』（編著）文眞堂，2018 年。

岡邊　健（おかべ たけし）　〔Chapter5〕

現職　京都大学大学院教育学研究科教授

主著　『現代日本の少年非行——その発生態様と関連要因に関する実証的研究』現代人文社，2013 年。『犯罪・非行の社会学——常識をとらえなおす視座〔補訂版〕』（編著）有斐閣，2020 年。

中澤　渉（なかざわ わたる）　〔Chapter6, Column ④〕

現職　立教大学社会学部教授

主著　『日本の公教育——学力・コスト・民主主義』中央公論新社，2018 年。『学校の役割ってなんだろう』筑摩書房，2021 年。

太田麻希子（おおた まきこ）〔Column ①〕

現職 立教大学社会学部准教授

主著 「スクオッター集落の形成過程にみる女性の「労働力人口化」と「非労働力人口化」――マニラの港湾地域を事例に」『女性学』第 24 号，2017 年。「マニラのスクオッター集落における高学歴女性就労者」『日本都市社会学会年報』第 39 号，2021 年。

石井香世子（いしい かよこ）〔Chapter7〕

現職 立教大学社会学部教授

主著 "Access to citizenship for abandoned children: how migrants' children become 'stateless' in Japanese orphanages" *Journal of Ethnic and Migration Studies*. 47（5）, 2020. "Remarriage migration of women in Asia: The case of Japan" *International Migration*. 61（4）, 2023.

高橋　幸（たかはし ゆき）〔Chapter8〕

現職 石巻専修大学人間学部准教授

主著 『フェミニズムはもういらない，と彼女は言うけれど――ポストフェミニズムと「女らしさ」のゆくえ』晃洋書房，2020 年。『離れていても家族』（共著）亜紀書房，2023 年。

原田　謙（はらだ けん）〔Column ②③〕

現職 実践女子大学人間社会学部教授

主著 『「幸福な老い」と世代間関係――職場と地域におけるエイジズム調査分析』勁草書房，2020 年。『社会的ネットワークと幸福感――計量社会学でみる人間関係』勁草書房，2017 年。

阪井裕一郎（さかい ゆういちろう）〔Chapter9〕

現職 大妻女子大学人間関係学部准教授

主著 『仲人の近代――見合い結婚の歴史社会学』青弓社，2021 年。『事実婚と夫婦別姓の社会学〔改訂新版〕』白澤社，2022 年。

◇小池　靖（こいけ やすし）〔Chapter10〕

現職 立教大学社会学部教授

主著 『セラピー文化の社会学――ネットワークビジネス・自己啓発・トラウマ』勁草書房，2007 年。『心理療法が宗教になるとき――セラピーとスピリチュアリティをめぐる社会学』立教大学出版会，2023 年。

◇**貞包英之**（さだかね ひでゆき） 〔Chapter11〕

現職 立教大学社会学部教授

主著 『サブカルチャーを消費する――20世紀日本における漫画・アニメの歴史社会学』玉川大学出版部，2021年。『消費社会を問い直す』筑摩書房，2023年。

丸山真央（まるやま まさお） 〔Chapter12〕

現職 滋賀県立大学人間文化学部教授

主著 『「平成の大合併」の政治社会学――国家のリスケーリングと地域社会』御茶の水書房，2015年。“Urban governance of the COVID-19 pandemic in Japan: An urban political sociological approach to the case of Osaka” *Japanese Journal of Sociology* 31（1）, 2022.

高木恒一（たかぎ こういち） 〔Chapter13〕

現職 立教大学社会学部教授

主著 『都市住宅政策と社会―空間構造――東京圏を事例として』立教大学出版会，2012年。『多層性とダイナミズム――沖縄・石垣島の社会学』（共編著）東信堂，2018年。

木村忠正（きむら ただまさ） 〔Chapter14〕

現職 立教大学社会学部教授

主著 『デジタルネイティブの時代――なぜメールをせずに「つぶやく」のか』平凡社，2012年。『ハイブリッド・エスノグラフィー――NC（ネットワークコミュニケーション）研究の質的方法と実践』新曜社，2018年。

関　礼子（せき れいこ） 〔Chapter15〕

現職 立教大学社会学部教授

主著 『福島原発事故は人びとに何をもたらしたのか――不可視化される被害，再生産される加害構造』（共編）新泉社，2023年。『語り継ぐ経験の居場所――排除と構築のオラリティ』（編著）新曜社，2023年。

Prologue　社会学とは？

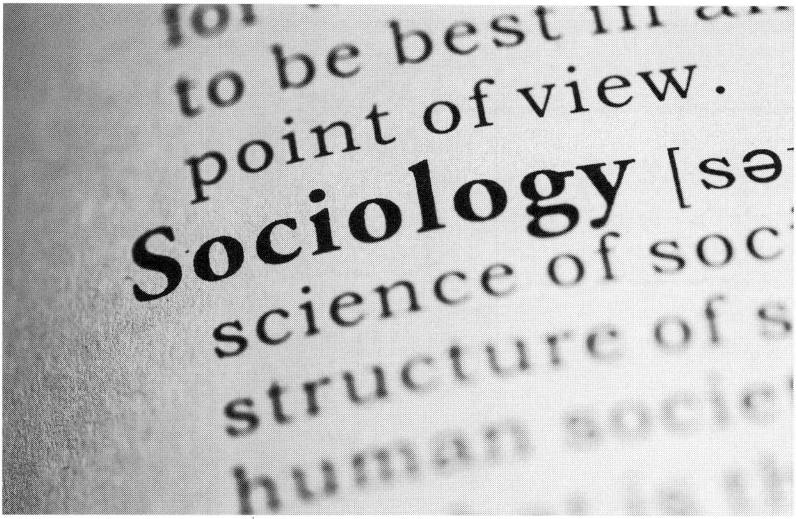

Chapter Overview——本章の要約

社会学は人間社会に関する科学的な研究である。社会学は，私たちの日常生活と社会とのつながりを理解することによって，私たちが社会の変化にどのように関わることができるのかを考えるために生まれてきた。歴史的には，社会学は産業革命と市民革命による社会の変化を予測するために19世紀前半にヨーロッパで生まれた。19世紀の後半までに，社会学は産業社会の社会問題を考察する学問となり，とくに米国では，書斎の学問から実地調査にもとづく実践的な学問に発展した。20世紀中葉には，パーソンズの構造-機能主義によって社会学の理論的体系化が図られ，今日では，このほかに闘争理論とシンボリック相互作用論が社会学のアプローチとして認められている。社会学を学ぶ意義は個人の人生を社会の変化と結びつけて考えられるようになることにある。また，社会学を学ぶことで得られる総合的な判断力や調査能力は，職業生活にも大いに活用できる。

Learning Objectives——学修目標

・社会学とはどのような学問かを述べることができる。
・社会学がどのように発展してきたかを述べることができる。
・社会学を学ぶ意義について述べることができる。

1 社会学とはどのような学問か

本章では，導入として，社会学とはどのような学問であるのか，それはどのような背景のもとで生まれてきたのか，そして社会学を学ぶ意義とはどのようなものかについて述べる。

社会学は，人間社会に関する科学的な研究である。それは，経済学や政治学などとならんで社会科学の一分野を構成している。社会学が研究する人間社会は，社会的相互行為と呼ばれる人びとの相互作用から生み出される。私たちは，生きていくうえで，他の人間との関わりをもたざるをえない。他者との関わりは，相互作用の始まりである。複数の人間が相互作用を始めるとき，そこに社会現象が生じる。集団や組織がつくられ，規則や慣習が生まれる。社会学が対象とするのは，そのような社会現象である。社会学では，人と人との関係から，集団や組織，コミュニティ，国家単位の「社会」，さらに国境を越えて広がる世界システムまで，さまざまなスケールの社会現象を扱う。

個々人にとっては，生まれてきたときに，すでに社会は存在していた。私たちは，社会のなかで育てられ，社会の構成員となり，そして日々，社会を生み出していく。私たちの日常生活は，すべて社会の一部をなしている。社会は空気のような存在であり，私たちもその一部であるために，なかなかその存在に気がつかない。社会学を学ぶということは，日常的な場面で出会う社会現象に気づくことであり，日常生活とより大きな社会とのつながり，したがって個々人の人生と社会の変化とのつながりに気づくことでもある。

C・ライト・ミルズ（1916–1962）は，私たちの人生をたんに個人的な出来事としてとらえるのではなく，歴史との関わりのなかでとらえる見方を**社会学的想像力**と呼んだ（Mills 1959＝2017）。たとえば，就職が決まらないことは，個人にとって不幸な出来事である。自分は必要とされない人間なのかと思い悩んでしまう。しかし，就職を労働市場との関連でとらえれば，見方が変わってくる。大学卒業時に好況だった世代は，希望の職に就くことが比較的容易で，たまたま不況のときに大学卒業を迎えた世代は，なかなか希望の職に就くことができない。求人数が限られていれば，個人の努力ではどうにもならない限界がある。新卒一括採用という日本の慣行があるために，卒業時の労働市場の状況によって，就職できる確率は変わってしまい，それが人々の人生にも影響を与える。

これは一例にすぎない。社会学は，個人的な選択と見える多くの出来事が，社会の力によって影響されていることを明らかにしてきた。社会学は，その力の根源を理解し，私たちが社会の変化にどのように関わることができるのかを考える学問である。

2 社会学はどこから来てどこへ行くのか

社会学の問い

私たちは，社会の変化にどのように関わることができるのか。社会学は，この問いから生まれた。時代は18世紀後半，フランスの貴族であり軍人であったクロード・アンリ・サン–シモン（1760–1825）は，軍務でアメリカ独立革命に関わった。当時，北米東部13州は英国の植民地で，本国からの課税に苦しんでいた。1773年，ボストンで英国に対する反乱が起こり，独立革命の火ぶたが切られた。英国と対立関係にあったフランスは，絶対王政のもとにあったにもかかわらず，英国を弱体化させる好機とみて，革命軍に援軍を送った。

若きサン–シモンはこのときアメリカで民主主義革命を目の当たりにして，フランスに戻った。フランス革命が勃発したのは，その直後であった。サン–シモンは，『ベルサイユのばら』のオスカルやアンドレのような状況におかれた。彼もまた，オスカルやアンドレのようにアンシャンレジーム（旧体制）が長くもつはずはないと直観した。フランス革命のさなかに，彼は，投機のかどでリュクサンブールの牢獄に監禁され，獄中である夢を見た。その夢とは，ご先祖さまであるチャールズ大帝が現れ，これからは哲学者として生きよと告げたというのである（五島・坂本 1980）。サン–シモンは，フランス革命後の王政復古の時代に，「社会生理学」（physiologie sociale）を唱え，これからは科学と産業の時代が訪れると主張して，産業に従事する階級「産業者」が支配する社会を構想し，「サン-シモン主義」と呼ばれる一種の社会運動に身を捧げた。

貴族であり支配階級の一員であったサン-シモンが，貴族の時代は終わりつつあると悟ったとき，彼は社会の変化にどう関わるべきかを熟考した。そして新しい社会を切り開く生き方を選んだのである。

「社会学」の誕生

ある日，パリのサン-シモン事務所に，ひとりの青年が現れた。王政復古の時代に革命派の拠点となっていたエコール・ポリテクニック（理工科大学）から退学処分を受けたオーギュスト・コント（1798-1857）である。コントは，サン-シモンの秘書として，革命後のフランスの社会再組織化に関する文書を書いているうちに，自分はサン-シモンよりもずっと学術的に社会に関する科学を展開できると確信するようになった。コントは，やがてサン-シモンと袂(たもと)を分かち，『実証哲学講義』という書物を著して，社会に関する科学を「社会学」と名づけた（阿閉 1957；清水 1978，1980）。コントもまた，王党派と革命派が対立し，混乱するフランス社会の進むべき道を産業社会の発展に見いだし，社会の再組織化を導く「科学」として，社会学を構想したのである。

「社会学」は，その後，多くの学者・思想家によって構想された。19 世紀の半ばに，英国では，ハーバート・スペンサー（1820-1903）が，社会は生物のように自然に進化するものであるという社会進化論を唱え，自由放任型の資本主義の発展を正当化した。社会は人びとの生存競争により進化する。人為的な介入は必要ないというのである（友枝 1981）。

同じ頃，ドイツから亡命してロンドンに滞在していたカール・マルクス（1818-1883）は，サン-シモンのいう「産業者」，つまり産業に従事する人びとが，実はひとつの階級ではなく，工場や原料などの生産手段を所有し労働者を雇用する**ブルジョアジー**（資本家階級）と，生産手段を所有せず労働力を売る――つまり資本家に雇われる――ことによって生活するしかない**プロレタリアート**（労働者階級）の二つの階級に分裂していることに気がついた。資本主義の発展とともに貧富の差は拡大し，階級闘争は激化する。サン-シモンは，「産業者階級」が支配することで，貴族と産業者との階級闘争が終わると考えたが，マルクスは，労働者階級が権力を握るまで階級闘争は終わらないと考えた。マルクスの盟友であるフリードリッヒ・エンゲルスは，サン-シモンの社会主義は「空想的」であるのに対して，マルクスとエンゲルスの社会主義は「科学的」であるとして，自分たちの理論の優位性を主張した（Engels 1883＝1966）。

産業社会の現実

19世紀の後半になると，産業社会の影の部分が目立ってきた。フランスの社会学者，エミール・デュルケム（1858–1917）は，『自殺論』のなかで，ヨーロッパ社会における自殺率の急速な増大の背景に，**アノミー**——個人の欲求を規制する社会の力が失われている状態——があることを見いだした（Durkheim 1897）。一見すると個人的な出来事である自殺も，自殺率という形で集計してみると，そこに社会の影響が見いだされる。デュルケムは，社会的分業の発展が，アノミーをひきおこし，個人の欲求を際限なく肥大化させることで，かえって人びとを絶望に追いやってしまうところに，19世紀後半のヨーロッパ社会の危機があると考えた。それでもデュルケムは，分業の発達した社会には，それにふさわしい形の社会的連帯がありうると信じていた。それは，かつての氏族社会のような類似にもとづく社会的連帯（デュルケムはそれを**機械的連帯**と呼ぶ）とは区別された**有機的連帯**——分業の発達した社会において，各自が職業をつうじて社会に貢献し相互に依存することによって生じる社会的連帯——であると考えられた（Durkheim 1893）。職業集団を再建して，有機的連帯を確立することができれば，欲求の際限のない肥大化は抑えられ，心の平安が得られ，人びとは幸福になると考えたのである。

19世紀末から20世紀初頭に生きたドイツの社会学者，マックス・ヴェーバー（1864–1920）はさらに暗い。現代に生きるわれわれは，なぜ勤勉に働かなければならないのか，なぜ職業労働に専念しなければならないのか，そしてなぜ組織の歯車にならなければならないのか。このつらい現実を生み出した近代資本主義の根源を突き止めるために，ヴェーバーはなぜヨーロッパにおいて近代資本主義が成立したのかを問うた。プロテスタンティズムの世俗内禁欲の倫理は，ひたすら職業労働に専念する生活態度を生み出し（Weber 1920＝1989），近代官僚制は，機械のように正確だが人間味のないピラミッド型の組織として，役所だけでなく民間企業にも広まった（Weber 1956a＝1960）。西洋中世の自治都市は，封建制のただなかで，近代国家と近代資本主義の原型をつくりだした（Weber 1956b＝1964）。これらの歴史的要因が，合理性を追求するヨーロッパの近代を生み出した。このことを証明するために，ヴェーバーは壮大な比較歴史社会学の研究に取り組み，その副産物として多くの有用な社会学の概念を後世に残した。しかし，ヴェーバーは，この近代の現実に耐えるしかないと考えていた。

社会改革の社会学

社会学は19世紀の後半に米国に移植され，20世紀を通じて米国で飛躍的に発展した。産業革命を背景に大都市に成長したシカゴでは，ヨーロッパから多くの移民が集まり，貧富の差が拡大して，犯罪や非行などの社会問題に悩まされた。社会学は，社会改革によって都市問題を解決するための実践的な科学として受け入れられ発展した。その拠点となったのが，世界で初めて社会学の学位を出す大学院を設置したシカゴ大学であった。20世紀初頭のシカゴ大学では，ヨーロッパの社会学に学びつつも，地元の都市問題に取り組むために，フィールドワークを重視した。社会学は，米国で，書斎の学問から実地調査にもとづいて社会改革を提言する実践的な学問に変貌した（松本 2021）。

社会学の体系化

20世紀の半ばまでに，社会学は大学で教える社会科学の一分野として急速に発展し，体系化が図られた。社会学理論の体系化は，ハーバード大学を拠点としたタルコット・パーソンズ（1902–1979）によって大きく前進した。パーソンズは，ドイツ留学中にマックス・ヴェーバーの業績に触れて社会学の研究を始め，フランスの社会学者エミール・デュルケム，イタリアの経済学者・社会学者ヴィルフレド・パレート，英国の経済学者アルフレッド・マーシャルらの理論を踏まえて，社会を社会的行為の体系としてとらえる理論を提唱した（Parsons 1937, 1951）。構造–機能主義と呼ばれたこの理論は，過度に抽象的であるという批判を受けたものの，社会学の基本的な用語を確定し，その相互関係を体系的に示すものであった。

一方，1940年代以降，コロンビア大学のポール・ラザースフェルド（1901–1976）らによって，量的調査の手法が発展し，質問票を使った大量調査（いわゆるアンケート調査）によってデータを集め，統計的に分析して仮説を検証する研究方法が，社会学の分野で定着するようになった。

社会学の多様なアプローチ

1960年代までに，構造–機能主義と量的調査は，社会学の標準となったかのように見えた。しかし，1960年代後半に，さまざまな批判が噴出した。その結果，社会学の理論には，おおまかにいって三つのアプローチがあるとみなされるようになった。第一は，パーソンズに代表される**構造–機能主義**（→Ch. 1）のアプローチで，社会の各部分は相互に結びついて一つの全体を構成しているという見方である。第二は，マルクスの階級理論に代表される**闘争理論**（→Ch. 1）のアプローチで，社会はそれを構成する諸集団の闘争の場であるという見方である。この二つのアプローチは，いずれもスケールの大きい集団や組織，国民社会などを分析するのに向いている。構造–機能主義は，社会の安定的なパターンを発見するのに適したアプローチであるのに対して，闘争理論は，社会を構成する諸集団のさまざまな利害関係や力関係を分析するのに適している。今日では人種解放の理論やフェミニズムの理論なども闘争理論に含まれる。第三は，シカゴ社会学の系譜を引く**シンボリック相互作用論**（→Ch. 1）のアプローチで，社会を，状況の解釈にもとづいて行動する人びとの相互作用の産物であるとする見方である。このアプローチは，具体的な状況における人びとの相互行為を分析するのに有効である。これら三つのアプローチは，それぞれ複雑な社会のもつ異なる側面に焦点を当てており，それぞれ意義のあるものである。

また調査の方法についても，フィールドワークによる質的調査と大量のデータを統計的に分析する量的調査は，双方とも社会学の典型的な研究技法となった。

社会学の未来

今日，われわれは，これまでに経験してこなかった社会の変化に直面している。少子高齢化や人口減少，グローバル化，情報技術革命，環境問題などである。社会学は19世紀に始まった学問で，工業化に伴う社会のさまざまな領域の変化を研究してきた。19世紀以降，人口は増加する一方であったから，少子高齢化・人口減少は現代社会にとって初めての経験である。グローバル化とは，人びとの関係が国境を越えて広がり，ますます緊密に影響をおよぼし合うようになることを意味しており，国民社会を最大規模の「社会」とするこれまでの見方が通用しなくなってきている。情報技術の発展もめざましい。これまで工業化が社会に大きな変化を与えてきたように，今後は情報技術革命が社会のあらゆる部分に大きな変化をもたらすであろう。都市化によって，私たちは，人工的な環境に暮らすようになった。しかし工業文明は，私たちの制御の範囲を越えた気候変動と生態系の変化を引き起こしているようである。

これらの問題にどう関わればよいのか，私たちは新しい社会学を生み出す必要に迫られている。社会はつねに変化しているので社会学の研究テーマは尽きることがない。

3 社会学を学ぶ意義

社会学は人間社会についての科学的研究である。社会学は，個人的な選択と見える多くの出来事が，社会の力によって影響されていることを明らかにしてきた。社会学は，その力の根源を理解し，私たちが社会の変化にどのように関わることができるのかを考える学問である。社会学を学ぶことによって，自分たちの人生を社会との関わりのなかでとらえることができるようになり，ひとりの市民として，社会にどう関わるべきかを考えていく手がかりが与えられる。これが社会学を学ぶ第一の意義である。

社会学を学ぶ意義の第二は，社会学で培った能力を職業生活に活かすことができる点にある。日本の場合，大学で学んだ専門分野がそのまま専門職に結びつくことは少ない。むしろ，就職活動においては，一般的な職業遂行能力が評価されることが多い。社会学のもつ総合性や視野の広さ，人間関係や組織や集団への理解力，調査能力，データ分析のスキルなどは，あらゆる職種や業種で活用できる一般的な能力である。

社会学を最も活かせる職業はなんであろうか。いうまでもなく，社会学の研究者になることである。社会はつねに変化しているので，社会学の研究テーマは尽きることがない。新しい社会現象にいち早く気づき，不思議に思い，興味をもつことができれば，社会学者としての素質は十分にある。社会学の研究と教育をとおして社会に貢献するのも，有意義な人生となるだろう。

Glossary——用語集

1節のキーワード

社会学　人間社会についての科学的研究。

社会学的想像力　個々人の人生をたんに個人的な出来事としてとらえるのではなく，社会や歴史との関わりのなかでとらえる見方（ミルズ）。

2節のキーワード

アノミー　個人の欲求を規制する社会の力が失われている状態（デュルケム）。

機械的連帯　氏族社会のような類似にもとづく社会的連帯（デュルケム）。

有機的連帯　分業にもとづく社会的連帯（デュルケム）。

3節のキーワード

ブルジョアジー（資本家階級）　生産手段を所有し，労働力を購入して商品を生産する階級（マルクス）。

プロレタリアート（労働者階級）　生産手段をもたず，労働力を売って生活費を獲得する階級（マルクス）。

Report Assignment――レポート課題

■吉野源三郎『君たちはどう生きるか』を読んで印象に残ったエピソードを中心に2000字程度の感想文を書きなさい。

Reading Guide――読書案内

①アンソニー・ギデンズ『社会学〔第5版〕』松尾精文ほか訳，而立書房，2009年

日本語で読める英語圏の教科書で，現在，唯一入手可能なもの。必ずしもスタンダードな構成ではないものの，各章は標準的な記述に英国の事情を付け加えていて読み応えがある。順序を気にせず，関心のある章を選んで読むとよい。

②C・ライト・ミルズ『社会学的想像力』伊奈正人・中村好孝訳，筑摩書房，2017年

英語圏の教科書では必ず言及される論文集。1959年に初版が出版されているが現在まで読み継がれている。とくに社会学的想像力を主題とする第1章「約束」は教科書にコラムの形で引用されることも多い。

③吉野源三郎『君たちはどう生きるか』岩波書店，1982年

盧溝橋事件の起こった1937年に中学生向けに出版された本書は，2017年に漫画としても出版されベストセラーになった。倫理学や経済学を含む社会科学の根本問題が子どもたちの日常と関わらせて，わかりやすく語られている。

I

社会のみかた

Sociology

Basics

Chapter **1** 理論と方法

Chapter Overview——本章の要約

社会学の理論的アプローチには大きく分けて構造-機能主義，闘争理論，シンボリック相互作用論の三つがある。構造-機能主義は，社会を相互に結びついた諸要素の全体としてとらえる。闘争理論は社会を諸集団のあいだの闘争の場としてとらえる。シンボリック相互作用論は，社会を，状況の解釈にもとづいて行動する人びとの相互作用の産物としてとらえる。社会学の研究方法として社会調査がある。社会調査とは，ある社会事象を研究するために，一定の方法によってデータを収集し分析する過程であり，質的調査と量的調査に大別される。質的調査は社会的世界の具体的な記述に，量的調査は仮説の検証に，それぞれ強みがある。研究倫理は，研究の全過程をつうじて順守すべき規準である。社会調査における人権やプライバシーの保護，インフォームド・コンセントのほか，研究過程全般をつうじてデータや資料の適切な扱い方や引用のルールなどを踏まえる必要がある。

Learning Objectives——学修目標

・社会学のおもな理論的アプローチについて述べることができる。
・社会学の研究方法について述べることができる。
・研究倫理の要点について述べることができる。

1 社会学の理論的アプローチ

社会学の理論

理論とは何であろうか。理論とは，複数の概念間の関係を一般的に述べたものである。社会学は，人間社会についての経験科学であるから，社会学の理論は，社会現象を記述する諸概念間の関係を一般的に述べたものということになる。そこで，社会現象を記述する概念を用意することが必要となる。他の科学と同様に，社会学も，定義が不明確な通俗的な概念を避けて，科学的な概念——専門用語——を発展させてきた（Durkheim 1985）。社会学を学ぶためには，社会学の専門用語を理解し使いこなせるようにする必要がある。また，新しい見方を提案するために，新しい専門用語をつくることも必要になる。

社会現象を記述する概念を用意するにあたって重要となるのは，複雑な社会現象をどのようにとらえ，概念化していくのか，という基本的なアプローチである。Prologue で述べたように，社会学は，これまでにおおまかにいって三つの理論的なアプローチを発展させてきた。構造–機能主義，闘争理論，シンボリック相互作用論である。社会現象は非常に複雑なので，一つのアプローチだけでは十分にとらえることができない。これらのアプローチは異なるレンズをつけた眼鏡のようなものであり，目的に応じて掛け替えることで社会現象がよく見えるようになる。

構造–機能主義

構造–機能主義のアプローチでは，社会をシステム——相互に結びついた諸要素からなる全体——としてとらえ，この諸要素のうち相対的に変わりにくい部分を**構造**とみなし，それ以外の諸要素を構造に対する**機能**という観点から分析する（Parsons 1954）。タルコット・パーソンズが提唱した社会システムという概念は，あらゆる集団・組織に適用できる一般的な概念である。そしてシステムの構成要素は社会的行為であり，それら社会的行為を遂行する行為者の役割である（Parsons 1951）。たとえば，大学の社会学の授業は，ひとつの社会システムである。その集団は，担当教員と学生という役割からなり，授業の目標は，学生が社会学の基礎を理解することである。教員は教える立場（地位）にあって，講義をしたり課題を出したり試験をしたりする責任と権限がある。学生たちは学ぶ立場（地位）にあって，授業に出席したり課題を提出したり試験を受けたりする権利と義務がある。これらのいっさいが結びついてこの授業の構造を形成しており，学生たちが社会学の基礎を理解するという目標に貢献している。この場合，目標も構造の一部であり，構造の中核的要素である（教室や時間割も学期中は変わらないので構造の一部である）。

構造–機能主義のアプローチの特徴は，諸要素の作用を目標への貢献という観点から評価することである。ある要素が目標に貢献している場合，その要素は機能的であり，目標を妨げている場合には**逆機能**的であるという（Merton 1957）。教員が休講にするのは逆機能的であり，学生が課題をやらないのも逆機能的である。講義がわかりにくかったり，課題が社会学の理解をうながさなかったりすれば，それも逆機能的である。

構造–機能主義のアプローチでは，当事者が意図していない機能を発見することがある。たとえば，授業に出席することは，学生同士が友達になるきっかけとなる。大学を卒業したあとまで残る財産は，授業で学んだ知識ではなく，友人関係であるかもしれない。このように当事者が意図していない隠れた機能を**潜在的機能**という。これに対して当事者が意図している機能を**顕在的機能**という（Merton 1957）。学生にとって，社会学の授業に出席する顕在的機能は社会学を学ぶことであるが，潜在的機能は友人をつくることであるかもしれない。

構造–機能主義の難点の一つは，すべての社会システムに目標を仮定してしまうことである。あらゆる社会システムが，理想的な目標を掲げているのであれば，その目標にとって逆機能的な要素を統制し，逆機能的な構造を改革する提案ができる。しかし，目標が適切でない場合には，目標を変えるしかない。その場合，目標を評価する基準は何だろうか。より大きな「社会」への貢献だろうか。そもそも「社会」には目標があるのだろうか。社会に目標を仮定できない場合，構造–機能主義は，既存の社会構造の存続自体を目標とすることになりかねない。

このような問題があるとはいえ，ほとんどの組織や集団は，おおむね正常に機能している。それゆえ，社会の安定的なパターンを発見するのに，構造–機能主義のアプローチは有効である。

闘争理論

闘争理論は，社会を諸集団のあいだの闘争の場としてとらえる。その代表格は，カール・マルクスの階級理論である。マルクスは，産業革命以降の資本主義社会を，生産手段を所有し労働者を雇用する資本家階級と生産手段を所有せず労働力を売るしかない労働者階級の二つの階級からなるものととらえた。労働者階級は，資本家に労働力を売って（雇用されて），賃金を受け取り，労働力を再生産する。賃金は生計費，つまり労働力の再生産費である。資本家は，生産手段（原料や工場施設）と労働力を結びつけて商品を生産する。商品の価値は，その生産に投入された労働量によって決まる（労働価値説）から，購入した労働力にその再生産費以上の労働をさせることによって剰余価値が生まれる（原材料費と賃金を支払ってもうけが残らないのであれば，資本家は事業をやっている意味がない）。資本家は生産された商品を売って剰余価値を貨幣として取得する。こうした生産過程が繰り返される結果，資本家は資本を蓄積し，社会的生産力を増大させるが，労働者はいつまでたっても再生産費を獲得するだけで，貧富の差は拡大する一方である。そこで，労働条件をめぐって，労働者階級の闘争が始まる（Marx 1867）。

マルクスは，この闘争は労働者階級の勝利に終わると確信していた。資本家間の競争によって非効率な経営は淘汰され，勝ち残った一握りの資本家が巨大な富を得て，ますます多くの労働者を雇用するようになる。すると，生産は社会的になされるのに，その果実は資本家の私的所有のもとにおかれるという矛盾がはっきりとしてくる。周期的に繰り返される恐慌は，資本主義的な生産様式がもはや増大した生産力を制御できなくなっていることを，労働者階級に告げる。このとき，社会革命の時期が始まる。いまや多数派となった労働者階級は，国家権力を奪取し，生産手段の私的所有を廃止する。生産手段の社会化によって，階級自体が消滅し，階級社会は廃絶される。階級支配の道具であった国家権力もやがて死滅する（Marx und Engels 1848）。資本主義の母斑（ぼはん）を残した社会主義の初期段階では，各人は労働に応じて受け取るが，生産力が高度に発展した共産主義の段階では，各人は能力に応じて働き，必要に応じて取得することができるようになる（マルクス 1954）。「各人の自由な発展が万人の自由な発展の条件となるひとつの協同社会」（Marx und Engels 1848＝1952: 56），それがマルクスの構想する共産主義社会であった。

19 世紀半ばまでの自由主義的資本主義の現実を踏まえたマルクスの思想は，20 世紀の世界史に大きな影響をおよぼした。社会主義の思想は，マルクス主義に収斂（しゅうれん）していき，レーニンの指導したロシア革命や毛沢東が指導した中国革命は，マルクス主義に導かれていた。その一方で，先進資本主義国では，1929 年の大恐慌以降，国家が市場に介入して危機を管理する体制が整えられ，労働組合も一定の交渉力をもつようになった。また，工場労働者とは別に事務職や専門職などオフィスワーカーも増加し，階級構造はマルクスの時代に比べてはるかに複雑になった。さらに，1990 年代初頭のソ連・東欧社会主義の崩壊によって，マルクスの構想はおおいに裏切られた。それにもかかわらず，グローバル化によって高所得諸国の内部においてさえ，貧富の格差は広がっている。そのため，マルクスの闘争理論は，近年かえって言及される機会が増えてきている。

このほかに，闘争理論には，人種間関係を扱うものやジェンダー間関係を扱うものもある。社会を諸集団の闘争の場としてとらえるアプローチは，社会を構成する諸集団の利害関係や力関係を分析するのに適している。

シンボリック相互作用論

シンボリック相互作用論の提唱者であるハーバート・ブルーマー（1900–1987）は，構造–機能主義と量的な調査研究が主流となった 1960 年代に，シカゴ学派の社会学がもともともっていた社会に対する見方が失われてきていることへの批判から，シカゴ社会学の見方をシンボリック相互作用論として呈示しようとした（Blumer 1969）。

シンボリック相互作用論は，社会を，状況の解釈にもとづいて行動する人びとの相互作用の産物としてとらえる。人間の行動は，その人が直面している他者を含む状況の意味を解釈することをとおしてなされる。その場合，状況の意味は，他者との相互作用のなかで，相互の解釈過程をとおして，構成されていくものであり，それゆえ解釈過程をとおして修正されうるものである。

たとえば，ポーランドの農村からシカゴに移住してきたポーランド人は，シカゴでポーランド人街を形成し，そのなかでポーランドの農村の生活習慣を維持している。ポーランド移民の伝統的な態度が，ポーランドの生活習慣を支えている。しかし，シカゴでの生活経験をとおして，ポーランド移民は**状況の定義**を変える（Thomas and Znaniecki 1958＝1983）。ここは，ポーランドの農村ではない。荒々しい生存競争が繰り広げられている大都市シカゴである。こうした状況の定義にもとづいて，ポーランド移民は，旧来の伝統的な生活態度から抜けだし，警察も手を焼くような反抗的な態度を身につけていく。個々人の生活態度の変容によって，古い習慣は廃れていき，ポーランド人街もシカゴの街に組み込まれていく。

シンボリック相互作用論のアプローチは，私たちの日常生活のいっさいが，状況の定義つまり解釈によって成り立っていることを強調する。社会学の授業を受けるために教室に集まってくる学生たちも，教壇に現れる担当教員も，これから社会学の授業が始まるという状況の定義を共有している。日々の授業は，このような状況の定義によって成立している。あるとき，教員が２回目の授業を休講にした。その教員は１回目の授業で次回は休講にすると学生たちに告げていたので，１回目に出席した学生は，教室に現れなかった。第１回目に欠席して休講であることを知らなかった学生は，教室に集まって授業が始まるのを待っていた。すると，謎の男が教壇にあがり，授業を始めた。その場にいる学生は，１回目の授業に欠席しているので，担当教員の顔を知らない。授業は，何の混乱もなく終了した。不審に思ったある学生があとから研究室に問い合わせたので，事態は発覚し，状況の定義は一変した。休講であることを知っていた何者かが，教員を演じたのである。ニセ者であろうが本物であろうが，状況の定義が共有されているとき，「授業」は成立する。

シンボリック相互作用論の第一の含意は，社会生活が共有された意味によって成り立っているということである。第二の含意は，それらの意味は，人びとの解釈によって支えられているということである。第三の含意は，解釈過程のいかんによって人間の行動は変わるということである。それゆえ，社会生活は，原理的には，人間の自律性や能動性によって変更可能であるということになる。人びとが協同して作りあげる民主的な社会は，人間の自律性や能動性が発揮される社会でなければならない。シンボリック相互作用論は，解釈過程を強調することによって，人間の自律性や能動性を社会学の理論に組み込もうとしている。

このアプローチは，具体的な状況において，人びとの相互作用を記述するのに向いている。人びとの解釈過程の絡み合いをとらえやすいからである。しかし，スケールの大きい集団や組織の過程を記述するには不向きである。多数の人びとからなる無数の相互作用をありのままに記述し，そこから生じるさまざまな力をとらえることは困難である。

2 社会学の方法

方法としての社会調査

社会学が，書斎の学問から，社会調査によって社会現象を直接観察し記述する学問へと転換したのは，20 世紀初頭のシカゴ社会学においてである。研究のテーマは，ポーランド移民，渡り労働者，青少年のギャング，少年非行，家族の崩壊，ユダヤ人のゲットー，スラム，ダンスホールなど，都市問題に関係するものが多かった。当時のシカゴの調査は，集められる情報なら何でも集めた。手紙，日記，新聞記事，現地での観察，インタビュー，国勢調査などの政府統計，裁判所の記録，紳士録などである。質問票を使った調査も実施された。こうして集められたデータの多くは，シカゴの地図上にプロットされ，地域の特性と関連づけられた。シカゴの人間生態学は，たんに都市を人間が織りなす生態系に見立てただけではなく，こうした調査の技法とも結びついていた。

調査の技法が発達するにつれて，社会調査に対する方法論的な自覚が生まれるようになった。**社会調査**とは，ある社会事象を研究するために，一定の方法によって社会事象に関するデータを収集し分析する過程である。1940 年代以降，コロンビア大学を中心に，統計的な調査の方法が確立するにつれて，質的調査法と量的調査法の対立が現れた。**質的調査法**とは，書かれた文字や話された言葉，そして人間の行動の観察記録などをデータとして収集して，その意味を解釈する調査方法である。**量的調査法**は，典型的には，質問票などを使って収集したデータを計数化して，統計的に分析する調査方法である。最終的に統計的な分析に持ち込むのであれば，もとになる資料が文章のような文字データであっても量的調査法となる。

質的調査法

典型的な質的調査は，フィールドワークによる参与観察である。**参与観察**とは，研究の対象となる社会集団に研究者が参与して，行動をともにしながら観察をする方法である。参与観察の古典的な研究として，ウィリアム・F・ホワイト（1914–2000）の『ストリート・コーナー・ソサエティ』がある（Whyte 1943）。ホワイトは，1940年代にハーバード大学の研究生として，ボストン中心部の「スラム」とされているイタリア人街に住み込み，青少年のギャングと行動をともにしながら，スラムの様子を観察し記録した。当時の社会学は，スラムを解体地域，つまり無秩序で混沌とした地域であるとみなしていた。しかし，ホワイトは，スラムにはスラムなりの秩序があることを発見した。ボストンのイタリア人街での経験を綴ったホワイトの論文は，シカゴ大学に学位論文として提出され，大論争の末に，受理された。

参与観察以外の質的調査法としては，一定の時間をかけて当事者や事情通（インフォーマント）に集中的にインタビューをして，インタビュー記録を解釈する方法もよく用いられる。質的調査の強みは，社会的世界の具体的な記述をとおして，新しい視点を呈示できる点にある。

量的調査法

量的調査法は，1940年代以降，飛躍的に発展した。量的調査は，典型的には，特定の社会事象を説明する仮説を立て，それを検証するために，代表性のある大量のサンプル（個人）を選んで，標準化された質問票を用いて回答を収集し，そのデータを計数化して統計的に分析する。

社会事象を**説明**するとは，その事象を原因となる事象と関係づけることである。説明したい社会事象は，個人に関わる行動や意識（意見や態度），あるいは職業などの客観的状態（地位）であることが多い。**仮説**は，理論的に想定される因果関係を述べたもので，XならばYである（XがkならYはlになる，Xが大きければ大きいほどYは大きくなる等）という形式をとる。たとえば，「（政治的態度が）民主党支持ならば（投票行動は）ローズベルトに投票する」とか「友人に民主党支持者が多ければ多いほど，ローズベルトに投票する確率が高い」といったことである。原因も個人の意識や地位であることが多い。原因は複数考えられるので，通常は複数の仮説が用意される。原因となるものを**独立変数**，結果となるものを**従属変数**という。

量的調査における観察とは，ある従属変数とその原因として想定される複数の独立変数を測定することである。通常は，それぞれの変数について，ひとつ以上の質問を用意する。質問は，回答者がだれであっても同じように理解して，答えられるものでなければならない。これらの質問に対する回答が分析の対象となるデータである。それゆえ，質問は変数を測定する尺度である。変数を測定可能な形にすることを，変数を**操作化**するという。

変数がうまく操作化できたかどうかは，信頼性と妥当性という二つの観点から評価される。測定尺度の**信頼性**とは，尺度の測定結果が安定しているかどうかという評価基準である。繰り返し乗るとそのたびにちがう値を示す体重計は，信頼性が低い。繰り返し測定しても同じ値を示す体重計は，信頼性が高い。**妥当性**とは，測定尺度が理論的に考えられていた変数にあたるものを狙いどおりに測定しているかどうかという評価基準である。体重計は，体重を測定してこそ体重計である。足の裏の温度を測る体重計には妥当性がない。

つぎにだれに質問すればよいのかという問題がある。仮説が適用できると想定している人びとの集合を**母集団**という。母集団に属する全員に質問をする調査を**悉皆**(しっかい)**調査**（あるいは**全数調査**）という。これに対し，母集団から一部の人びとを選んで質問する調査を**サンプル調査**（**標本調査**）といい，母集団から回答者を選ぶ手続きを**サンプリング**（**標本抽出**）という。サンプル調査にとって重要なのは，サンプルを調べれば母集団についてわかるように，サンプルが母集団を代表していることである。量的調査のほとんどはサンプル調査であり，サンプルを調べることによって，母集団を推定できるように設計されている。

調査の結果，得られたデータから仮説を検証するには，どのようにしたらよいだろうか。独立変数 X と従属変数 Y との相関関係を調べることである。**相関関係**とは，X の値と Y の値とに関連がある（独立でない）ということである。たとえば，経済階層と政党支持とのあいだの関連を**表 1–1** で示すことができる。この表を縦に見れば，上層では共和党支持が 60%，民主党支持が 40%，下層では共和党支持が 45% で民主党支持が 55% であることから，上層では共和党支持が多く，下層では民主党支持が多いことがわかる。この場合，経済階層と政党支持とのあいだには弱い関連があるということになる。

同じデータを**表 1–2** のように示すこともできる。この表を横に見れば，共和党支持者の 58% は上層だが 42% は下層，民主党支持者の 43% は上層で 57% は下層であることがわかる。つまり，共和党支持者には上層が多く，民主党支持者には下層が多い。政党支持と経済階層のあいだにも弱い関連がある。

表 1-1　経済階層別の政党支持

	上　層	下　層
共和党	60%	45%
民主党	40%	55%
実　数	2604	2556

表 1-2　政党支持別の経済階層

	上　層	下　層	
共和党	58%	42%	100%
民主党	43%	57%	100%

（出所）　Zeisel, 1985=2005, p.110。表 1-2 は 1-1 を元に筆者作成。

通常，社会学者は，経済階層が政党支持に影響する（経済階層が独立変数で政党支持が従属変数）という仮説を立てて，表 1-1 によってこの仮説を検証する。因果関係が逆だ（政党支持によって経済階層が決まる）と考える者は，表 1-2 を作成するだろう。政党支持と経済階層とは関連があるから，この仮説も検証されてしまう。つまり，相関関係からは因果関係を決めることはできない。

ではなぜ，社会学者は，経済階層が政党支持に影響するのであって，逆ではないと考えるのか。それは，共和党を支持していると民主党を支持する場合よりも所得が増えるとは考えにくいからである。これは理論的な洞察の問題である（マックス・ヴェーバーなら，プロテスタントのほうが，カトリックよりも所得が増えそうだと考えるかもしれない）。データは相関関係（の程度）を示すだけであり，因果関係を決めることはできない。量的調査で仮説が論理的に先行するのは，そのためである。X と Y とのあいだに相関関係がなかった場合にのみ，因果関係についての仮説は否定される。よって，量的調査法は仮説の検証に適した研究方法である。

調査研究の手順

調査研究を始めるためには，まず，研究テーマを発見する必要がある。研究テーマは，関心のある社会現象が，なぜ，いかにして生じるのかという問いの形をとる。同時に，その問いが，たんに個人的な興味によるものというだけでなく，多くの人に共有できる，問うに値するものであることが望ましい。

つぎに，自らが取り組もうとする研究テーマについて，他の専門家によってすでにどのような研究がなされており，どのような研究成果が共有されているのか，また，これまでの研究成果についてどのような批判があり，なにが研究課題であると考えられているかを検討しなければならない。

そのうえで，自らが取り組むべき研究目的（リサーチクエスチョン）を限定し，どのような調査方法を用いて，なにをどこまで明らかにするのかを決定する。これまであまり取りあげられてきたことのない，新しい現象を扱う場合には，質的調査による現象の記述と解釈が目的となるかもしれない。すでに有力な仮説が提出されていて，その仮説を検証するうえで課題が残されていると考えられる場合には，新たな測定方法の開発や，統計的な分析手法の改善が目的となるかもしれない。また旧来の仮説が疑わしいと考えられる場合には，新しい仮説を立てて検証することが目的となるであろう。

つぎに，調査によってデータを収集し分析する段階が続く。量的調査の場合には，調査を実施するまえに，データ収集の方法（個別面接調査か郵送調査か電話調査かなど），質問票の作成，サンプリングなどの調査の詳細を決める必要がある。フィールドワークによる質的調査の場合には，調査の過程で，観察したことをそのつどフィールドノートに記述し，データの解釈を繰り返していく。

研究の成果は論文の形で発表することになる。論文には，研究の背景と目的（研究のテーマ，そのテーマに関する既往研究の検討，研究目的など），研究方法（調査方法や分析方法），調査結果（データの分析結果），結果の考察（分析結果の解釈，研究目的に照らした研究の達成度，研究テーマにとっての結果の意義など）が含まれなければならない。

3　研究倫理

科学の発展とともに，科学が社会におよぼす影響も大きくなった。科学的研究も社会の一部であり，社会のもつ資源（人材や資金）が割り当てられ，研究成果の還元が期待される。また，研究不正があれば，社会問題にもなる。もともと科学は，偏見のない精神で真理を探究するものであるから，科学者の共同体のなかではフェアプレーの精神が当然の前提とされてきた。ところが，社会における科学の重要性が増すにつれて，科学者の共同体の内外の利害が絡み，研究が歪められるリスクも増大している。また大学の大衆化によって未熟な学生や研究者も増えてきている。それだけに今日ではかつて以上に研究倫理が強調されるようになった。研究費の不正な使用，他の研究者の研究成果の盗用，データの改ざんなどがあってはならない。とくに他の研究者の研究成果の引用は，引用であることを明示しなければ盗用となるので，論文にふさわしい文章の書き方を身につけることが大切である。

また，社会学のように人間を対象とする科学の場合には，調査研究の過程においても他の人びとの協力が欠かせない。調査の過程において，あるいは研究結果の公表によって，研究に協力した人びとの人権が侵害されたり不利益が発生したりすることがないように十分な対策を講じなければならない。研究協力者や調査対象者に対しては，十分な説明にもとづいて同意を得る（インフォームド・コンセント）必要がある。また，得られたデータにプライバシーに関わる内容が含まれていれば，データを厳重に管理するとともに，個人が特定できないように匿名化するなど万全の措置が求められる。

このように研究倫理にしたがった研究実践ができるかどうかも，研究者の能力やスキルの不可欠の一部である。社会学における研究倫理の詳細は，日本社会学会倫理綱領とそれにもとづく「研究指針」も参照されたい。

Glossary——用語集

1節のキーワード

理　論　複数の概念間の関係を一般的に述べたもの。

構造-機能主義　社会の諸要素は相互に結びついてひとつの全体を構成しているという見方。

構　造　社会を構成する諸要素のうち相対的に変わりにくい部分。

機　能　社会の構造や目標に対する諸要素の貢献作用。

逆機能　社会の構造や目標に対する諸要素の妨害作用。

潜在的機能　当事者が意図していない機能（マートン）。

顕在的機能　当事者の意図している機能（マートン）。

闘争理論　社会はそれを構成する諸集団の闘争の場であるという見方。

シンボリック相互作用論　社会は状況の解釈にもとづいて行動する人びとの相互作用の産物であるとする見方。

状況の定義　自己と周囲の関係についての行為者の解釈（トマス）。

2節のキーワード

社会調査　ある社会事象を研究するために，一定の方法によって社会事象に関するデータを収集し分析する過程。

質的調査法　書かれた文字や話された言葉，人間の行動の観察記録などをデータとして収集し解釈する調査方法。

量的調査法　質問票などを使って収集したデータを計数化して，統計的に分析する調査方法。

参与観察　研究の対象となる社会集団に研究者が参与して，行動をともにしながら観察する方法。

説　明　ある事象を原因となる別の事象と関係づけること。
仮　説　理論的に想定される因果関係を述べたもの。
独立変数　原因となる事象。
従属変数　結果となる事象。
操作化　変数を測定可能なものにすること。
信頼性　尺度の測定結果が安定している程度。
妥当性　尺度が理論的に考えられていた変数を狙いどおりに測定している程度。
母集団　仮説が適用できると想定している人びとの集合。
悉皆調査（全数調査）　母集団全体を回答者とする調査。
サンプル調査（標本調査）　母集団から一部を選んで回答者とする調査。
サンプリング（標本抽出）　母集団から回答者を選ぶ手続き。
相関関係　観察された二つの変数の値のあいだに関連があり，独立でない度合い。

Report Assignment——レポート課題

■社会学的視点を身につけると自分の人生が思うようにならないものと感じられるようになるのはなぜか，また，どのようにしたら社会学的視点を私たちの生きる力に変えられるのか，あなたの考えを述べなさい。

Reading Guide——読書案内

①ハンス・ザイゼル『数字で語る——社会統計学入門』佐藤郁哉訳，海野道郎解説，新曜社，2005 年

初学者向けに統計的分析の考え方をわかりやすく解説した古典的名著。1947 年に初版が出版され，1962 年に木村定・安田三郎による第 5 版の邦訳が出版された。現在の新訳は，第 6 版の全訳で内容も現代化している。

②盛山和夫『社会調査法入門』有斐閣，2004 年

社会調査法の教科書は，おおむね標準化されており，勉強しやすい教科書を選べばよい。ここでは社会学の理論との関連を意識し，質的調査にも目配りをしているバランスのよい教科書としてこの書を挙げておく。

③ウィリアム・F・ホワイト『ストリート・コーナー・ソサエティ』奥田道大・有里典三訳，有斐閣，2000 年

1943 年に初版が出版されて以来，3 回増補改訂され，読み継がれてきた参与観察調査の古典。ハーバード大学の研究生であったホワイトは，ボストンのノースエンドのイタリア人街に住み込み，少年ギャングたちと行動をともにする。その結果見えてきたものは……。

Chapter 2 文化と社会

Chapter Overview——本章の要約

人間は，他者と協力しながら物質的にも精神的にも豊かな生活をつくっていく社会的存在である。文化は，個人的な実践としてとらえることもできるが，時空を越えて見ず知らずの人びとをつなげ，社会秩序を構築するという側面がある。18 世紀末に欧米諸国で近代国家が誕生すると，学校などを通じて国民の文化共同体が形成された。20 世紀には，マスメディアなどの文化産業を通じて大衆文化が広がり，人びとの同調的態度を促した。だが，20 世紀半ばになると，欧米中心的な資本主義の原理にもとづく世界秩序は，それまで従属を強いられた人びとの異議申し立てに直面し，支配的イデオロギーの正統性は揺るがされた。20 世紀後半には，環境保全や自己実現の価値を重視する新たなライフスタイルが拡張した。そして，グローバルな人口流動性と文化的多様性が拡大するなか，新たな価値を創造しうる社会秩序が構築されていった。

Learning Objectives——学修目標

・コミュニティの成員が共通の価値や信念を内面化することで社会秩序が形成される過程を学ぶとともに，近代国家が大衆の文化的標準化により文化的共同体を形成し，統治しやすい国民を構築していった力学を理解する。
・資本主義的な自由競争原理によって不平等な階級構造が再生産されていく一方，下位文化が独自の価値観やアイデンティティを発展させ，既存の社会／世界秩序に対抗し，社会変動の原動力となりうる可能性を理解する。
・文化的多様性に対する寛容な態度が自文化／自民族中心主義におちいるリスクを軽減し，他方でそれが個々人の自分らしく生きやすい世界を構築する条件になるということを理解する。

1 文化とはなにか

生きる知恵と文化

人間は，他の動物と比べて圧倒的に知能が高い。そして，一人ひとりは，この世で唯一の個性的な存在である。しかし，同時に人間は一人で生きることはできない。他者と共存してこそ，生きることができる社会的存在である。特にコミュニケーション手段としての言語は，複雑な現実世界を理解可能にする象徴体系として機能する一方，生存に必要な情報や知識を共有・伝達することで，集団の存続を図っていくための条件でもある。人びとは，世代を超えて仲間と協力し，高度な精神活動と文化実践を発展させてきたのである。

文化とは，特定集団が世代を超えて創出・共有・改善・継承する知，**価値**，信念，行動様式であり，また物質的・精神的にみずからの生きる条件を豊かにするものである。このように定義づけられる文化は，人びとを厳しい自然界から守り，コミュニティにおける連帯意識を高めながら，その成員の行動や意識に一定の規則性を与え，社会秩序を形成・維持するという**規範**的な機能をもつ。他方で，人びとの共同性を支えることで，人間的な創造性を可能にするという側面もある。このような文化概念を踏まえながら，狩猟採集の時代における原始コミュニティの文化から議論をはじめてみよう。

人間は単独で食料を調達することはできない。むしろ，人間は個体レベルでは無力であり，肉食動物に襲われて命を落とす恐れさえある。人間は，狩猟の道具や罠をつくり，獲物を捕らえるために，仲間と協力しなければならない。また，人間にとって脅威になるのは，肉食動物や飢餓だけではない。雨・雪や寒さから身を守らなければならない。厳しい自然界を生き抜くためには，自然から身体を守る衣服や住居をつくる必要がある。

さらに時代が進むと，農耕や牧畜が発達し，食料を求めて移動せずに，特定地域に定住する集落が現れた。狩猟採集と同様に，農業も自然環境によって左右されるが，仲間と工夫しながら，農耕技術を発展させることで，安定的な食料調達を目指した。人間は，みずからの生存可能性を高めるべく，自然環境に手を加えていった。

文化の継承と拡大

人間は，このような集団行動によって，厳しい自然界を生きるための知恵を先人から受け継ぎ，それを後世に伝えていった。そして，人間が仲間と協力して考案したものは，一代かぎりではなく，世代を超えて脈々と継承され，ときに不作や飢饉などの困難に直面しながらも，その過程のなかで絶えず工夫が重ねられた。地理的条件や気候などによって異なるが，人間は，それぞれの地域に適合した技術を創出するなど，世代を超えて生きる知恵を発展させることで環境適応に成功した。ウィリアム・G・サムナーによれば，コミュニティや人びとの欲求を充足しようと個人・集団が協働的に試行錯誤を重ねながら形成した行動様式や慣習は**フォークウェイズ**と呼ばれる（Sumner 1906＝1978）。

このようにして，人間が生きるために仲間とともに世代を超えて生み出した道具や技術は，文化の一側面と理解できる。文化（culture）は，ラテン語の「耕す（colere）」を語源としており，農業と切り離せない関係にある（英語の「耕す」は cultivate である）。人びとの持続的な協働的実践を欠けば，いずれも成立しえないのである。

人間は，衣食住といった生存条件を確保するための技術にとどまらず，より効率的な生産活動やより利便性の高い日常生活を追求した結果，より広い意味での物質文化を生み出し，世代を超えて継承・発展させていった。この意味で物質文化は，人間が世代を超えて仲間とともに創造・修正を重ねた知恵の結晶であるといってよい。そして，このような物質文化は人類の発展を支え続けていった。たとえば，近代的な物質文化として，18 世紀の産業革命期に工場で広く導入された機械，20 世紀に大量生産された自動車や家電製品，20 世紀末以降に社会全体に浸透し，人びとの心身と深く結びついたパーソナル・コンピュータ，携帯電話やスマートフォン，インターネットなどを挙げることができるだろう。

2 文化，社会的連帯，再生産

伝統的コミュニティ

人びとは協働的実践を通じて文化を創造し，また文化がコミュニティの存続と人びとの生存を可能にする。サムナーが論じたフォークウェイズに立ち返ってみたい。フォークウェイズは，成員の行動に規則性を与え，コミュニティの秩序形成に寄与する。しかし，どのコミュニティにおいても，すべての成員が規範にしたがって行動するとは限らない。成員の逸脱行為を禁止し，それが起こったときに制裁を発動する規範はモーレスと呼ばれる（Sumner 1906＝1978）。フォークウェイズを含む慣習は，コミュニティの成員を情緒的に結びつけ，コミュニティの秩序を形成する。

特に伝統的コミュニティの社会的連帯を強めるのは信仰であろう。人間は，効率的で豊かな日常生活を送るために物質文化を生み出すにとどまらず，象徴体系を通じて，自然現象，生や死などに意味づけをする存在である。地域や時代を問わず，ほとんどのコミュニティは，神に豊饒（ほうじょう）や子孫繁栄を願い，また感謝の気持ちや畏怖の念を表現すべく，歌や踊りをともなう儀礼・祝祭などの宗教的実践を継承してきた。エミール・デュルケムによれば，オーストラリアの先住民コミュニティは，みずからの祖先であると信ずる動植物をトーテムとして崇拝し，儀礼・祝祭などの宗教的実践を通じて感情的一体感を高揚させる（Durkheim 1912＝1975）。人びとは，日常生活における労働やコミュニケーションとともに，非日常的な儀礼・祝祭などを通じて，コミュニティ全体に共有される価値や信念を内面化し，一定のパターンにしたがった行動を期待される。逆に，逸脱行為（特に宗教的規範に抵触する禁忌（タブー））は，コミュニティの存立を揺るがす恐れがあることから，厳しい制裁の発動を招くことになる。よって，このような規範は人びとの意識や行動を強く制約するだろう。宗教的な儀礼・祝祭などを含む，人びとの精神活動と深く結びついた非物質文化は，物質文化と同様に安定的なコミュニティの存続・発展を支える条件となる。

アントニー・D・スミスがエトニと呼ぶ，近代以前にさかのぼる民族集団は，祖先から継承された土地，血統，信仰，文化，伝統，集合的記憶などにもとづき，世代を超えて情緒的に結びつけられた文化共同体を形成する（Smith 1986＝1999）。このような伝統的コミュニティは，社会的分業が未発達で未分化な状態であり，人びとの意識や行動様式も同質性が高いという特徴がある。デュルケムは，このような均質性にもとづく人間のつながりを機械的連帯と呼び，伝統的コミュニティの社会秩序を可能にしていると論ずる（Durkheim 1912＝1975）。

近代社会

そして，18世紀に産業化が進行し，社会全体の機能分化と分業が拡大すると，地域を越えた相互依存関係が形成されていき，多様性にもとづく有機的連帯が新たな社会秩序を支えるようになる（Durkheim 1893＝2017）。他方で，個人の欲望や逸脱行為を抑止する宗教的・伝統的規範は揺るがされ，伝統的な文化共同体は大きく変容していった。このような時代的潮流のなか，個人主義とアノミー――欲望の肥大化と規範の喪失――が拡大したが，同時に自由な経済活動にもとづく資本主義を強力に推進する原動力となった。

だが，人びとがあらゆる制約から解放されたかというとそうではなかった。新たに誕生した近代国家は，領域内の人びとを編入し，国民統合を図っていった。たとえば，学校教育機関は従順な国民を創出するうえで重要な役割を果たした。子どもたちは，決まった時間に特定の場所に集まり，おとなしく教師の授業を聞かなければならない。子どもたちは学業達成のみならず，このような規律訓練を経て，その後の人生で遵守すべきとされる暗黙の社会規範――勤勉な生活態度，与えられた課題に対するコミットメント，他者との協働，時間厳守の感覚，権威や規則に対する服従，ジェンダー役割分業など――を自明なものとして内面化する。

また，学校は，このような社会規範に加えて，標準化された国語を子どもたちに習得させ，文化共同体の形成に寄与する近代的装置として機能する。アーネスト・ゲルナー（Gellner 1983＝2000）によれば，近代化とともに発展した産業社会は，生産効率性が高く，また技術革新が起こりやすい一方，人口流動性や匿名性が高いという特徴があるが，このような近代的文脈において，中央集権国家が大衆教育による文化的標準化を通じて領域内の国民統合を推進した。他方，ゲルナーの弟子スミスは，このような近代的な大衆教育の文化統合機能を認めながらも，近代以前から世代を超えて情緒的に結びつけられた文化共同体があってこそ，効果的に領域内の民衆を統合することができると論じた(Smith 1986＝1999)。

なお，古くから継承されてきたと広く認識されながら，国民の文化的独自性を表象するために，実は近代以降に創造された伝統は少なくない（Hobsbawm et al. 1983＝1992)。また，印刷資本主義の確立という近代的条件によって，時空をともにしない人たちが標準化された読み書き言語を共有し，同じ文化圏に属する国民であることを「想像」できるようになったという議論もある(Anderson 1983＝2007)。

階級構造の再生産

このように 18〜19 世紀における近代国民国家の成立は，同時に国境内における文化共同体を生み出した。そして，カール・マルクスが『ドイツ・イデオロギー』（1845〜46 年）のなかで「支配階級の思想はどの時代にも支配的な思想である」(Marx 1933＝1954: 66）と述べたように，近代資本主義の発展は，資本家が労働者を搾取することで利益を拡大するという生産諸関係を構造化し，また前者の利害を支える**イデオロギー**が社会全体に浸透していった。近代的な啓蒙思想は人間理性とその可能性に着目するが，人間は無条件に自由で創造的な存在ではない。多くの場合，搾取や疎外をもたらす階級構造は，支配的イデオロギーによって隠蔽されており，労働者階級は無自覚のうちに勤勉に働くことで安定的な階級構造の再生産に加担することになる。

マルクスの視点は，20 世紀前半における大衆社会の均質化や全体主義体制の拡張に対する危機意識の高まりから発展したフランクフルト学派にも継承された。全体主義の成立は，暴力的な国家権力の動員だけでは説明できない。ドイツ・ナチスは，ラジオや映画を活用したプロパガンダを展開し，またベルリン・オリンピック（1936 年）を演出することで感情的な国民統合を効果的に強化した。しかし，全体主義体制のみならず，自由主義を標榜する米国においても，マスメディア，映画，テレビなどの文化産業は，人びとの判断停止と同調的態度をもたらし，同質性の高い大衆社会を拡大させた（Horkheimer und Adorno 1947＝2007)。このようにして，安定的な社会秩序の維持を図る国家にとっても，資本主義的な階級構造の再生産を図る資本家／大企業にとっても都合のよい，従順で勤勉な国民や労働者／消費者がつくられていった。

また，自由競争原理による階級構造の再生産と正統化に関する議論も重要であろう。今日，家庭環境や経済的地位の如何(いかん)にかかわらず，学校は（少なくとも制度上は）すべての子どもたちに開かれおり，個人の努力次第で学業達成を果たし，大学に進学することが可能であると一般的には考えられている。しかし，現実には，出身階級によって，有利な条件で競争できる子どもとそうでない子どもがいる。ピエール・ブルデューによれば，上流階級の出身者は，経済的に豊かであるのみならず，親の学歴が高く，芸術，クラシック音楽，オペラ，文学作品といった**正統文化**を享受できる環境を生きている。彼／彼女たちは，このように家庭環境を通じて親から文化資本を相続し，みずからを他者から差異化する教養，趣味，身ぶりや言葉づかいなどを習得する（Bourdieu 1979＝1990）。上流階級の子どもたちが身体化したハビトゥスは，文化資本を欠いた中間階級や庶民階級のハビトゥスよりも，学業達成や進学において優位に働くだろう。このように出身家庭によって不均衡に配分される文化資本は，制度化された学歴に変換されて，階級構造を再生産する。ただし，構造的な不平等があるという事実は隠蔽される一方で，機会の平等は保障されている以上，その結果は自己責任であると説明されるのが一般的であり，自由競争原理にもとづく階級構造の正統性は広く承認されることになる（宮島 1994 なども参照のこと）。

資本主義的な階級構造において，文化は中立ではない。文化が支配－服従の構造を支え，それに対する正統性信念を人びとのあいだに醸成するイデオロギーとなることは少なくない。このことは，20 世紀のグローバル秩序についても同様であろう。

3 産業化と多様性

米国中心の世界秩序

時代はさかのぼり，欧米諸国（特に米国）による世界支配に触れてみよう。欧米諸国は，大航海時代から 20 世紀にいたるまで，強大な軍事力を伴いながら，アフリカ大陸，南北アメリカ，アジアで植民地を拡張し，経済的利益の最大化を図るべく，現地住民の労働力や天然資源を搾取した。この過程で，現地住民は，先祖代々継承されてきた言語や宗教などのローカル文化を奪われ，また奴隷貿易や大量殺戮（さつりく）によってコミュニティが破壊されていった。欧米諸国は，経済的利益を得るという動機とその暴力性を隠蔽する一方で，経済・産業・技術を基準にした近代的な発展文明史観とともに，「未開」の現地住民を「文明化」するというキリスト教的な「博愛精神」や選民思想のイデオロギーによって，植民地支配の正統性を訴えた。さらに19世紀以降，脳容積や知能指数が有色人種の先天的な「劣等性」を示す「客観的根拠」として利用されるなど，医学や遺伝学の知見が歪曲されて自民族中心的（エスノセントリック）な人種主義的言説に転化されることもあった（Du Bois 1952＝2018）。

欧米諸国は，このように植民地拡大を争った結果，第一次世界大戦をもたらしたが，その反省は活かされず，植民地住民の自己決定を否定しつつ，自国の権益を拡大すべく争い合い，第二次世界大戦にいたった。自由世界の実現を訴えて第二次世界大戦に参戦した米国は，戦後も自由主義の価値を主張し，全体主義体制の打倒という反共イデオロギーを世界中に拡張させることで，米国中心の世界秩序を構築しようと努めた。他方で，1950年代の反共の時代になると，米国政府は，米国の国益と構造的に結びついた資本主義や戦争に批判的な内容を含む言論活動を制限し，ハリウッド映画をはじめとする文化産業の関係者も赤狩りの標的となった（Du Bois 1952＝2018）。

文化産業とソフトパワーの危うさ

ただし，マックス・ホルクハイマー（1895–1973）とテオドール・アドルノ（1903–69）の議論にしたがうならば，米国は暴力的な弾圧だけではなく，自国礼讃的な**文化産業**の発展と連動しながら，大衆の同調的態度を強めたといえる（Horkheimer und Adorno 1947＝2007）。エンターテインメント（映画，音楽，テーマパーク，スポーツ・ビジネスなど）やマスメディア（新聞，雑誌，テレビなど）といった文化産業は，米国の豊かさを象徴する大衆文化や消費主義的ライフスタイルを提供し，出自や属性にかかわらず，努力と才能を発揮することができれば成功できるというアメリカン・ドリームのイデオロギーを米国全体に浸透させた。また冷戦イデオロギー対立が深刻化する20世紀半ば以降，米国の映画産業は，エンターテインメントであるのみならず，大衆の正義感と愛国心を刺激し，米国の戦争を正当化する機能を果たした。

さらに，大衆の同意を拡大させるという文化産業の政治的機能は，米国国内のみならず，世界的にも効果を発揮した。特に巨大エンターテインメント産業は，米国の自由主義イデオロギーを世界全体に拡散し，親米派の拡大に寄与するなど，外交的に重要な意味をもっている。世界中の人びとは，自国のローカルな生活空間にいながら，常に何らかのアメリカ文化に触れていることから，アメリカ的な大衆文化や消費主義的ライフスタイルに親近感を抱いている。そして，マクドナルドやスターバックスが世界中で事業を展開し，また多くの場面において英語コミュニケーションが自明になっている。20世紀末には，米国でIT産業が急成長し，インターネット利用が世界的に拡大すると，人びとの日常的な文化実践（情報収集・共有・発信，コミュニケーションなど）に影響を及ぼした。このようなアメリカナイゼーション（「文化帝国主義」として批判されることもある）は，単なる米国による押し付けではなく，世界中の人びとが能動的に選択した結果でもあり，それゆえに米国の外交戦略にとって重要な意味をもっている。

米国は，冷戦が終結し，圧倒的な軍事的・政治的・経済的優位性をもったが，興味深いことに，政治や外交における文化の重要性をより強く認識するようになった。カーター政権（1977～81年）やクリントン政権（1993～2001年）で政府高官を務めた政治学者ジョセフ・ナイによれば，米国は，圧倒的なハードパワー（軍事力や経済力などによる強制力）のみならず，ソフトパワー（文化やイデオロギーなど）を動員することで，世界中に親米派を拡大し，効果的に国益を実現することが期待できるという（Nye 2004＝2004）。

文化的多様性の時代へ

ただし，大航海時代，植民地支配，二度の世界大戦を経て，欧米諸国が構築しようとした白人中心的な世界秩序の正統性は，すべての人びとに承認されたわけではなかった。みずからの存在をはじめ，土地，文化，言語，信仰，歴史，伝統などあらゆるものを欧米諸国に否定された世界中の非白人は，これらを取り返す運動を展開した。たとえば，20世紀半ばのアジア・アフリカにおける独立運動，米国における公民権運動などは，それぞれ異なる歴史的背景や文化的独自性をもち，それぞれの目標達成に向けたローカルな活動を展開したが，殺戮，剝奪（はくだつ），破壊という共苦の経験によって情緒的に結びつきながら，国境を越え，民族的・文化的境界線を横断したネットワークを形成した。そして，越境的なネットワークは，白人中心的な世界秩序を非難する勢力を強めたのみならず，多様な文化と接触することで，民族的・人種的自尊心や文化的アイデンティティの価値を再評価する契機となった。世界は，米ソの冷戦イデオロギー対立で二極化する一方で，第三世界の台頭が進行していった。

以上のような歴史的文脈のなかで発展した公民権運動は，世界で最も経済的に豊かな米国において構造的に排除され続けた，先住民やヒスパニックなどのエスニック集団，女性，セクシャル・マイノリティ，障害者といった人びとにも影響を及ぼし，「新しい社会運動」を触発した。さらに1960年代後半にはベトナム反戦運動が盛り上がると，戦争そのものだけではなく，資本主義やそれと結びついたワスプ的なエスタブリッシュメントに批判的な**対抗文化**（**カウンター・カルチャー**）が若者の間に広がった。

そもそもであるが，資本主義の支配的イデオロギーとその正統性が社会全体に承認されているわけではない。出身階級によって文化実践は異なるというブルデューの議論が示すように，資本主義の階級構造を生きる人びとの価値観やライフスタイルは画一的ではない。たとえば，ポール・ウィリス（1945–）が『ハマータウンの野郎ども』（1977年）のなかで記述したように，労働者階級は，正統文化と結びついた学校文化や階級構造に反抗的な態度で臨み，独自の文化実践（そして，それは反社会的な様相を帯びることも少なくないが）を遂行する能動的な存在である（Willis 1977＝1996）。

さらに1960年代以降には，環境問題をめぐる科学的な議論が活発になり，経済的な収益と効率性の最大化を目指す資本主義的な競争原理とその正統性は揺るがされていった。たとえば，1962年にレイチェル・カーソンは『沈黙の春』を刊行し，自然環境や生態系に対する農薬使用の影響を訴えた（Carson 1962＝1964）。また1972年にはローマクラブの委託を受けてデニス・メドウズらが報告書『成長の限界』を執筆し，地球環境と資源の限界を超えた人口増加と経済成長に警鐘を鳴らした（Meadows et al. 1972＝1972）。当時，これらの議論に対する反論も強かったが，それ以降，大気汚染，海洋汚染，食料問題，地球温暖化といった環境問題に対する国際社会の危機意識が高まるなか，環境負荷の大きな大量生産や大量消費に代わり，省エネ・低公害のエコ商品を購入し，環境・健康志向のライフスタイルを選択する消費者が増えていった。1980年代にスローフードやスローライフ，1990年代にはロハス（Lifestyles of Health and Sustainability）といった新しいライフスタイルがはじまり，2000年代以降も拡大していった。そして，企業の側も多様化する消費者ニーズに対応した商品やサービスを開発するとともに，環境保全やまちづくりに協力し，芸術文化活動を支援するなど「企業の社会的責任（CSR, Corporate Social Responsibility）」を意識するようになっている。

以上の事例は，国家や資本主義の支配的イデオロギーを社会全体に浸透させて，安定的な統治を図ることが容易ではないという事実を示している。人びとは，みずからが属する民族・人種，階級，ジェンダーなどに応じた**下位文化**（**サブカルチャー**）を築くとともに，それぞれ多様な価値観やライフスタイルを組み合わせながら重層的でハイブリッドなアイデンティティを構築し，ときに社会／世界を揺るがすほどの原動力にもなりうる。

文化相対主義と自民族／自国中心主義

20世紀半ばまで植民地支配や人種差別に対抗する勢力が拡大し，欧米中心的な世界秩序を揺るがす一方で，それまで従属を強いられてきたさまざまな集団が権利回復を求め，みずからの文化やアイデンティティがもつ価値を訴えていった。それまでの歴史を振り返るならば，文化に優劣はなく，それぞれの独自性を客観的に観察・分析・記述すべきであると訴えた文化人類学の**文化相対主義**は重要な視点であろう（ただし，このような文化相対主義に対しては，暴力的な人権侵害を伴う文化までも同列に扱うことはできないという批判的な議論もある）。

他方で，文化的差異ばかりが強調されると，「我々」と異質な他者のあいだに越えがたい境界線が固定化され，異なる集団間の相互理解は困難であるという認識へと変質する恐れがある。今日，これまでになく多様な文化と接触する機会が拡大しているが，異文化に対する関心が低く，ただ多様な文化が併存するだけならば，相互理解や文化的寛容性にいたることは期待できない。それどころか，みずからの世界に埋没し，独善的になった集団が他集団に対する差別感情や敵意を強め，攻撃的になるなど，**自文化／自民族中心主義**（**エスノセントリズム**）を招くリスクさえある。文化的多様性は，無条件に民主主義を保障するとはいえない。

たしかに異文化理解は容易ではない。しかし，異文化理解を回避することは現実的ではない。かつては異文化を体験するのは主に異国の地においてであったが，今日のグローバル時代にあっては，文化的に同質性が高いと言われる日本社会においても，身近なコミュニティ，学校，職場，公共空間など，いたるところに外国人がおり，日常的に異文化と接触する機会が広がっている。アジア出身者が多数を占めるが，欧米諸国，中南米，中東地域，アフリカからの外国人も多い。また，留学生や労働者だけではなく，国際結婚で日本に居住する外国人も増えている。そして，日本で生まれたその子どもたちは，同化圧力にさらされつつも，多文化世界を生きながらハイブリッドなアイデンティティを構築する。ローカルな公共空間や生活世界はますますグローバルになり，カルチャー・ショックや異文化摩擦を伴うことも少なくないが，異文化理解の重要性はこれからも高まるだろう。「異文化理解に努めるべき」という規範的な要請を超えて，異文化を理解できなければ，日々の市民生活や経済活動において支障が生じうるという現実認識が求められている（→ Ch. 7）。

文化的多様性から創造的な社会へ

さらに，日本社会における文化的多様性は，外国人人口の拡大という外発的要因のみだけでは説明できない。一人ひとりの日本人が多様化しているという事実も指摘しなければならない。たとえば，若者の文化活動，余暇活動，消費行動は，情報技術の進展により選択の幅が広がっている。また「男性は外で働き，女性は家事・育児をする」という伝統的なジェンダー規範が弱まり，女性の社会進出が進むなか，男女ともに人生設計はかつてのように単線的ではなくなっているし，ジェンダー・アイデンティティは複雑化し，二分法的な「男らしさ」「女らしさ」は揺らぎつつある。家族のように親密性が高い人間関係さえも異文化理解が求められる時代になっている（→ Ch. 9）。

たしかに，グローバル化の進展によって人口流動性が高まり，また文化的多様性が広がるとき，社会秩序の動揺に対する社会不安が高まり，その反動で伝統回帰を訴える動きがみられることがある。だが，分業体制が発展し，道徳的個人主義が重視される19世紀末の近代社会について，デュルケムは，人びとの同質性を前提とした機械的連帯の回復を目指すのは現実的ではないと述べている（Durkheim 1893＝2017）。20世紀末以降の時代に議論を戻すと，有機的連帯の形成は，自由で多様な個人の相互依存関係を拡張し，新しい時代の社会秩序の構築を支えるだろう（→ Prologue）。

デュルケムの議論との関連で，リチャード・フロリダ（1957–）の創造都市論にも触れておこう。フロリダは，イノベーションをもたらし，産業が発展するための条件として，3T，すなわち，技術（Technology），才能（Talent），寛容性（Tolerance）を挙げている（Florida 2002＝2008）。このうち，寛容性は，マイノリティ集団（特にセクシャル・マイノリティ）に対する人びとの姿勢を指標とした概念であり，偏見に縛られることなく，多角的な視点と多様な才能を融合させることで新たな価値の創造に寄与しうる。そして，自由，人権，民主主義といった普遍的価値とそれにもとづく文化的多様性は，一人ひとりが異質な他者と相互理解を重ねるとともに，それぞれの能力や個性を発揮し，人間的に生きることができる新たな世界を構築する条件となるだろう。

Glossary——用語集

1節のキーワード

価　値　何が望ましいか，何が良いか，何が美しいかなどに関して人びとが判断する際に用いる基準で，文化的に規定され共有されている。

規　範　何をなすべきか，あるいは何をなすべきでないかに関して，社会成員の行動の指針となる規則や期待。

フォークウェイズ　コミュニティにおける人びとの行動に規則性を与える慣習。逸脱行為に対する制裁が伴うとき，その行動規範はモーレスと呼ばれる。

2節のキーワード

イデオロギー　国家や階級構造における支配集団がみずからの正統性を被支配集団に承認させるような信念体系を意味する。イデオロギーは，学校教育，家庭環境，コミュニティ，労働環境，マスメディアなどを通じて，公共領域のみならず，人びとの日常生活にも浸透しながら，安定的な社会秩序の維持を可能にする。

正統文化　芸術，クラシック音楽，オペラ，文学作品など，社会的・政治的・経済的に地位が高い上流階級や知識人に愛好される文化を意味する。経済的・政治的に優位な地位にある階級は，文化の領域においても支配的である。上流階級の子どもが家庭環境などを通じて享受する文化資本は，学校における学業達成においても有利に働き，階級構造の再生産と正統化を可能にする。

3節のキーワード

文化産業　消費者に大衆文化を提供するエンターテインメント産業（映画，音楽，テーマパーク，スポーツ・ビジネスなど）やマスメディア産業（新聞，雑誌，テレビなど）の総称。フランクフルト学派は，能動的に思考・行動する市民的態度を弱め，画一的で受動的な消費者を生み出すものとして，文化産業を批判的に考察した。

対抗文化（カウンター・カルチャー）　政治・経済領域において有利な地位にある集団（富裕層，男性，白人など）の支配的イデオロギーや価値規範に抗う，反体制的・反権威主義的な文化やその実践を意味する。資本主義的な階級構造や競争原理に起因する格差，差別，戦争，環境破壊などに対して異議を唱え，新たな世界観やライフスタイルを訴える社会運動につながることもある。

下位文化（サブカルチャー）　政治的・経済的に優位な地位にいる上流階級の趣味や性向と結びついた正統文化や，文化産業によって生産・消費される商業主義的な大衆文化のように社会的に広く承認される支配的文化とは異なり，下位文化は，労働者階級，民族的・人種的マイノリティ，ジェンダー・マイノリティなどの集団がそれぞれのコミュニティで独自に実践する文化を意味する。

文化相対主義　人種主義や植民地主義と結びついた欧米諸国の自文化中心的な偏見を超えて，文化にはそれぞれ固有の価値があると認識し，その多様な実態を客観的に観察・分析・記述すべきという文化人類学の視点である。他方で，普遍的な人権保障の原理に反する暴力的な文化があり，文化相対主義の妥当性を問う議論もある。

自民族中心主義（エスノセントリズム）　みずからが属する（と信じる）国民・民族・人種集団の優越性を訴える一方で，「劣等」な他集団に対する差別感情を正統化する言説や行動原理を意味する。このようなみずからの世界に埋没した自己閉鎖的な態度は，他者に対する文化的な非寛容性や攻撃的なメンタリティを生み出すことが少なくない。

Report Assignment——レポート課題

■人びとの従順で同調的態度を促す国家のイデオロギー装置や文化産業の機能を考察したうえで，旧来の社会秩序を揺るがし，新たな価値にもとづく世界を創造しうる人びとの能動的な文化実践について論じなさい。

Reading Guide——読書案内

①渋谷淳一・本田量久編『21 世紀国際社会を考える——多層的な世界を読み解く 38 章』旬報社，2017 年

本書は，各地域の文化的・歴史的背景に着目しながら，戦争，搾取，貧困，差別，テロリズムといった問題を紹介するとともに，これらの解決を目指すローカルかつグローバルな取り組みの有効性と課題を論ずる。

②ピエール・ブルデュー『ディスタンクシオン——社会的判断力批判（I・II）』石井洋二郎訳，藤原書店，1990 年（普及版 2020 年）

本書は，平等な教育機会が開かれていても，家庭環境や親の学歴によって文化資本が不均衡に配分されている結果，学業達成や学歴の格差が起こり，さらには不平等な階級構造が再生産・正統化される過程を論ずる。

③リチャード・フロリダ『クリエイティブ資本論——新たな経済階級の台頭』井口典夫訳，ダイヤモンド社，2008 年

本書は，多様な価値観やライフスタイルに対する文化的寛容性が高い地域には，束縛を望まない創造階級が集まりやすく，多角的な視点と多様な才能が融合し，新たな産業が発展する可能性が高いと論ずる。

Chapter 3　社会化と相互行為

Chapter Overview——本章の要約

社会化とは，個人が社会のなかでルールや規範を学び社会の成員となっていく過程のことである。社会化は，他者との相互作用を通じて，役割を取得する（＝規範的な期待を理解する）ことで成し遂げられる。ここで役割とは，特定の地位に結びついた規範的なふるまいのことだ。一人の人が複数の役割を担いうるものであるため，複数の規範的な期待が適切に調整されていなければならない。また，複数の行為者が互いに影響を与えあう相互行為（相互作用）という考え方は，ゴフマンによって，複数の行為者がともに居合わせることで成り立つ一つの社会秩序（＝相互行為秩序）として，位置づけられた。こうした考え方を継承したエスノメソドロジーは，役割論や相互行為論の問いを成員が実践的に答えを出している問いと位置づけ，どのように相互行為の秩序が成し遂げられているのか，どのように複数の規範的な期待が調整されているのかを明らかにしていく方向性を示した。

Learning Objectives——学修目標

・社会化という考え方について述べることができる。
・地位と役割という考え方について述べることができる。
・相互行為論の展開について述べることができる。

1 社会化と自己

相互作用と社会化

Prologue の冒頭で示したように，社会学が研究する人間社会は，社会的相互行為と呼ばれる人びとの相互作用から生み出される。社会学創立期に重要な役割を果たしたドイツの社会学者であるゲオルク・ジンメル（1858–1918）は，諸個人が互いに関わりあう相互作用により社会がつくられると考え，そうした社会のあり方を，「社会」であるというよりも「社会化（Vergesell-schaftung）」である，と考察している。ジンメルは，二人の人間がチラッと顔を見合わせたり，切符売場で押し合ったり，といった現象についても，そうした相互作用が頻度や強度を増し，それと似た多くの相互作用と結びつけば，社会をつくっているといえるのだ，と述べている。続けて，小さな，一つひとつとしては問題にならないような相互作用形式が，公的な大きな社会形式の間へと忍び込んで，社会が生まれるのだと述べている（Simmel 1917＝1979）。ジンメルの用法での社会化という概念には，「社会」を相互作用からなる動的な過程ととらえる点にねらいがあるといえるだろう。

それに対して，社会学の現在のあり方が確立された20世紀アメリカにおいて定着した**社会化**（socialization）という概念は，むしろ個人が社会のなかでルールや規範，価値を学び社会の成員となっていく過程に力点が置かれている。それは，同時に社会の側が個人を包括していく過程のことでもある。ピーター・L・バーガー（1929–2017）とトーマス・ルックマン（1927–2016）は，こうした社会化の過程を第一次的社会化と第二次的社会化にわけて論じている。第一次的社会化とは，個人が幼年期に経験する最初の社会化である。子どもは，情緒的な結びつきによって**重要な他者**（意味ある他者：両親，あるいは誰であれ社会化を担当する個人）に自己を同一化し，その世界を内在化していく。それに対し，第二次的社会化は，すでに社会化している個人になされる，その後のすべての社会化である（Berger and Luckmann 1966＝1977〔のちにみる，まだ所属していない集団に対する予期的社会化や，これまでに身につけた価値を置き換えてなされる再社会化も，第二次的社会化に含まれる〕）。

本章で見ていくように，この意味での「社会化」は，他者との相互作用（interaction）を通じて，規範的な期待を身につけることで，成し遂げられるものである（社会化に関わる文脈では，interaction の訳は，「相互作用」とする）。

自己論の系譜

こうした個人が社会の成員となっていく過程としての「社会化」の考え方は，社会学における**自己**の考え方が，下敷きとなっている。社会学においては，「自己」とは，「他者」との関係において理解されるものである。こうした考えは，早くはチャールズ・H・クーリー（1864–1929）の**鏡に映った自己**（looking glass self）という考え方に示されている。つまり，人が鏡を見て自らの姿を知るように，私たちは互いに他人の心を鏡として自らを知覚する，という考え方である（Cooley 1902）。

このように「自己」を「他者」との関係においてとらえる考え方に加えて，ジョージ・H・ミード（1863–1931）は，自己の特徴は，自己がそれ自身にとっての対象である点にある，と述べている。英語の「セルフ」という言葉が再帰性を示すように，自己は主体（主語）であると同時に対象（目的語）でもありうる。それでは，どのようにしたら，「私」が自分自身を対象とすることができるだろうか。ミードは，他者が「私」に向ける態度を取り入れることによって可能になる，と考えた。つまり，他人と関わりながら，他人が自分を見る視点を，自分のなかに取り入れることによって，自分を見ることができるようになる，と考えたのである（Mead 1934＝2021）。このように，他者との相互作用において，他者の態度を取り入れながら，自らに対して再帰的に関わり続ける自己，というのが，社会学における自己論の基本的な考え方だ。

こうした他者の態度の取り入れ方には，段階がある。子どもたちが行う「ごっこ遊び」は，母親のふりをしたり，教師や警官のふりをしたり，といったようにいろいろな「役割」を取り入れる遊びである。そこから一歩進んで，子どもがより複雑な「ゲーム」に参加していくためには，そのゲームに参加しているほかのすべての子どもの態度を理解し，異なる役割の関係を理解していなければならない。たとえば，野球のチームに参加してプレイするためには，各ポジションの役割や野球のルールを理解していなければならないだろう。子どもは，自分が今担っているポジションだけではなく，それぞれのポジション間の関係についても理解していなければならない。子どもは，こうした同じゲームに参加する人びとの組織された態度を，他者の態度として取り入れていく必要がある。このように組織された共同体や社会集団が，ある個人に自己としてのまとまりを与える場合，その共同体や社会集団のことを，ミードは**一般化された他者**と呼んでいる。一般化された他者の態度とは，共同体や社会集団の組織された態度のことである。社会化は，このように自らが所属する共同体や社会集団の組織された態度を取り入れながら，段階をへて達成される。

社会化のエージェント

社会化がなされる場，社会化をする担い手（**社会化のエージェント**），つまり，社会化の経験を提供する社会集団や制度としては，初期段階においては，家族，学校，**仲間集団**などがあげられる。タルコット・パーソンズは，家族の機能として，子どもが社会の成員となるための社会化と，大人のパーソナリティーの安定化の二つをあげている。パーソンズにとって，社会化の中心は，子どもが自分の生まれついた社会の文化を内在化することにある。子どもは，他者との関係のなかで役割を取得しながら，文化的価値を内在化していく。多くの人にとっては，そうした社会化がなされる最初の場が，「家族」であると考えられる（Parsons and Bales 1953＝2001）。

子どもが家族の外に出ていくとき，次に出会うのは，学校での経験である。学校は，学年によって年齢ごとに集団がつくられ，生徒と教師とのあいだでの役割分化がある。先生には権威が与えられており，そこで学ぶことには，（個別の家族をこえて）普遍主義的な価値があることが期待される。また，学校に通う年齢になった子どもにとって，地域社会のなかや学校のなかで自然に形成される仲間集団は，社会化の場として，大きな意味を持つ。先にあげた野球のゲームのルールの例と同様に，仲間集団内でのルールを理解していく過程を考えるとよい。なお，パーソンズは，（当時のアメリカ社会においては）仲間集団が特に性別によって特徴づけられていると指摘している。

2 地位と役割

役割

ここまで，役割という概念を説明せずに用いてきた。**役割**（role）は，さまざまな形で概念化されてきたが，その主たる用法の一つは，特定の**地位**（status）に結びついた規範的なふるまいのことである。そして，ここで地位とは，人がさまざまな社会集団のなかで占める位置のことである（Linton 1936）。一人の人が同時に，教師，男性，日本人など，複数の地位を担いうる。こうした個人が担うことのできる社会的地位の総体を**地位群**という（Merton 1957＝1961）。それぞれの地位に，それぞれに結びついた役割がある。

地位

地位のなかでも，生まれながらにしてその人に与えられている地位のことを，**帰属的地位**（ascribed status）と呼ぶ。たとえば，性別や年齢などが候補としてあげられる。このようなその人の属性による地位に対して，個人が努力をして業績をあげて達成する地位のことを，**業績的地位**（achieved status）と呼ぶ。学歴や職業上の地位を候補としてあげることができる（Linton 1936）。

また，地位群のなかの一つの地位が，他のすべての地位から突出している場合，それを**主要な地位**（master status；支配的地位）と呼ぶ。20 世紀アメリカの社会学においては，とくに人種が主要な地位をしめるものとして指摘されてきた（Hughes 1945; Becker 1963＝2011）。ある人が医師であり，中産階級であり，女性であったとしても，その人が「黒人」である場合，まず黒人として理解され，その他の地位が二次的なものとみなされる。こうした現象が，アメリカ社会において生じていることが，その問題性も含めて，指摘されてきた。さらにハワード・S・ベッカー（1928–2023）は，「逸脱者」という地位が，こうした主要な地位となりうると指摘している。いったん逸脱者とみなされてしまうと，その他の地位が問われなくなるということだ（Becker 1963＝2011）。

すでに述べたように，一人の人は，複数の地位（地位群）を担うことができる。そのなかで，特定の地位が，ある状況において，その人にとって他の地位より重みのある地位と理解されることはありうる。以降，（「病人役割」という考え方とそれへの批判を中心に）地位－役割論の展開に沿って，こうした現象を社会学的に考える方向性を示していく。

役割は，特定の地位に結びついた規範的なふるまいであり，義務や権利と結びついている。役割と義務や権利の関係を理解するために，パーソンズが1950年代に提示した**病人役割**という考え方を例にとって考えてみよう（Parsons 1951)。たとえば「学生」であれば，通常講義に出席する権利と義務が与えられている。ところが，高熱がでてインフルエンザと診断されると，講義に出席しなくてよくなる（することができなくなる)。このように，「病人」は，通常の社会的役割に期待される義務を免除される。そして，病気であることをどうしようもないこととして責任を問われることがないかわりに，その状態から回復しようとすることが期待され，そのための医師の援助を求め医師と協力することが期待される。このように「病人役割」という概念は，「病人」であることを規範的な期待の網の目のなかで理解することを可能にした。その一方で，病人役割という考え方は，さまざまな批判もなされてきた。その一つが，病気であることを一時的な逸脱とみなしているため，慢性疾患のように，病いをもって日常を生きる人の経験にあてはまらない，という批判である。

そもそも，先に述べたとおり，人は複数の地位（地位群）を担いうる。このことは，複数の地位に結びついたそれぞれの役割の間で，調整がなされなければならない，ということでもある。場合によっては，個人が両立し難い社会的役割の緊張にさらされることもある。こうした状況をロバート・K・マートン（1910–2003）は，**役割葛藤**と呼ぶ（Merton 1957＝1961)。たとえば，とくに女性の労働者にとって，「仕事」で期待される役割と「家庭」で期待される役割との間で生じる緊張などについては，多くの研究がなされてきた。また，マートンは，地位群と区別して，役割群（role-set）という考え方も示している。役割群とは，人が特定の社会的地位を占めることによってともなう役割関係のすべてのことである。「医学生」という一つの地位には，教師との関係において学生という役割を担うが，さらに他の学生や看護師，医師，ソーシャルワーカーなどとの関係によって理解される一連の役割のセットがある（Merton 1957＝1961)。「教師」からの期待と，「他の学生」からの期待との間で葛藤が生じることもありうるだろう。

先にあげた「病人役割」に対する批判も同様の観点から考えることができる。慢性疾患のように病気とともに生きることが求められる場合にも，こうした複数の役割間や役割内での調整の問題が生じうる。たとえば，職場で働きながら薬を服用するなど，日常生活のなかで他の役割（たとえば職業）と「病人」であることの折り合いをつけていく必要があるからだ。役割という概念は，こうした規範的期待の調整に目を向けさせるものでもある。

準拠集団

人が複数の地位を担いうるということは，それぞれの地位において自らを理解し，評価している，ということでもある。なお，人が地位を評価するさいに準拠点とする集団のことを準拠集団という。そして，人が複数の地位を担うことができ，複数の集団に所属することができるということは，互いに異なった規範をもつ複数の集団や地位が，個人の準拠枠となりうるということである。マートンは，こうした準拠集団論という観点から，サミュエル・ストゥファーらが行った第二次世界大戦中のアメリカ兵の態度についての研究（以下『アメリカ兵』）を，再検討した（Merton 1957＝1961）。

マートンは，『アメリカ兵』のなかで示されている相対的不満（**相対的剝奪**）という概念に着目した。招集された既婚の兵士は，招集された未婚の同僚と比べて，また，招集されていない既婚の友人と比べて，自分の方がより犠牲を求められていると思う。海外にいる兵士は，母国にいる兵士と比べて，家族やアメリカでの生活とのつながりを断たれる度合いが大きいが，戦闘地域で実際に戦闘している兵士と比べれば，不満がすくない。このような状況に対して，比較のうえで相対的に剝奪されていると感じる，という説明が与えられる。マートンは，こういった知見の積み重ねから，比較のための準拠枠として，自分の所属している集団と所属していない集団のいずれもが用いられること，また，それぞれにおいて，自分と同じ地位にいる人と異なる地位にいる人のいずれもが用いられることを示し，準拠集団行動の理論を組み上げている。

また，『アメリカ兵』の知見のなかには，公的な軍の規範に同調的な招集兵の方が，そうでない招集兵よりも，その後高い割合で昇進している，というものがある。この場合，現在所属している集団である招集兵たちの価値を受け入れるよりも，所属したいと望んではいるが，現在まだ所属していない集団の規範を指向した方が，実際に昇進してその集団に所属することを助け，その後の適応を容易にする，と説明できる。このように将来を見越してなされる社会化のことを，**予期的社会化**（anticipatory socialization）という。

3 相互行為論の展開

社会的相互行為という領域

これまで，社会が相互作用を通じて生み出されるという考え方，そして自己が他者との相互作用を通じて社会化される，という考え方を紹介してきた。複数の行為者が互いに影響を与えあう相互作用（相互行為）という考え方は，社会学において重要なものでありつづけた。ただし，複数の行為者がともに居合わせることによって成り立つ**社会的相互行為**（social interaction）という領域そのものを研究の対象として位置づけたという点においては，アーヴィング・ゴフマン（1922–82）による貢献が大きい。ゴフマンは，相互行為秩序を，個人のパーソナリティにも，社会構造にも還元できない，それ自体独自の領域として位置づけた（Goffman 1983〔なお，こうした相互行為秩序の考え方にもとづく以降の記述においては，interaction の訳は「相互行為」とする〕）。

ゴフマンは，複数の行為者がともに居合わせることによって生じる相互行為秩序に関わる問題を，さまざまなしかたで浮かび上がらせている。たとえば，演出論（**ドラマトゥルギー**）的なメタファーが用いられることがある（Goffman 1959＝2023）。日常生活において，対面的な相互行為に参加していく参加者は，他の参加者に対して，何らかのしかたで自己呈示を行っている。他の参加者に対して何らかのしかたで影響を与えうる活動をパフォーマンスと呼ぶところから，演出論的メタファーが始まる。パフォーマーは，他の参加者（オーディエンス）に対して，自己の印象を管理するためにさまざまな技法を動員している。パフォーマンスがなされる「表領域」と，それを支える（オーディエンスに見せない）「裏領域（舞台裏）」が区別され，表舞台の状況の定義が維持されていく。こうしたパフォーマンスはつねに攪乱（かくらん）の可能性にさらされている。パフォーマンスが想定されていない効果を持ったり，舞台裏がオーディエンスから見えてしまったり，といったことがありうる。だからこそ，パフォーマーも，周到に準備をし，オーディエンスも，察しよく協力する，といったふうに**印象管理**（impression management）の技法が動員されていく。ここで重要なのは，日常生活に演劇的な側面があるということではなく，そのメタファーによって示された，共在の秩序のほうであり，相互行為における自己呈示の技法のほうである。

ゴフマンは，他にも公共の場における状況にふさわしい行為という観点から，相互行為秩序のあり方を解明している（Goffman 1963＝1980）。公共の場で見知らぬ人と居合わせたときに，私たちは相手を凝視しない。相手をちらっと見るが，相手の存在を認識したことを示す以上のことはしない。ただ相手がそこに居ることを気にかけていることを示しつつ，すぐに視線をそらし，相手に対して特別の好奇心や意図がないことを示す。このように相手を単に居合わせた人ととらえ，それ以外の社会的特徴を無視する，最小限の礼儀作法のことを，「市民的無関心」という。こうした技法を通じて，特定の社会的状況での相互行為において居合わせた個人への尊重が達成されていくわけである。

ゴフマンは，社会的状況内における自己の問題として，「役割」概念についても検討し，「役割距離」という概念を示している（Goffman 1961a＝1985）。役割から距離をとるというのは，個人が自ら担っている役割との間に乖離（かいり）があると表現することである。手術を遂行しなければならない外科医が，看護師に対して，くだけた様子で冗談をいうことなどがその例である。外科医は，自らが冷静であるだけでなく，手術のためのチームにも集中を求めなければならない。そこでくだけた様子を示すことは，状況を緩和する働きを持つ。このように個人は，ある特定の役割を遂行しつつ，その役割から適切に距離をとってみせることができる。ここでもまた，役割群における複数の期待される規範の間での調整の問題が解かれているといえる。

ゴフマンは，社会的状況における自己の問題をさまざまなしかたで扱っている。その一つに，**全制的施設**（total institution）の研究がある。全制的施設とは「多数の類似の境遇にある個々人が，一緒に，相当期間にわたって包括社会から遮断されて，閉鎖的で形式的に管理された日常生活を送る居住と仕事の場所」（Goffman 1961b: ix＝1984: v）であり，（当時のアメリカの）精神病院，刑務所，兵営，修道院などをさす。施設において，被収容者たちは，それまで通用していたアイデンティティ・キット（髪や衣服や名前）を剝奪される。そこには，施設の管理者や他の被収容者たちの眼差しが向けられない場所が極端に少ない。（市民的無関心の技法を支えていたような）市民的環境はそこにはなく，市民的環境では問題になるような対人技法上の非礼が制度的に許されている。それに対し，被収容者のほうでは，施設から求められる役割や自己から距離を置き，非公式なしかたで環境に働きかける余地を確保しつつ，施設の裏面生活を作り上げることで，適応していく（第二次的調整という）。このような状況において自己アイデンティティは再編成される（Goffman 1961b＝1984）。全制的施設においては，それまでの社会化の過程で身に着けた古い価値が消去され，新しい価値に根本的に置き換えられる過程という意味での**再社会化**がなされている（McHugh 1966）。

エスノメソドロジー・会話分析

相互行為それ自体が一つの社会秩序であるという考え方は，社会学の展開に新しい研究の対象を用意することになった。相互行為秩序の研究を，共在する人びとの行いの「統語論的関係」の研究と位置づけたゴフマンの着想（Goffman 1967＝2012）は，相互行為秩序を個人のパーソナリティにも社会構造にも還元しないという意味では，ゴフマンその人以上に徹底した形で，**エスノメソドロジー・会話分析**（Ethnomethodology and Conversation Analysis: EMCA）と呼ばれる分野において展開されることになったのである。

エスノメソドロジーは，「人びとの方法論」，つまり，それぞれの実践に参加している成員が用いている方法のことであり，それについての研究の名前でもある（Garfinkel 1967）。私たちが参加することのできるどのような実践であれ，その状況において行なわれていることを成員が観察し報告できるのであれば，そこでは何らかの成員の方法が用いられている。それまで社会学が理論的に論じてきたさまざまな問題を，人びとの実践の問題としてとらえなおす考え方を突き詰めることによって，ハロルド・ガーフィンケル（1917–2011）やハーヴェイ・サックス（1935–75）によって，エスノメソドロジーという分野が始められることになった。

こうした方向性に沿って，エスノメソドロジーは，実践的行為や実践的推論についての研究として確立されてきた。たとえば，社会秩序はどのように成り立っているのか，という問いに対して，人びとは実際にどのように秩序を成し遂げているのかと考え，秩序現象を再特定化していく研究がなされた。こうした研究は，行列や交通の流れの組織化から始まって，科学実験室や病院における時間的・空間的秩序の組織化にいたるまで，社会秩序の産出を解明するものだ。さらに，会話が方法的に成り立っていることに注目したサックスたちは，録音データを用いた会話の組織化の研究を開始した。会話分析は，会話を含めた相互行為がどのように秩序立って組織されているかを研究する分野として発展してきた。ゴフマン自身による優れた自然主義的観察に依存した発見的事実を，会話分析は，録音・録画されたデータを用いて，どのようにそれが成り立っているのか，その方法まで含めて，開かれた分析のもとに位置づけたのである。

エスノメソドロジーは，役割論が扱ってきた人の地位とそれに結びついた規範についての問題も，人びとが実践的に答えをだしている問題と考えた。たとえば，ガーフィンケルは，現在ならばトランスジェンダーということになるであろう，アグネスという女性について，自分が選択した性別で生きていく権利を達成し，それを確保していく作業を描いている。アグネスは，あたりまえの女性という帰属的地位に求められることを，リスクのある状況をうまく操作することによって達成した。アグネスが行ったことは，ゴフマンがエピソード的に示した印象管理のメタファーを当てはめるだけでは，うまく理解できない。状況の経過や予期がどのように構造化されているのかという点において，「時間」が重要な役割を果たしているからである。

たとえば，アグネスは，はじめから女性であったことを示すために，理想的な生活史を用意しなければならなかった。女性に料理ができることが期待されていた当時のアメリカ社会において，パートナーを喜ばせるために旧オランダ領インドネシア出身の将来の義理の母にオランダ料理を教えてもらうことで，料理をどのようにするか，それ自体を学んだ。アグネスは，こうした実際の行為過程において実際の環境のもつ関連性の構造を操作し，統制しつづけなければならなかったのである。こうした課題を実践的に解きつづけるアグネスを，ガーフィンケルは，「実践的方法論者」と呼んでいる（Garfinkel 1967＝1987）。

また，サックスは，自殺防止センターにかかってくる相談電話を研究することで，相談を行うことのできる関係をつくるさいに用いられている規範に着目し，成員カテゴリー化装置というアイデアを示した。しばしば自殺志願者は「誰も頼れる人がいないんです」と語るのだが，そのように言うことで自殺防止センターの職員に頼ってくる。ここで，サックスは，人をさすために用いられる「女性」や「大人」といった成員カテゴリーが，「性別」や「年齢」といった集合ごとに用いられていることに着目した。そして，二者関係を示す集合{夫－妻，恋人－恋人……友人－友人，知人－知人，他人－他人}のなかに悩みを相談してよいカテゴリーと，相談するべきでないカテゴリーがあること，相談してよい関係においても強さの序列があることを指摘した。悩みを持った人は，二者関係のなかで適切に頼るべき人（配偶者や恋人など）を探すだろうし，そこで「いない」ことがわかってしまうことがある。他方で，自殺防止センターで相談電話に出るのは，二者関係で考えるならばまったく知らない「他人」である。私たちは，自分の悩みを他人にはあまり相談しないだろうし，配偶者や恋人など順番の高い人から相談するべきだろう。だから電話をかけてくる自殺志願者が行っているのは，むしろ二者関係の集合を使うことができないと示すことなのだ。だからこそ相談員は，{専門家－素人} という集合を用いて，自殺志願者の訴えを専門家が聞くべきものとして位置づけることができる(Sacks 1972＝1989)。

このように，成員カテゴリー化装置というアイデアは，私たち自身が実際に用いている規範に名前をつけたものである。私たちは，複数の地位－役割を担いうるだけでなく，そのうちのどれを当該の状況に関連するものとして用いるのかについて，「人びとの方法論」をもっている。この点は「病人役割」についても，同様のことがいえる。病人であることは，ある状況においては，その人にとって他の地位よりも重要なものと感受されるかもしれない。他方で，その人は「家族」集合のなかでは「親」であったり，「職業」集合のなかでは「会社員」であったりするかもしれない。そのつどの状況において実際に複数のカテゴリー集合のうちのどれを用いるかは，その実践に参加する人びとが答えを出しつづけている問いである。社会学は，そこで用いられている「人びとの方法論」を研究できるのである。

最初に述べたように，ジンメルは，相互作用において社会がつくられるという考えのもと，二人の人間がチラッと顔を見合わせたり，切符売場で押し合ったりといった現象にも眼を向けるように促した。ジンメルが示した一つひとつとしては問題にならないような相互作用形式への問いは，ゴフマンの相互行為秩序の研究をへて，EMCA において成員が実践的に解いている問題として位置づけられることになった。相互行為論の展開は，こうした現象そのものを，一つの社会秩序として社会学的研究の対象に位置づけたのである。

Glossary——用語集

1節のキーワード

社会化　個人がルールや価値を学び社会の成員になる過程のこと。社会が個人を包括的に導き入れる過程でもある。個人が幼年期に経験する最初の社会化を第一次的社会化といい，その後のすべての社会化を第二次社会化という（バーガーとルックマン）。

自　己　他者と区別され，自らを対象とするような，自分自身のあり方をさし示す概念。他者の態度を取り入れながら，自らに対して再帰的に関わりつづける自己，というのが社会学における自己論の基本的な考え方である（ミード）。

鏡に映った自己　人が鏡を見て自らの姿を知るように，私たちは互いに他人の心を鏡として自らを知覚する，という考え方のこと。C・H・クーリーによって示された。

重要な他者　意味ある他者ともいう。社会化において重要な影響力をもつ人のこと。子どもにとっての親など。個人にとって自己評価の順拠点となる。

一般化された他者　個人に自己としてのまとまりを与える共同体や社会集団のこと。社会化は，一般化された他者の態度，つまり自らが所属する共同体や社会集団の組織された態度を取り入れながら，段階をへて達成される。

社会化のエージェント　社会化をする担い手，社会化の経験を提供する社会集団や制度のこと。初期段階の社会化において，家族，学校，仲間集団などがあげられる。

仲間集団　地域社会の中や学校の中で自然に形成される小集団であり，社会化のエージェントの一つ。学校に通う年齢になった子どもにとって，仲間集団は，社会化の場として，大きな意味をもつ。

2節のキーワード

地　位　人がさまざまな社会集団の中で占める位置のことをさす。一人の人が同時に，教師，男性，日本人など，複数の地位を担いうる。

地位群　一人の人が担うことのできる社会的地位の総体のことをさす。一人の人が同時に，教師，男性，日本人などの複数の地位を担いうる場合，それらの集合のことをさす。

帰属的地位　その人の属性（アスクリプション）にもとづいて，生まれながらにしてその人に与えられている地位のことをさす。しばしば，性別や年齢などが候補としてあげられる。

業績的地位　個人が努力をして業績（アチーブメント）をあげて獲得される地位のことをさす。学歴や職業上の地位を候補としてあげることができる。

主要な地位　支配的な地位ともいう。地位群の中で，他のすべての地位から突出している地位をさす。一人の人が，ある特定の地位のもとで見られ，その他の地位を担っていることが二次的な問題として扱われる場合，その特定の地位のことをさす。

役　割　特定の地位に結びついた規範的なふるまいのことをさす。

役割葛藤　複数の地位における複数の役割の間において，それぞれの役割にもとづいた規範的期待の競合によって生じる緊張のことをさす。

相対的剝奪　人が自分の置かれている状況について，他の個人や集団との比較にもとづいて相対的に不満をもつことをさす。マートンによって，比較のための準拠枠に対する考察を通じて，準拠集団論に組み入れられた。

予期的社会化　所属したいと望んではいるが，現在まだ所属していない集団の規範を志向し，将来を見越してなされる社会化のことをさす。

病人役割　病人であることに期待される規範をさす。通常の社会的役割に期待される義務を免除され，病気であることの責任を問われることがないかわりに，その状態から回復しようとすることが期待され，そのための医師の援助を求め医師と協力することが期待される。

3節のキーワード

社会的相互行為　複数の行為者が互いに影響を与えあうことをさす。ゴフマンによって，複数の行為者がともに居合わせることによって成り立つ，個人のパーソナリティにも，社会構造にも還元できない，それ自体独自の領域として位置づけられた。

ドラマトゥルギー　ゴフマンが用いた演出論的メタファーをさす。日常生活において，対面的な相互行為の参加者が，他の参加者に対して，何らかのしかたで自己呈示を行っていることを，舞台装置におけるオーディエンスに対するパフォーマンスとして描いた。

印象管理　ゴフマンが用いた演出論的メタファーにおいて，対面的な相互行為の参加者が，自己呈示を行うさいに，自己の印象を管理するために動員しているさまざまな技法のこと。パフォーマーが周到に準備をするだけでなく，オーディエンスも察しよく協力するといったことがなされる。

全制的施設　「多数の類似の境遇にある個々人が，一緒に，相当期間にわたって包括社会から遮断されて，閉鎖的で形式的に管理された日常生活を送る居住と仕事の場所」（Goffman 1961b: ix＝1984: v）のことをさす。

再社会化　それまでの古い価値がリセットされ，新しい価値に根本的に置き換えられる過程をさす。全制的施設で生じる。

エスノメソドロジー　ガーフィンケルによって提唱された，人びとが社会生活を送るさいに用いている方法（論）と，それを研究する学問のことをさす。

Report Assignment――レポート課題

■周囲の日常の相互行為の実践から，複数の地位－役割が関連していると考えられる事例を探してください。次に，その事例において，成員カテゴリー集合がどのように用いられているか，という観点から分析してください。

Reading Guide——読書案内

①前田泰樹・水川喜文・岡田光弘編『ワードマップ　エスノメソドロジー——人びとの実践から学ぶ』新曜社，2007年

エスノメソドロジーの入門書。なぜ実践に着目しなければならないかを論じたうえで，日常会話から教室での授業，病院での診察，科学の実験まで，そこで用いられている「人びとの方法論」を研究していくための構えを示している。

②アーヴィング・ゴッフマン『集まりの構造——新しい日常行動論を求めて』丸木恵祐・本名信行訳，誠信書房，1980年

本文で紹介した「市民的無関心」を含め，公共の場における共在のあり方を，状況に適合的な関与の配分という考え方で解明した著作。ゴフマンの他の著作とともに，相互行為論の古典である。なお，初期の主要な翻訳書ではゴッフマンと表記されているが，現在ではゴフマンと表記することが多い。

③小宮友根・黒嶋智美編『実践の論理を描く——相互行為のなかの知識・身体・こころ』勁草書房，2023年

知識，身体，心に関わる概念が，日常生活の活動においてどのように用いられるのかに着目して，実践の論理を描く，相互行為分析の論文集。相互行為論の展開がたどり着いた地点がよくわかる。

Chapter 4　集団と組織

Chapter Overview——本章の要約

集団に属することで独特の喜びや辛さを感じるのはどうしてだろう。それは集団には境界というものがあって，内部に独自の価値と規範が生成するからだ。人びとは一般的に外集団に比して内集団を高く評価し，そこに準拠して自らの生き方を構成していく。ただし集団的な生き方は，自然発生的な第一次集団と人為的な第二次集団とでだいぶ違ってくる。後者すなわち近代的な組織においては，成員たちは専門性や集権性や公式性といった特徴をもつ官僚制的なルールに従わざるをえない。それは非人格的な形で制定されたルールなので，効率的で公平なシステムが仕上がっているはずなのだが，そこでルール自体が絶対化して元々の組織目標が霞(かす)んでしまうと，非効率的・非倫理的な状況が生じる。そうした場合は，組織がそもそも特定の目的のために作られた手段であることを思い起こす必要があろう。集団論・組織論はこうした問題をはじめ，各種の現実的な諸課題に取り組んでいる。

Learning Objectives——学修目標

・関係と集団の違いについて理解し，社会学的な集団論の基礎を学ぶ。関係性よりも制度化の程度が一段階高いのが集団だが，それにはどのようなタイプのものがあるのか，集団に準拠するとはいったいどのようなことなのか，などを探っていく。

・第一次集団と対比される第二次集団としての組織に関する理解を深める。近代的な組織の編成原理としての官僚制について検討するとともに，それが自己目的化してしまう際の問題点についても考える。

・従来型の集団や組織の枠を超えた柔軟なネットワークのありようについて基礎的に考える。協働行為それ自体や各種人間関係に照準した研究群を概観しながら，集団や組織とは異なるネットワークの可能性について検討する。

1 集団の魔力

関係と集団の違い

社風に関する評判がきわめてよく，業績も非常に高く，誰もが憧れるような会社に入社でき，当初は誇りをもって楽しく働いていたのだけれど，次第に職場の雰囲気に圧倒され，周りの人たちについていくのが大変になり，つらい思いをすることが多くなった，というケースを思い浮かべてみよう。このようなことは航空業界でもIT業界でもどこでも起こりえる（Hochschild 1983＝2000; Kunda 1992＝2005）。それは特定の上司一人が意地悪だったからでも，同期入社の仲間一人が冷たかったからでもない。二人だけの関係であれば何とかなったかもしれないが，職場や会社全体のありようにプレッシャーを感じてしまうと，そこから脱するのは相当に難しくなってくるのである。関係と集団の違いはまさにここにある。

大きな社会をどんどん分解し，関係性の水準まで降りていくと，最終的には**二者関係**（**ダイアード**）に立ち至る。しかしそれ自体を社会の原型と見ていいかどうかに関しては，かなり微妙だ。ゲオルク・ジンメルが論じているように，二者関係では人格的な相互依存関係が中心となり，非人格的な形象が育つことは滅多にない（Simmel 1908＝1994: 2 章）。そこに目立っているのは親密性だが，ひとたびその親しさにひびが入れば当の関係は一気に瓦解することとなる。二者関係はあまりにも特定の人物に依存した関係性であり，超越的な意味空間を構成することはまずありえない。その意味で二者関係は社会の最小単位としてはかなり力不足といえよう。

これに対して**三者関係（トライアード）**にあってこそ，客観的で統一的な社会イメージが育まれる余地が大きくなる。一人が腹を立ててそこを抜けても，残された者は一人ぼっちにはならない。また当の関係性について何らかのルールを作っておけば，一人がものすごいわがままなことをしたとして残りの二人は適切な制裁を下すことができる。ジェームズ・S・コールマン（1926–95）が指摘するように，三者関係は社会的な規範が生成する基盤となるのである（Coleman 1990＝2004–2006: 10 章）。また三者関係では，内部の結合に関しても外部とのつながりに関しても，二者関係の場合よりもはるかに複雑になるという点にも注意しておこう。こうしたことから社会の原型は三者関係にこそ認められるということになる。

ただしここで二人，三人というのは，相対的な数字上のことにすぎず，場合によっては二人だけで客観的・非人格的な会社を起こすことも可能だ。また，三人で作った友だち関係が何らの決まりめいたものを伴わず，人格的な関係性だけで持続する場合もおおいにありえよう。問題は関与する人の数ではなく関係の質にある。つまり主観性・人格性よりも客観性・非人格性の方が優位となり，個人の力ではどうにもならないような価値・規範が立ち現れたとき，そこには社会が存在するということができるにちがいない。

社会集団

そしてこうして生成した，関係より一段階上の水準にある存在が**社会集団**である（これを単に集団ともいう）。それは関係よりも相対的に客観性・非人格性の度合いが高く，統一的な実体といった様相を呈する。また集団には成員性にもとづいた境界というものがあって——つまりは内部と外部の違いが鋭く意識されていて——，これにより人びとは強い共属感情や連帯感を抱くことになる（Merton 1957＝1961: 9 章；山田 2017）。これこそが関係と集団との決定的な違いだ。たまたま三人で仲良くなったということであれば，その状態に留まるかぎり，それは友人関係と呼ぶのがふさわしいが，これに対して定期的な会合を催している十数人の趣味的な集まりに入れてもらうといった場合には，それは仲間集団と称すべき存在だろう。

こうして，友だち関係よりも友だち集団の方が，相対的に客観的・非人格的な形での制度化が進んでいる，ということになる。しかし友だち集団よりも会社組織の方がさらに客観的で非人格的だというのは間違いない。社会集団のカテゴリーに入る意味存在のなかで，より人格性が際立ったものを**第一次集団**と呼ぶのに対し，非人格性が顕在化したものを**第二次集団**という。第一次集団という概念を開発したのはチャールズ・H・クーリーだが，彼は対面性と親密性にもとづいて人びとが協力し合う基本的な集団という意味でこの語を用いた（Cooley 1909＝1970）。そこには家族や近隣や仲間といったものが入る。クーリーは第一次集団にあってこそ人間性や社会性が伸長するということを強調するとともに，近代的な組織の展開によって過度の個人主義がもたらされ，社会的な連帯が減衰し，非人間的な冷たさや孤立といったものが目立つようになることに対して鋭い警鐘を鳴らしている。

基礎集団と機能集団

社会学的な集団研究において，自然に生成した実体として観念される対面的・人格的な第一次集団と，意図的に作り出された構成体として立ち現れる非対面的・非人格的な第二次集団との区別は，きわめて根本的なものである。それはまた基礎集団と機能集団との対比と呼んでもいいわけだが，フェルディナント・テンニース（1855–1936）のゲマインシャフトとゲゼルシャフトの二分法にせよ（Tönnies 1887＝1957;→ch. 13），ロバート・M・マッキーヴァーのコミュニティとアソシエーションの二分法にせよ（MacIver 1917＝1975），それぞれの意味合いには微妙な違いが見られるものの，いずれも第一次的な基礎集団と第二次的な機能集団の対照性を見事に浮き彫りにした対概念となっている。

近代社会においては人格的で温かい第一次集団に比して非人格的で冷徹な第二次集団の方が存在感を増し，それが古典的な社会学の強い関心を集めてきた。近代が機能集団の時代だというのは間違いない。しかし家族や仲間といったものを大切にする性向が衰微してしまったわけではけっしてなく，今日でもなお，第一次的な基礎集団は重要なものであり続けている。また第二次集団，機能集団にしても，それが集団であることに変わりはない。そうであるからには近代的な集団も，先述のように，成員性による内側・外側の区別を有しており，それゆえ人びとによる所属意識や帰属意識の源泉ともなりえる。目標達成のために人為的に作られた組織としての学校に対して，あるいは会社に対して成員たちが大きな愛着を示したり，あるいはそこに強く縛られたりすることがよく見受けられるが，そうしたことが起こるのは当の学校や会社が集団としての性質を強く帯びているからにほかならない。第一次集団も第二次集団もいずれも等しく準拠集団たりえるのである。

準拠集団

準拠集団とは，諸個人が自らのポジションを判断するための基準にしたり，また自身の思考や行動のモデルとして用いる重要な集団のことである。ここで，第二次世界大戦中のアメリカ兵の意識と行動に関する膨大な調査のなかでロバート・K・マートンが注目しているデータを少しだけ見てみよう（Merton 1957＝1961: 8 章）。航空隊の兵士は憲兵隊の兵士よりも昇進の客観的チャンスがはるかに高かったにもかかわらず，昇進に対する不満を相対的に強く抱えていた。それは期待が過度に高くなり，周りと自分とを見比べることによって，現状への不満が高まったものと解釈されている。この場合の準拠集団は，同じ航空隊の仲間たちだ。次に，同じ新兵であったとしても，ベテラン兵を中心とする部隊に編入された者たちは，新兵だけの部隊の者たちよりも，戦場に赴く蛮勇が相対的に小さくなる，というデータがある。それは前者の部隊の新兵たちが，戦場は地獄だというベテランたちの感覚をそれなりに内面化していたからだ。ここでの準拠集団は，先輩たちの兵士集団ということになろう。

なお，人びとが重要な他者たちと自らを比較して主観的な不満を覚えることを相対的剝奪（相対的不満）と呼び，また将来所属する可能性がある集団における価値や行動パターンをあらかじめ身につけることを予期的社会化（社会化の先取り）という。高校や大学の受験にあたって同レベルの仲間たちと成績を比べ合って落ち込むのは前者の一例だ。また，インターンシップに励む大学生が学修よりも仕事に精を出すといったケースは後者の典型だろう。

こうして諸個人の意識と行動は，所属ないし帰属している集団によってかなり異なったものとなる。人は社会的真空を生きているわけではない。各々は二者関係のなかで相手の言葉に一喜一憂したり，また社会全体の動向をマス・メディアや SNS を通じて察知し，時代遅れにならないよう努めたりもする。しかし諸個人に対する影響力は，一人の他者よりも，また茫漠とした社会よりも，集団の水準でさらに強烈になる場合が少なくない。それはそれぞれの集団が比較的明瞭な境界を有し，それなりに高い統合力を誇り，別の集団との違いを鮮明にしているからだ。

内集団と**外集団**との関係について論じたウィリアム・G・サムナーは，外集団への敵意と内集団における連帯が密接に結びついていると説いた（Sumner 1906＝1975: Ⅰ）。そして続けて，われわれ集団のみを肯定的に見るエスノセントリズム（自民族中心主義）について触れている（→Ch. 2）。集団への所属や帰属によって人びとの思いや振る舞いが活性化するのには，こうした集合的連帯のメカニズムが強く効いていよう。それぞれの集団が自らを特異な存在と見なして誇示すること，そして成員たちのうちで内集団ひいきが顕在化すること，これらによって諸個人は集団の渦の中へと否応もなく巻き込まれていく。良くも悪くも，諸個人は集団の魔力のうちに生き，また生かされているのである。

第二次集団としての組織

第二次集団の典型は企業組織だ。しかし，営利を追求する企業組織だけでなく，国民・市民へのサービスを主眼とする行政組織，教育を目的とする学校組織，医療に従事する病院組織など，いずれも近代的な組織集団の体をなしている。それらは目標達成のために人為的に作られ，上下関係や水平関係の構造化が進んでいる点で，第一次的な基礎集団とは鋭く区別される。

ただし組織集団も集団である以上，多かれ少なかれ内的な統合力を誇示しており，そのため成員たちはときに集合的な協働に喜びを感じ，またときに皆から疎外され孤独感に苛(さいな)まれる。学校も会社も近代的な組織だが，それは単に勉強したり働いたりして成果を上げるための手段的な場に留まるわけではなく，同時に共同生活の場といった様相も呈するのが通常だろう。サムナーは，それぞれの社会単位には独特のフォークウェイズとモーレスがあると説く（Sumner 1906＝1975: Ⅰ）。フォークウェイズとは人びとが同じような欲求充足のために似たような行為を繰り返すなかで無意識のうちに身につけた習慣のようなものである（→Ch. 2）。またそれが道徳的な正しさの観念を強く帯び，社会性を増したものがモーレスだ。近代的な組織にもそれぞれ特異なフォークウェイズやモーレスがあり，自らの組織のそれを神聖視したり，他の組織のそれを蔑視したりする性向が認められる。それはある種の非合理性をまとうが，それがあればこそ目標達成に向けての集合的努力はいっそう力強いものとなろう。

しかしながら，第二次集団としての組織が非合理的なパワーだけで業績を上げられるわけではもちろんない。それには合理的な構造と，それにもとづいた人びとの秩序だった協働がどうしても必要だ。明確な目的を持ち，指揮命令系統がしっかりしていて，非人格的なルールによる諸個人の行為や関係の統御が貫徹している集合的な体系のことを**公式組織**と呼ぶ。公式組織の内側には，相対的な意味で目的志向が薄く形が定まらない各種の非公式的な組織や集団があるが，近代以降の社会を根本から支えている大黒柱は公式組織といっていい。今日の社会では，経済も政治も社会も文化も公式組織を欠いてしまえば，その活動のほとんどすべてを停止してしまうことであろう。

2 組織の合理性

近代組織の原型

通常，組織という場合，それは公式組織のことをさしているわけだが，その存立の根幹に関して原理的な探究を行ったのが，社会学的な組織論の祖，マックス・ヴェーバーである。ヴェーバーは支配の類型としてカリスマ的支配，伝統的支配，合法的支配の三つを挙げ（→Ch. 12），このうち合法的支配の純粋型として**官僚制**という原理について論じた（Weber 1922＝1960–1962, 1970）。この三つの支配のタイプのなかでカリスマ的支配と伝統的支配では支配者の人格性が大きくものをいうが，それに対して合法的支配においてのみ非人格的なルールが徹底している。官僚制はそれを制度的・組織的に体現したしくみにほかならない。なお，ここで官僚制とは元々は行政組織の合理的な管理運営方式のことといっていいわけだが，その汎用性の高さからヴェーバーにおいてもそれ以降の社会学においても，およそあらゆる近代組織に（つまりは会社・学校・病院などさまざまな組織に）通底する基本的な枠組みと考えられている。

ところでヴェーバーにおいては支配の諸類型にせよ，官僚制にせよ，各種の重要概念がそれぞれ**理念型**としてとらえられていることには注意が必要だ。理念型とは純粋な形で提示された概念のことで，仮説そのものではないものの仮説に一定の方向を示し，また実在する事柄の記述それ自体ではないものの記述に適切な表現法を与えてくれるものである（Weber 1904＝1998）。ヴェーバーが挙げている中世キリスト教の例でいえば，対象を詳細に見れば見るほど各種の要素が矛盾し合いながら混在しているのがわかり，それを一義的に定義するのは大変に難しくなる。しかし当の中世キリスト教は，ほかの時代のキリスト教や同じ時代の他宗教などと比較した際，教義にしても信仰形態にしても独特な形を取っているのは間違いない。そして理念型を用いれば，混沌とした現実世界に分け入り，対象を総合的かつ分析的に把握することが可能となるのである。

官僚制の特徴

そしてヴェーバーが理念型的な思考を駆使して探究した官僚制の諸特徴は次のとおりだ。①権限の原則（活動の規定・権力の規定・計画的な任命），②一元的で明確な上下関係，③文書による職務遂行ならびに公私の分離，④専門化した活動，⑤職務への専念，⑥一般的な規則にもとづく職務遂行（Weber 1922＝1960–1962: 9 章)。これらのいずれに関しても諸個人の人格性や情動や恣意などが入り込む余地は，少なくとも理念のうえでは極小化されている。その意味で官僚制はきわめて一般性の高い非人格的な組織の編成原理ということができよう。そしてその後，構造論的組織研究が理論的にも実証的にも飛躍的な展開を遂げるなか，これらの諸要素は大きく①専門性，②集権性，③公式性の三つにまとめられることになった。つまりは，各人の役割や活動が細かく定まり（専門性)，人びとの行動をコントロールするピラミッド型の権力構造も明確なうえ（集権性)，組織内の諸々の事柄がはっきりと文書によって示されていること（公式性)，これらによって官僚制原理は構成されているというわけである。ヴェーバーによれば官僚制こそ，精密性・確実性・信頼性に富み，少なくとも形式的には最も合理的な組織原理だと考えられる。たしかに非人格的なルールによる統制がしっかり効いていれば，当の組織の管理は原理的に公平かつ効率的なものとなるだろう。もし大きめのサークルの長を引き継いだとして，そこに専門性・集権性・公式性の高い構造があったとすれば，わがままやコネなどは排され，非常にスムーズで効果的な組織運営が可能となるにちがいない。

寡頭制の鉄則

しかし官僚制こそ公平で効率的だという見方はまさに理念型を用いた思考上のものであって，官僚制型とされる組織が実際いつもそのように作動するとはかぎらない。集権的なコントロールの部分ばかりが肥大化し，またトップ層の人格的な支配欲が顕在化してしまえば，官僚制は容易に恣意的な権力の用具と化す。こうした事態をロベルト・ミヘルスは「**寡頭制**の鉄則」と呼んだ(Michels 1910＝1975)。彼はとくに政治組織に関し，公平・公正な手続きで代表者が選ばれていた場合でも，少数の選ばれた者たちが選んでくれた大多数の人たちを圧倒的な力で支配してしまう傾向があることを問題視する。民主主義の世でも社会の運営に携わる代表者は少数に留まる。組織が大規模化，官僚制化すれば，ピラミッド型の構造が常態となり，そうしたなか大多数はトップにいる数少ない人たちの命に服さざるをえない。ここで下位者だけでなく上位者も非人格的なルールに厳格に従うというヴェーバー的な合法的支配の理念が貫徹していれば問題ないわけだが，トップ層はえてして権力欲にまみれてしまい，自分たちの地位を守ることだけに躍起となって，そのために組織を用いがちになる。そして大多数の側は，彼らを選んだのは自分たちだということに満足し，なかなか現状を変えようとはしない。このように民主主義は寡頭化への強い傾向をもっている，とミヘルスは説いた。

官僚制の逆機能

このミヘルスの議論は今日の政治状況を見据えるにあたってもきわめて示唆に富むが，しかし寡頭制の鉄則は単に政治という領域だけでなく，すべての組織の問題として提起されている。また議論の途上，本来的には手段であったはずの組織が目的と化してしまう，という問題に関する言及がある点にも注意しておきたい。第二次集団としての組織とは特定の目的の達成のために人為的に作られた団体であり，つまり元々は関与する人びとにとって単なる手段にすぎない。ところが当の組織それ自体が神聖視され，その存続が目的となれば本末転倒ということになろう。この問題のことを組織論では官僚制の逆機能と呼ぶ。

マートンは官僚制の逆機能のプロセスを，次の4段階にまとめている。①官僚制が効果的になるため，反応の信頼性と規則の厳守が求められる⇒②規則を遵守するうちにそれが絶対化し，次第に組織目標とは無縁なものとなっていく⇒③予測していなかったような出来事が起きた際，柔軟な対応ができなくなる⇒④非能率的な結果がもたらされるものの，成員の多くはそれに気づかない(Merton 1957＝1961: 6章)。

たとえば，学校の教職員が生徒に対して些細なルールばかりを振りかざして横柄な態度を取ってしまうことがあるが，そうした際，彼らはそもそも学校の主目的が生徒の教育にあることを忘れ，手続き的なことを絶対視してしまっている場合が少なくない。お役人的に偉そうに振る舞う姿は官庁だけでなくあらゆる種類の組織に認められる。本来的には手段であったはずの組織の自己目的化は，ミヘルスが主たる探究対象に据えた政治組織にのみ見られるものではなく，またそれと連動した強権的な態度も，トップ層にかぎって現出するものではない。普通の学校の末端においても，そうしたことはいくらでも起こりえるのである。ヴェーバー的な官僚制は形式的には最も合理的な組織原理と考えられていたわけだが，それはあくまでも形式上のことにすぎない。理念上は公平で効率的であったはずの――その意味で形式的に合理的と認められる――官僚制が，場合によっては実質的にきわめて非合理的な様相を呈してしまうということ。それはまことにもってアイロニカルな事態ということができよう。

3 集合体を超えて

組織における目標志向

民主的な団体が寡頭制化してしまうのも，またより一般的には手段であったはずの官僚制的な構造が自己目的化してしまうのも，その背景には組織集団における“組織”の側面が後景に退き，“集団”の側面が肥大化したうえで，その暗部ばかりが顕（あら）わになったという事情がうかがえる。第一次集団対第二次集団，未組織集団対組織集団という対比を見るかぎり，組織が集団であることは自明であり，それが集団の良いところだけでなく悪いところも包含しているのは避けがたいことともいえる。

しかしながらここに，集団的な見方を極力排して組織の本質に迫ろうとした論者がいる。経営学的な組織論の祖チェスター・I・バーナード（1886–1961）だ。バーナードは組織なるものを人びとの集団としてはとらえず，目的達成を志向するさまざまな関与者たちによる協働のシステムと考えた。彼の組織の定義は，「意識的に調整された人間の活動や諸力の体系」という非常に簡潔なものである（Barnard 1938＝1968: 75）。また続けて彼は，組織の主な要素として①協働意欲，②目的，③コミュニケーションの三つを挙げている（同7章）。こうした事柄に合致した存在は，バーナード的な発想ではすべて組織だ。たとえば路上で人助けのために一時的に集まった何人かの人たちの協力も，立派な組織ということになる。

バーナードの組織論では，堅固な官僚制やルール絡みの議論は前面には出てこない。またそれとは対照的にヴェーバーの官僚制論においては，目的や目標をめぐる議論は不思議なほど影を潜めている。同じく非人格性に貫かれた近代的な組織の根本的な成り立ちを見極めようとしながらも，ヴェーバーが手段的なルールの静態的な構造に注目したのに対して，バーナードは目標達成の動態的な過程に目を向けたのである。ルールの束を絶対視してしまう官僚制の逆機能という病弊の処方箋として有効なのは，バーナード的な組織観を思い起こしてみることであろう。すなわち，大事なのは目的を果たすための組織的協働であって手段としての組織体ではないということに思い至れば，規則への過度のこだわりを解除する方向性がそれなりに見えてくるにちがいない。

ところがその一方，場合によっては目標達成志向の方が過剰になることもあり，そうなると今度はその抑制が必要となる。核燃料の製造に際し，作業をスムーズにするため決められた手順を無視してしまうこと，会社の業績アップに向けて，労働法で定められた限界を超えた長時間労働を従業員たちに強いてしまうこと，こうしたことは絶対にあってはならない。効率性至上主義によって，目的のためには手段を問わずといった態度がまん延してしまったときには，専門性・集権性・公式性に貫かれた手段的な官僚制構造こそが適切な解毒剤となろう。非人格的なルールは，人びとを縛るだけでなく守ってくれる存在でもあるのだ。

公式構造を超えて

今日では，官僚制型の組織構造の鈍重さを克服するため，公式的な組織においても文化的な管理や，チーム型の働き方や，ネットワーク的な交流のあり方が重視されるようになってきた。専門性・集権性・公式性の堅固な構造は，組織環境が安定的なときには有効性が高いが，ひとたびそれが流動的になると柔軟な対応ができなくなる，ということがよく指摘されている。また機械的な官僚制構造は成員たちの愛着の対象となりにくい，という問題もある。そこで構造に力点を置くのではなく，組織全体の価値や規範や雰囲気を重視したり，プロジェクト・チームなどの小集団の力に期待をかけたり，組織的な統制や集団的な凝集性を免れた柔軟なネットワークを活用したり，といったさまざまな施策が講じられてきた。しかしここでも目的志向が過度になり，ルールによる歯止めが効かなくなると，過剰労働などさまざまな問題が生じてしまう。それを防いでくれるのはやはり官僚制的な各種の決まりごとの存在と，それへの信頼にちがいない。

公式組織において官僚制的なルールをどれほど厳格に制定・運用・解釈すべきかは，状況によってかなり異なってくる。実際，非人格的な規則には，一見してすぐに役に立つものから，まず不要といっていいものまで，またいかなるときにも絶対に遵守すべきものから，普段はある程度の逸脱を許容するものまで，さまざまなものがあろう。公式組織をどのように構成・展開し，そして各種ルールを状況に応じてそれぞれどの程度まで堅固に，あるいは柔軟に設定・運用していくのか，管理者の才覚と腕が問われるところである。

さらに，実際の組織は公式的な構造と過程だけで成り立っているわけではない，ということにも注意が必要だ。協働しているのは生身の人間であり，そうである以上，成員たちのうちには組織の公式的な目的や手段への志向以外にも，多種多様な思いや振る舞いが渦巻くこととなる。ホーソン実験の名で知られる研究は，公式組織の内側には諸々の非公式的な集団や関係があって，それが大きな役割を果たしているということを明らかにした（Mayo 1933＝1967; Roethlisberger and Dickson 1939）。人間関係論という研究潮流のもととなったこの一連の実験は，1920年代から30年代までのほぼ10年間にわたり，シカゴ郊外の大規模な工場（ウェスタン・エレクトリック社のホーソン工場）で広汎かつ集中的に実施されたものであり，そこでは人びとの注目によって士気が上がって生産性も高まるということや，個々の作業現場には非公式集団による独自の道徳律が作用していることなどが報告されている。労働現場において人びとが自生的に作り出す関係や集団は，公式目標の達成に対して陰に陽に，そしてプラスの方向にもマイナスの方向にも大きな影響を及ぼしているのである。

ネットワークの展開

さて人間関係論は職場の人びとが構成する関係性のネットワークの分析なども行ってきたわけだが，このネットワークこそは労働現場の内側のみに留まらない拡がりをもった存在といえる。諸々の集合体に関わる成員たちは，公式組織や非公式集団のなかでだけ人間関係を育むのではなく，それを超えたさまざまな**社会的ネットワーク**をもっている。また個人主体だけでなく集合主体すなわち集団や組織もまた，主体間に多様なネットワークを張りめぐらせる。こうしたことに関する注目が高まったことで，昨今，組織論の領域でもネットワークを主題化した研究が盛んになされるようになってきた（若林 2009；中野

2011, 2017)。

ネットワークは集団や組織とは明確に異なる独特な社会編成の原理だ。集団と違ってそれは確たる境界をもたない。したがってそこでは成員性という概念はほぼ意味をなさず，その形状は伸縮性の高いものとなっている。またネットワークは組織とは異なり，権力的な中枢が曖昧なままに留まることが少なくない。そこではピラミッド構造よりも水平的な関係性の方が際立っているのである。集団的な枠にとらわれず，また組織的な位階序列からも解放されているというのがネットワークの大きな特徴ということができよう。

そして，このように自由度の相対的に高いネットワークにおいて，中心ではなく縁にいる者が，別のネットワークの縁にいる人物とゆるやかにつながることの効用について議論したのがマーク・グラノヴェター（1943–）だ。それぞれのネットワークは伸縮自在ではありながら，それなりの塊になるので，その端にいる人たち同士が強く結びつくことはあまりない。しかしながら彼らは弱いながらもある種の関係性を保持することで，普段は接することのない新奇の情報を交換し合うことができる。それはネットワークの内側深くにあって各種の強い結びつきを誇る人びとにはなかなかできない業だ。有益な転職情報を得たり，社会運動を成功に導いたりといったさまざまなところで，この種のゆるやかな関係が機能していることに注目したグラノヴェターは，これを「弱い紐帯の強さ」と呼んだ（Granovetter 1973＝2006）。

社会関係資本の力

そして，社会関係資本（ソーシャル・キャピタル）論でも同じような議論がなされることが多い。社会関係資本とは，個人的ないし社会的な資源として利用可能性の高いつながりやネットワークのことである。ロバート・パットナム（1941–）はこれに同質的な人びとを強くつなげる結束型のものと，多様な人たちをゆるやかに結ぶ橋渡し型のものの２種を分け，社会の接着剤として機能する前者だけでなく，社会の潤滑剤としての効力がある後者の役割にも大きな注目を注いだ（Putnam 2000＝2006: 1 章）。また同様に結束型のネットワークと橋渡し型のネットワークの違いに言及するナン・リン（1938–）によれば，前者が既存の資源の維持に有効であるのに対して，後者は新たな資源の獲得に効果を発揮するという（Lin 2001＝2008: 2 章）。もちろん集団や組織といった集合体がもたらす求心性には人びとを連帯させる強い力があり，またネットワークにもそうした結束型のものが多々見受けられるのは間違いない。しかしそれだけでなく，社会にはゆるやかなネットワークというものも少なからずあり，そこには多様な人びとを包摂し，革新的な思考や行動を促すしなやかな力を認めることができよう。

しかし橋渡し型のゆるいネットワークがいつも開放的で自由であるとはかぎらない。それは単なる閉鎖的なコネと化してしまう場合もある。またネットワーク型の働き方で効率性至上主義がまん延すれば，先にも触れたように過剰労働といった問題が生じてしまう。ネットワークに関しても集団や組織の場合と同様，さまざまな逆機能がありえることに注意しておかなければならない。集団も組織もネットワークも，各々の力はまことにもって甚大であり，そうであればこそ，それぞれには素敵なところと危険なところが双方ともに伏在しているのである。

集団論・組織論の展開は飛躍的で，それには多種多様なものがある。集団・組織の静態的な構造の研究，それらの動態的な過程の研究，集団間・組織間の関係性の研究，集団・組織とより広い文化・制度との関わりの研究，集団・組織それ自体が文化化し制度化する事態の研究，ネットワーク関連の研究などである。これらが現実の社会と密接に結びついているのはいうまでもない。試しに冒頭のケースに立ち返ってみよう。憧れの会社に入ったのに，居心地がよくないのはどうしてなのか。それは仲間集団の圧力が強すぎるからかもしれないし，各種規則が厳しすぎるからかもしれないし，個人の業績目標が高く設定されすぎているからかもしれないし，社用スマホを通じたネットワーク的管理がきつすぎるからかもしれない。集団論的・組織論的な営みはこうした現実的な問題の数々に対して深い洞察を与えてくれる。

Glossary――用語集

1節のキーワード

二者関係（ダイアード）　二人の行為者が取り結ぶ関係性のこと。そこでは人格的な相互依存が際立ち，原則的に非人格的な形象は育たない。二者の間には親密な関係が成立しえるため，これを社会の基本的な単位とする向きもある。しかしそれは一人が抜けただけですぐに崩壊する脆弱な関係性にすぎないということもあり，これだけをもって社会そのものと見なすわけにはいかない。

三者関係（トライアード）　三人の行為者が形作る関係性のこと。二者関係の場合とは異なり，ここにおいて客観的で統一的な社会イメージが展開する素地が生まれる。逸脱者を統制するための社会的な価値や規範が生成するのも，原理的には三者関係以上の場合である。一人の力だけではどうしようもないような社会の力の源泉が，三者関係にはある。

社会集団　一定の境界によって区切られた人びとと，彼らが繰り広げる相互行為や社会関係から成り立つ独特な意味空間のことであり，単に集団とも称す。行為や関係がどれほど横溢（おういつ）していても成員・非成員の区別がなければ集団とはいえない。成員性の有無こそは集団の存否を決める本質的な要因ということになる。成員は一般的に，所属する集団に対してある程度以上の共属意識をもつ。

第一次集団　元々はクーリーが用いた概念。彼は近代化にともない非人間的な組織が台頭しつつある状況下で，対面的で親密な第一次集団の重要性を訴えた。家族，仲間，近隣といったものはその典型であり，そこでは温かい協力関係が特徴的だとされる。その後，第一次集団と第二次集団の対概念は，自然発生的で基礎的な集団と人為的で機能的な集団という一般的な対比で用いられるようになっている。

第二次集団　一般的には，特定の目的のために人為的に構成された集団のことであり，第一次集団と対比される。同じことをさして機能集団や組織集団ともいう。第一次集団と第二次集団の二分法は，テンニースにおいてはゲマインシャフトとゲゼルシャフトに，またマッキーヴァーにおいてはコミュニティとアソシエーションにほぼ照応する。

準拠集団　諸個人が自らの地位や位置を主観的に判断するための基準にしたり，また自身の思考や行動のモデルとして用いる重要な集団のこと。同じ高校の運動部で，単に個人的な技能を高めようとするだけでなく，同学年生と順位を競い合ったり，先輩たちの行動パターンを模倣したりするのは，集団に準拠した態度や行動の典型といえる。なお，現に所属している集団だけでなく憧れの集団が準拠集団として機能する場合もある。

内集団　自らが所属している集団のこと。外集団と対比される。一般的に内集団に対しては高い価値づけがなされ，また共属する成員たちをひいきする傾向が見られる。外集団への敵意が内集団の統合を高めるというのはよく知られるところであり，この問題はサムナーやジンメルやコーザーなどによって探究されている。

外集団　自らが所属している内集団と対比される集団。内集団も外集団も，実態よりもはるかに内的に同質的なものとして認知される。また内集団と外集団との間の差異も現実よりもずっと大きなものとして感得されがちである。内集団―外集団関係は集合的アイデンティティの源として，ポジティブには社会的連帯の基盤となり，またネガティブには差別の温床にもなる。

2節のキーワード

公式組織　明確な目的を持ち，指揮命令系統がしっかりしていて，非人格的なルールによる諸個人の行為や関係の統御が貫徹している集合的な体系のこと。一般的に上下関係と水平関係が高度に構造化されている。組織集団とほぼ同義。公式組織の内部には通常さまざまな非公式的な組織・集団・関係がある。単に組織という場合，それは公式組織をさしている場合が多い。

官僚制　社会学では通常，近代組織の編成原理のことをさす。行政組織だけでなく企業組織や教育組織などにも通底する一般的な原則。ヴェーバーによって定式化された。専門性や集権性や公式性が非人格的な形で貫徹している。効率的で公平なシステムとされるが，官僚制型のルールや機構の維持が本来的な組織目標の達成よりも優先されてしまうと，非合理的・非倫理的な様相を呈すこととなる。

理念型　純粋な形で提示された概念のこと。ヴェーバーが現実を社会科学的にとらえるために用いた方法論的なしくみであり，実際，彼独自の概念の数々は理念型として提示され，また分析されている。理念型は，仮説そのものではないものの仮説に一定の方向を示し，また実在する事柄の記述それ自体ではないものの記述に適切な表現法を与えてくれるものとされる。

寡頭制　少数者が多数者を支配する体制のこと。単一者による支配としての独裁制や，民衆自身による支配としての民主制と対比される。民主主義的な組織であったとしても，それが大規模化・官僚制化すれば，管理運営に携わる少数者を選ばざるをえなくなる。このとき支配欲にまみれた少数のトップ層が自らの地位の維持のために組織をわがものにしてしまうことをミヘルスは「寡頭制の鉄則」と呼んだ。

3節のキーワード

社会的ネットワーク　広義には諸個人が取り結ぶ社会関係ならびにその総体のこと。近年ではとくに，境界や権力的中心を欠き，不定型で柔軟な水平的ネットワークの存在と，その力に対する関心が高まってきた。また計量的な技法の著しい発達により，実証分析も盛んになされている。さらに社会的ネットワークは資金，物資，象徴的威信などとならぶ重要な資本（社会関係資本）としても注目される。

Report Assignment――レポート課題

自らが属している身近な集団や組織で問題だと感じる出来事を一つ取り上げ，それについて集団論・組織論の専門的な概念を駆使して社会学的に記述・解釈・分析しなさい。

Reading Guide――読書案内

①山田真茂留『集団と組織の社会学――集合的アイデンティティのダイナミクス』世界思想社，2017 年

人は，関係や集団，組織に頼らなければ生きていけない。自らの所属先と，ど

う付き合うべきなのか。古典理論から最新モデルまでを平明に解説し，集団現象と組織現象が作り出すきらめきと魔力に対して社会学的に迫っていく。

②チャールズ・H・クーリー『社会組織論――拡大する意識の研究』大橋幸・菊池美代志訳，青木書店，1970 年

近代組織の非人間性が問題になり始めた時代において，対面的で親密な第一次集団の存在を深く見据え，その役割の大切さを強調している。集団論の古典というだけでなく，現代社会批判の書としても面白く読むことができる。

③中野勉編『グラフィック 経営組織論』新世社，2021 年

古典的な理論と先端的な理論の解説を体系的に構成した書。グローバル化，デジタル化，ネットワーク化といった新たな動向も踏まえている。概説書の形を取っているが，読者は結果的に本格的な研究書や論文の数々を見渡したことになる。

Chapter 5 逸脱と統制

こだま号の16号車は
東京↕新大阪間
禁煙車です

毎日新聞社提供

Chapter Overview——本章の要約

社会内のルールに反する行為を，社会学では逸脱と呼ぶ。公共の場所での喫煙は，いまや誰もが認める逸脱行為である。しかし，ひと昔前はそうではなかった。上の写真は，1976 年の東京駅新幹線ホームで撮影された。こだま号にはじめて禁煙車が設置された日である。つまりその前日までは，すべての座席で煙草が自由に吸えたということだ。このように，何が逸脱とみなされるのかは，半世紀も経てば様変わりする。本章では，逸脱，そして代表的な逸脱行為である犯罪に，社会学者がどのようにアプローチしてきたかを概説する。まず，逸脱とはいかなるものなのか，逸脱を抑えるために発動される社会統制とは何かを示す。そのうえで，逸脱への社会学的アプローチを，機能主義的な説明，相互作用論的な説明，闘争理論的な説明の順にみていき，さらに社会学者がとくに関心を寄せてきた三つのタイプの犯罪について論じる。最後に，逸脱の社会学の方法に関わる重要な概念を紹介する。

Learning Objectives——学修目標

・社会学が，逸脱，犯罪，社会統制をどのようにとらえているかについて，具体例を示して述べることができる。

・社会学が逸脱をどのように説明しているか，機能主義的な説明，相互作用論的な説明，闘争理論的な説明のそれぞれの特徴に触れながら，述べることができる。

・組織犯罪，ホワイトカラー犯罪，憎悪犯罪が，それぞれどのような犯罪であるかを，具体例を示しながら説明することができる。

・逸脱の社会学の方法について述べることができる。公式統計と犯罪被害調査がそれぞれどのようなものであるかを説明することができる。

1 逸脱と犯罪

ある集団や社会において確立している規範に反する行為や状態のことを，社会学では**逸脱**あるいは「社会的逸脱」という。人前でおならをすること，講義に遅刻すること，マスクの着用が呼びかけられている場においてノーマスクでいることは，いずれも逸脱である。東京大学のあるインカレ（他の大学の学生も入会できる）サークルは，女子学生にかぎり東大以外の学生しか入会を認めていないそうだ。このサークル内で「東大女子お断り」ルールの廃止を提案した学生がいたとしよう。彼は，このサークル内の規範に逸脱している。

刑法などの法律に違反する逸脱，つまりはもっともフォーマルな逸脱が，**犯罪**である。おならや遅刻のように，逸脱ではあるが犯罪ではない行為は多い。社会学者は，逸脱がどのように行われているのかはもちろんだが，それに加えて，ある行為が逸脱そして犯罪であるとみなされるようになる（あるいはみなされないようになる）過程に注目してきた。

何が逸脱なのかは，時代が変われば変化する。夫婦間の暴力が犯罪となるのは，現代においては常識であろうが，そのような認識は30年前の日本では希薄であった。明確に犯罪であると位置づけられたのは，ドメスティックバイオレンス防止法が施行された2001年のことである。公共の場所での喫煙が逸脱とみなされるようになったのは，比較的最近のことだ。たとえば，現在では新幹線の座席でタバコを吸うことは一切できないが，2020年までは一部車両に喫煙席があった。東海道・山陽新幹線の場合，1990年代半ばまでは，およそ半数の車両で喫煙ができたし，さらにさかのぼって1970年代半ばまでは，すべての座席で煙草を吸うことができたのである（扉の写真を参照）。

何をもって犯罪とみなされるかは，文化や社会によっても大きく異なる。たとえば現在60数カ国で，同性愛行為が違法とされており，イランやサウジアラビアのように，最高刑として死刑を定めている国もある。ほんの20数年前まで，アメリカの一部の州では同性愛行為をした人が逮捕されていた。日本ではかつて，刑法のなかで不敬や姦通が規定され，天皇への批判を日記に書くこと，夫を持つ女性が不貞行為をなすことは，犯罪だった。

以上にみてきたように，逸脱は相対的なものであり，客観的・安定的なものではない。そして，何が許され，何が逸脱であるのかは，多くの場合，高い地位や権力を持つ個人や集団の利害にもとづいて定義される。犯罪は法によって定められるが，その法律は誰の利害にもとづいて，誰が作っているのだろうか。法律は万人に平等に適用されているだろうか。逸脱に関する社会学的アプローチの特徴は，このような問題設定を行うことにある。

2 社会統制

社会統制とは，人びとを社会の規範に従わせるための，つまりは逸脱をさせないようにするための，しかけのことである。規範は，私たちの日常生活のありとあらゆる状況に存在するから，社会統制もまた，日常のあらゆる場面で作動しているといってよい。私たちは，天候や行き先に合わせた服を身にまとい，車道ではなく歩道を通行し，講義に遅刻しないように努める。人前でのおならは我慢し，エレベーターが混んできたら後方に移動し，警察官に声を掛けられたら足を止める。なぜそのように振る舞うかといえば，社会統制が有効に効いているからである。

社会学者は，社会統制を二つに区分する。

一つは**インフォーマルな社会統制**である。遅刻した授業の教室に入室するとき，教員や他の学生の反応を，私たちは予想できる。叱責されたり白い目で見られたりするのは，できれば避けたい。多くの人がそのように考える状況であれば，そこにはインフォーマルな社会統制が働いている。私たちはみな，インフォーマルな社会統制を受ける側であると同時に，それを行使する側でもある。ルールが強制されているのと同時に，強制してもいるのだ。そして，この種のルールを身につけることに大きく関わっているのが，社会化のプロセスである（→Ch. 3）。

もう一つのタイプは，**フォーマルな社会統制**である。インフォーマルな社会統制では逸脱を抑止できない場合に発動されるものであり，明文化された規則を根拠に行使される社会統制である。犯罪等の法令違反に対処するために，国家（政府）は警察，裁判所，刑務所などのフォーマルな装置を設けて，違反者に刑罰を強制するしくみを導入している。法律の制定と運用を通じた国家による社会統制は，フォーマルな社会統制の例である。

統制理論と呼ばれる考え方が，犯罪研究ではよく知られている。代表的な論者であるトラヴィス・ハーシ（1935–2017）は，少年が非行をしないのは，彼らを社会につなぎ止めておく絆（きずな）（ボンド）があるからだと考えた（Hirschi 1969＝2010)。「罪を犯して捕まったら，親は悲しみ，自分の評判は失われ，仕事や教育の機会も失ってしまう」と考えれば，その少年は罪を犯すことを思いとどまる。逆に，親とのつながりが希薄で「失うものがない」状態なら，非行へと走りやすくなるというのだ。統制理論では，インフォーマルな社会統制の重要性が強調されることが多い。

3 逸脱に関する社会学的説明

社会学が生まれた瞬間から，逸脱はその主たる対象の一つであった。以下では，機能主義的な説明，相互作用論的な説明，闘争理論的な説明の順にみていこう。

機能主義的な説明

まず機能主義の立場に立てば，逸脱は社会構造が生み出すものであり，その逸脱は社会にとって順機能的に働くこともあれば，逆機能的に働くこともある。

デュルケムの犯罪論

エミール・デュルケムは，主として犯罪に焦点を当てて，その順機能的側面について論じた。デュルケムは，犯罪が社会にとって不可欠であると述べた

(Durkheim 1895＝1978)。犯罪が起きると，それを目撃した人びとすべてが憤怒の念にかられて，その非難によって人びとの連帯意識が呼び起こされ，結果的に人びとの結びつきが強まるというのが，彼のロジックである。犯罪の潜在的機能に関するこうした考え方は，後の社会学者に大きな影響を与えた。

一方，「われわれは，それを犯罪だから非難するのではなくて，われわれがそれを非難するから犯罪なのである」(Durkheim［1893］1960＝1971: 82) というフレーズも，よく知られている。私たちの常識的な発想では，犯罪という実体が先にあって，それを行った人が周囲から非難を受けるという順番となるが，彼はこの順序に再考を迫った。人びとが非難するような事態が生じたときに，はじめてその振る舞いが犯罪になるとしたのである。たとえば，戦場では敵兵を殺すことが称揚される。殺人ですら，状況や文脈によっては犯罪にならないのだ。

アノミーという概念を社会学に導入したのも，デュルケムの功績である。革命や経済不況などの社会の急変期には，何が適切な行為であるのかについての合意がとりにくくなり，規範や社会統制の力が著しく低下する。そのような状況下で生きる意味を見失った状態が，アノミーである。彼は，アノミーが広がると，暴力犯罪や自殺などの逸脱が増加すると主張した。

マートンの逸脱論

一方ロバート・K・マートンは，デュルケムとは異なる文脈で，アノミーと逸脱との関係について論じた。マートンは，ある社会において大多数の人がめざす目標のことを，文化的目標と呼び，文化的目標を達成するために用いられる，社会的に認められ望ましいとされている手段を，制度化された手段と呼んだ (Merton［1949］1957＝1961)。

マートンの主張によれば，アメリカにおいてもっとも重要な文化的目標は，成功，とりわけ金銭的な成功であり，社会はそれをかなえるために，学校に行く，勤勉に働くなどの制度化された手段を，人びとに提示している。しかし，安定した仕事に従事したり良い教育を受けたりする機会は，万人には開かれていない。下流階層に属する人びとのほとんどは，制度化された手段にアクセスできないのである。

マートンは，文化的目標と制度化された手段の不均衡により生じた規範の衰退が，アノミーであるとした。そして，アノミーへの対処のしかたには，複数

表 5-1　マートンによる逸脱の諸類型

類　型	文化的目標	制度化された手段
革　新	＋	－
儀礼主義	－	＋
退　行	－	－
反　抗	±	±

（注）　＋は受容，－は拒否，±は「現に浸透している価値の拒否と新しい価値の代置」を示す。

のパターンがあり，そのパターンに応じて異なる逸脱が生じると考えた。**表 5–1** は，マートンが提案した逸脱の諸類型である。

「革新」は，もっとも重要な類型である。たとえば下流階層の人びとは，金銭的成功という文化的目標は受入れているが，合法的にそれを達成する望みがないため，制度化された手段を受入れることはない。そこで別の手段，すなわち犯罪を行うことで，金銭的成功を達成しようとすることになる。

「儀礼主義」をとる人は，成功という目標を捨て，制度的な手段に強迫的にコミットする。マートンは銀行の窓口で働く小心な雇い人を例に挙げている。金銭的成功を美徳とする社会においては，目標を切り下げたり捨てたりすることもまた，逸脱的な振る舞いなのだ。

「退行」は，文化的目標と制度化された手段の両方を受入れない場合である（逃避主義と訳されることもある）。マートンは薬物依存者やホームレスを例に挙げている。これらも逸脱であるとみなされる。

最後の「反抗」は，社会の構造を新しく作り替えるような試みにつながるものである。文化的目標も制度化された手段も，既存のものを拒否したうえで，新しいもので置き換える。政治体制の刷新を目論む革命家の振る舞いや態度はこの類型で説明できるが，これも当然ながら逸脱である。

マートンの理論は，文化的目標と制度化された手段という二つの要素への対峙のしかたによって，犯罪を含むさまざまな逸脱行為に包括的な説明を与えるものであった。

相互作用論的な説明

人はどのようにして逸脱行為を行うようになるのだろうか。機能主義的な説明は，この問いへの満足できる解答を提示できなかった。しだいに逸脱を説明するための有力な枠組みとなっていったのが，人間同士の相互作用を重視する相互作用論に立脚した説明図式である。

分化的接触理論

シカゴ学派に影響を受けた犯罪学者エドウィン・H・サザランド（1883–1950）が唱えた**分化的接触理論**は，相互作用論的な説明理論の先駆であった。分化的（diffrential）とは，個人により異なっているという意味である。サザランドは，法律違反を承認する価値観や行動様式への接触のしかたが，個人によって異なっていること，すなわち分化的接触が，人が犯罪を行うようになるか否かにとって決定的に重要であると考えた（Sutherland and Cressey 1960＝1964）。「朱に交われば赤くなる」という言葉が示すように，身近にいる他者との相互作用を通じて，犯罪行為は後天的に学習されるということである。学習されるのは，法を犯す技術（たとえば鍵を壊してバイクを盗む方法）だけでなく，犯罪の動機や正当化の方法も含まれる。ちなみに，動機が他者から学ばれる（動機としてふさわしい言葉づかいが習得される）という発想は，きわめて社会学的だ。

分化的接触理論は，犯罪の発生が下流階層，男性，都市部に多いことを説明できる。これらはいずれも，犯罪を行うことが望ましいという考え方を学習しやすい環境なのである。そして，この理論が示唆しているのは，人間は置かれた環境次第で，反社会的にも向社会的にも変化しうるということだ。

ラベリング論

同じく，人びとの相互作用に着目して逸脱を理解しようとしたのが，**ラベリング論**である。ただし，サザランドの理論と大きく異なる点がある。サザランドは，ある個人がなぜ逸脱を行うようになったのかに焦点を当てていたが，ラベリング論が着目したのは，特定の人びとが逸脱者とみなされたり，みなされなかったりする理由であった。主たる関心は，インフォーマルな，あるいはフォーマルな社会統制を行う側に向けられ，ある人がレッテルを貼られて逸脱者にされる過程が重視されたのだ。ラベリングとはレッテルを貼るという意味である。

ラベリング論の代表的な論者であるハワード・S・ベッカーの主張のポイントは，3点に整理できる（Becker［1963］1973＝2011）。第1に，逸脱であるか否かを認定するための規則は，特定の人びとによって生み出されるという点だ。

この観点からすると，焦点は，規則がどのような社会集団によって，どのように作られるかに当てられる。第2に，規則が適用されるのは，すべての人びとではない。同じ振る舞いであっても，ある人が行えば逸脱となり，別の人が行えば逸脱とはならないということだ。社会のなかで相対的に力の弱い人びと，とりわけ外国人や障害者などの社会的マイノリティは，規則の適用を受けて逸脱者とされやすい。このような規則の不公平な運用にもとづいて発動される制裁は，**セレクティブ・サンクション**と呼ばれる。

ラベリング論の第3の，そしてもっとも重要な主張は，ラベリングをされて逸脱者とみなされた人が，そのことにより意識や振る舞いを変化させるということである。逸脱には2種類ある。このうち**第一次的逸脱**は，広く行われている逸脱で，多くの場合，強い非難を受けることはない。たとえば10代半ばの少年が，酒を飲んだり髪を奇抜な色に染めたりすることは，どこの国でも多かれ少なかれみられるが，これらは第一次的逸脱である。ただ，第一次的逸脱は，時として非難の対象となる。ひとたびラベリングが生じると，周囲からその一挙手一投足が色眼鏡越しに見られることになり，当人は「自分は悪い人間だ」という自意識を持つようになる。非逸脱者の世界からの排除が進むと，当人はやがて逸脱をし続けることでしか自分のアイデンティティを維持できなくなってしまう。この段階で生じる逸脱が，**第二次的逸脱**である。

ラベリング論の示した論点は，近年話題になっている**人種プロファイリング**と密接に関わっている。これは人間の行いではなく，人種や肌の色などにもとづいて恣意的に行われる警察活動のことである。アメリカで顕在化している印象が強いが，日本も無関係ではない。警察庁が2022年に公表したところによれば，「ドレッドヘアの人が薬物を持っていたことがあった」などの理由から，警察官が職務質問の相手を恣意的に選んでいたケースが確認されたという。

なお，ある特性をもつ人びとが，否定的なラベリングの対象となり差別的に扱われること，またそこで付される負のイメージを，社会学では**スティグマ**と呼ぶ。この概念は，ラベリングを受けた人びとがステレオタイプや偏見にさらされ，排除の対象となっていくプロセスを包括的にとらえるうえで，有用である。日本を含む多くの国で，人種的・民族的マイノリティや精神疾患をもつ人とならんで，犯罪者や元犯罪者はスティグマの対象となりやすいことが知られている。

表 5-2　逸脱の社会学的説明

主要な概念	理論的枠組み	主な論者
アノミー	機能主義	デュルケム／マートン
分化的接触／学習	相互作用論	サザランド
ラベリング	相互作用論／闘争理論	ベッカー
（権力者と非権力者の）闘争	闘争理論	クイニー
男性中心主義／フェミニズム	闘争理論	チェズニーリンド

闘争理論的な説明

闘争理論においては，逸脱とは，権力を有する人びとが自らの利益を確保するために定義するものである。闘争理論の論者がとくに強調するのは，犯罪を統制する刑事司法システムが，支配者層に都合良く作られ運用されているという点である。主要論者のリチャード・クイニーによれば，警察官や官僚などのフォーマルな社会統制の担い手によって定義されるのが，犯罪である（Quinney 1970）。そのため，国家が関わる重大な人権侵害（たとえば，戦争や警察による暴力），あるいは後述するホワイトカラーによる逸脱は，社会にきわめて有害な影響を与えるものであったとしても，社会統制の対象になりにくい。

闘争理論による逸脱・犯罪論には，さまざまなバリエーションがあるが，ここではフェミニスト犯罪学を紹介しておきたい。**フェミニスト犯罪学**は，逸脱や犯罪の定義のされ方およびその統制のあり方が，男性中心主義にもとづいていることを問題視する（Chesney-Lind 2017）。たとえば日本の刑法では長らく，暴行や脅迫の使用がレイプの成立要件となっていたため，加害者が刑事裁判で無罪になるケースが少なくなかった。また，電車内での痴漢の多くは，刑法ではなく地方自治体の定める迷惑行為防止条例で処理されているのが，現状である。

ドメスティックバイオレンスの犯罪化など，フェミニズム運動が刑事司法に大きな変化をもたらした例も多い。しかし，犯罪へのフォーマルな社会統制が，依然として男性中心主義の原理で運用されているのは，厳然たる事実である。

逸脱に関する社会学的説明のまとめ

表 5-2 は，逸脱を説明する理論をまとめたものである。逸脱になるかどうかの基準は，機能主義的にいえば，社会規範が反映したものにすぎないが，闘争理論的にいえば，社会のなかで権力を持つ集団が恣意的に定めるものである。

ラベリング論は，この２区分に当てはめれば，闘争理論を背景にもった考え方である。

4 犯罪への社会学的アプローチ

先に述べたように，犯罪はフォーマルな逸脱行為であり，法律によって罰せられる対象である。以下では，社会学者がとくに関心を寄せてきた特定の犯罪について説明する。

組織犯罪

犯罪行為が組織的に行われる場合がある。日本では，暴力団の関わる暴力的な犯罪がイメージされやすいが，**組織犯罪**は，違法薬物の密輸・販売，詐欺などさまざまな形態で行われる。多くのメンバーが役割を分担し連携して行われるが，末端のメンバーには代替性があり，組織の首謀者の検挙が困難なことが多いため，このような組織が長期的に存続することはめずらしくない。

組織犯罪は一般に，マートンのいう革新の類型，すなわち，上昇志向はあるが合法的にそれをかなえる機会に乏しい下流階層の人びとによって担われる。多くの国で，組織犯罪の主要な担い手が，貧民街に住む移民の人びとであるのは，偶然ではない。

ひとたび犯罪組織に身を置いた人間は，たとえそこから抜け出そうとしても，大きなスティグマを抱えて生きていかざるをえなくなる。たとえば現代の日本では，暴力団を離脱した人が銀行口座を開設することは，きわめて難しいとされる。口座がなければ，携帯電話の契約もできなければ，住まいを借りることもままならない。円滑な社会復帰は困難となり，彼らはふたたび逸脱の道を歩むことになってしまうだろう。ラベリングが逸脱を生み出す構図は，机上の空論ではないのである。

ホワイトカラー犯罪

先述のサザランドは，**ホワイトカラー犯罪**という概念を提起したことでも知られている。これは，ホワイトカラー，すなわち社会的・経済的に上・中流に属する人びとが行う犯罪のことで，二つに大別される。一つは，職務上の立場を活用して個人レベルで行われる職務犯罪であり，企業経営者が独断で会社に損害を与える特別背任が代表例である。もう一つは，企業，官庁，宗教団体などの合法的な組織体が，組織ぐるみで遂行する組織体犯罪である。具体的には，脱税，粉飾決算，談合，詐欺的商法，環境汚染などが挙げられる。企業が行うそれは，**企業犯罪**と呼ばれる。

ホワイトカラー犯罪が社会に与える影響は，甚大である。警察庁の統計によると，2022年の1年間に起きた特殊詐欺の認知件数は1万7000件余で，その被害総額は約370億円だった。これに対して，2023年2月に関連する法人や個人が起訴された，東京五輪をめぐる談合事件における受注総額は，約440億円である。損害額（公的資金が無駄に支出された額）を受注額の10%と見積もれば，損害はこの件だけで約40億円ということになる。

組織体犯罪は，当局の取締りの対象となりにくく，なった場合でも罰金などの軽微な罰則しか適用されないことが多い。日本では詐欺により，毎年新たに1000人以上の人が，刑務所に収監されているが，ホワイトカラー犯罪に手を染めた人が刑務所に入れられることは，ほとんどない。社会的地位の高い人が犯した罪は，それほど重大なものとは扱われないのだ。刑事司法制度は，富裕層の犯罪を無視して，貧困層の犯罪にばかり焦点を当てているとする闘争理論の主張は，このような現実を前にすると，説得力がある。

憎悪犯罪

憎悪犯罪（ヘイトクライム）は，人種，宗教，性的指向などに対する加害者の偏見が原因で行われる犯罪のことである。各国で大きな社会問題となっており，とくにアメリカでは，新型コロナウイルスの流行が中国に端を発していたことを理由として，アジア系の人びとを標的とした憎悪犯罪が増加したと報告されている。日本でも，2017年に京都市内の公園で，在日コリアンへのヘイトスピーチをしたとして男が名誉毀損に問われた事件，2021年に京都府宇治市の在日コリアン集住地区で起きた放火事件など，憎悪犯罪は発生している。

憎悪犯罪をほかの犯罪よりも厳しく罰している国は少なくない。これは，マイノリティ集団の特定の誰かを対象にした犯罪だとしても，恐怖を覚えるのはその被害者だけでなく，当該集団に属するすべての人だからである。日本には現在，憎悪犯罪に関する特別の規定がないが，社会内の差別意識を促進してしまう憎悪犯罪の危険性を考慮すれば，対策は待ったなしである。

5 逸脱の社会学の方法

逸脱をテーマとする社会学的研究には，①公式統計を用いた分析，②調査票調査による分析，③インタビューや参与観察にもとづく分析，④ドキュメント分析などがある。②の例としては，逸脱に関する意識を一般市民に尋ねる調査が挙げられる。データアーカイブに収められた既存データの二次利用で明らかにできることも多い。③の例としては，弁護士や保護観察官などの犯罪に関わる専門家，あるいは過去に非行を行っていた当事者へのインタビューが挙げられる。④の対象は多様にありうるが，犯罪事件や逸脱とみなされる事象に関する雑誌記事の分析は，その一例である。

公式統計

官公庁の公表する統計を**公式統計**，または官庁統計という。犯罪を扱う公式統計の代表例は警察統計であり，犯罪の種類別の認知件数・検挙件数などから成る。裁判所や法務省なども関連する統計を作成し，公表している。毎年公刊されている犯罪白書には，各官公庁の出している最新の公式統計から選ばれた主要なデータが掲載されているので，犯罪問題を考えるにあたって，犯罪白書に目を通すことは欠かせない。

公式統計の最大の弱点は，暗数である。**暗数**とは，統計に計上されない数のことで，犯罪統計の場合は，捜査機関が把握していない犯罪のことである。一般に性犯罪は暗数が多く，殺人は暗数が少ない。また，人びとが通報を積極的にするようになったり，警察が取締りを強化したりすると，暗数は減り認知件数は増える。したがって，暗数が少ないと考えられる殺人を除いては，公式統計だけから犯罪の実態を把握することはできない。

犯罪被害調査

②の一種として，無作為に抽出された一般市民を対象に，犯罪の被害経験を申告してもらう**犯罪被害調査**がある。日本ではこれまでに 6 回実施され（2024 年調査の結果は 2025 年公開予定），2019 年の調査における被害率（数値は以下の図 5–1 も含めて過去 5 年間のもの）は 24% であった（法務総合研究所編 2020）。

図 5–1 は，主な被害態様について，犯罪被害調査の結果と警察統計の認知件数を重ねて示したものである。結果公表済みの犯罪被害調査は 2000 年，2004 年，2008 年，2012 年，2019 年に行われており，認知件数は各年の前

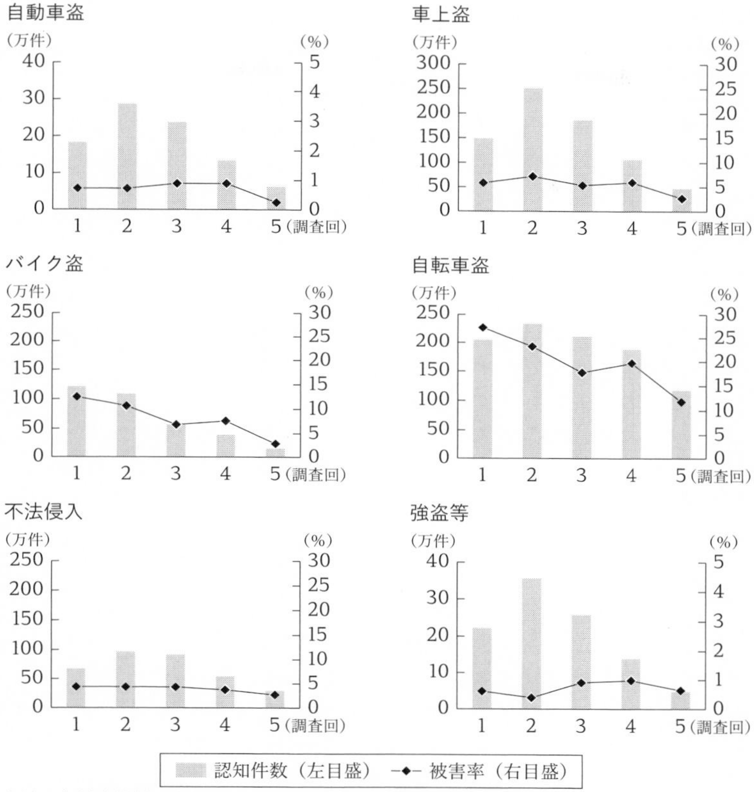

（注）　各被害態様の定義については出所資料を参照のこと。
（出所）　法務総合研究所編（2020: 29）。

図 5-1　犯罪被害調査の被害態様別被害率（過去 5 年間）と警察の認知件数の推移

年までの 5 年間の累計である。

この図から，各種窃盗は犯罪被害調査からみれば全体として減少傾向にあることがわかる。特に 2012 年と 2019 年の差は明確である。より重要なのは，第 1 回から第 4 回までの被害調査の結果と認知件数の変化のパターンが大きく異なっていることである。特に第 1 回から第 2 回にかけての，一部の犯罪の認知件数の増加は実態とかけ離れている。犯罪被害調査が公式統計の弱点をカバーする有力な犯罪量の測定方法であることを，この図は如実に示している。

Glossary——用語集

1節のキーワード

逸　脱　ある集団や社会において確立している規範に反する行為や状態。社会的逸脱ともいう。

犯　罪　もっともフォーマルな逸脱で，刑法などの法律に違反すること。これを行うと国家により刑罰を科される。社会学者は，ある行為が犯罪であるとみなされるようになる過程に注目する。

2節のキーワード

社会統制　人びとを社会の規範に従わせるための，つまりは逸脱をさせないようにするためのしかけ。日常のあらゆる場面で作動している。

インフォーマルな社会統制　他者に逸脱をさせないように，人びとが日常的に働かせている社会統制。私たちはみな，インフォーマルな社会統制を受ける側であると同時に，それを行使する側でもある。

フォーマルな社会統制　国家が，警察，裁判所，刑務所などのフォーマルな装置を設けて，法律にもとづいて行使する社会統制。違反者には，刑罰が強制される。

統制理論　社会統制によって犯罪・非行が抑制されるとする考え方。代表的な論者であるハーシは，少年が非行をしないのは，彼らを社会につなぎ止めておく絆（ボンド）があるからだと指摘した。

3節のキーワード

アノミー　規範や社会統制の力が著しく低下して，人びとが生きる意味を見失った状態（デュルケム）。文化的目標と制度化された手段の不均衡により，規範が衰退した状態（マートン）。

分化的接触理論　法律違反を承認する価値観や行動様式への接触のしかたが，個人によって異なっていることが，人が犯罪を行うようになるか否かにとって決定的に重要であるとする理論。サザランドが提唱した。

ラベリング論　ある人が逸脱者のレッテルを貼られること（ラベリング）により，当人が逸脱をし続けるようになるとする考え方。ベッカーが代表的論者。社会統制を行う側に着目して逸脱を説明しようとするのが特徴である。

セレクティブ・サンクション　規則が不公平に適用されることで発動される制裁。社会のなかで相対的に力の弱い人びと，とりわけ外国人や障害者などの社会的マイノリティは，これを受けやすい。

第一次的逸脱　広く行われている逸脱で，多くの場合，強い非難を受けることはない。ただ，時としてセレクティブ・サンクションが作動して，非難の対象となる場合がある。

第二次的逸脱　行った第一次的逸脱が非難を受け，非逸脱者の世界からの排除が進むことで行うようになってしまう逸脱。「自分は悪い人間だ」という自意識を持ってなされる。

人種プロファイリング　人間の行いではなく，人種や肌の色などにもとづいて恣意的に行われる警察活動。アメリカで顕在化しているが，日本でも生じている。

スティグマ　ある特性をもつ人びとが，否定的なラベリングの対象となり差別的に扱われること，またそこで付される負のイメージ。人種的・民族的マイノリティや精神疾患をもつ人，犯罪者や元犯罪者は，スティグマの対象となりやすい。

フェミニスト犯罪学　闘争理論による逸脱・犯罪論の一つで，逸脱・犯罪の定義のされ方やその統制のあり方に，ジェンダーの観点が欠落していることを問題視する。

4節のキーワード

組織犯罪　犯罪を行うために形成された組織によって行われる犯罪。多くの国で，組織犯罪の主要な担い手は，貧民街に住む移民の人びとである。

ホワイトカラー犯罪　ホワイトカラー，すなわち社会的・経済的に上・中流に属する人びとが行う犯罪のこと。サザランドが提起した。職務上の立場を活用して行われる職務犯罪と，企業などが組織ぐるみで遂行する組織体犯罪に大別できる。

企業犯罪　脱税，粉飾決算，談合，詐欺的商法，環境汚染など，企業が組織ぐるみで行う犯罪のこと。当局の取締りの対象となりにくく，なった場合でも軽微な罰則しか適用されないことが多い。

憎悪犯罪（ヘイトクライム）　人種，宗教，性的指向などに対する加害者の偏見が原因で行われる犯罪。他の犯罪よりも厳しく罰している国は少なくない。

5節のキーワード

公式統計　官公庁の公表する統計。犯罪を扱う公式統計の代表例は警察統計である。毎年公刊されている犯罪白書には，各官公庁の出している最新の公式統計から選ばれた主要なデータが掲載されている。

暗　数　統計に計上されない数のことで，犯罪統計の場合は，捜査機関が把握していない犯罪のこと。公式統計の最大の弱点である。人びとの積極的な通報や警察の厳しい取締りにより，暗数は減少する。

犯罪被害調査　無作為に抽出された一般市民を対象に，犯罪の被害経験を申告してもらう調査票調査。日本では過去5回実施された。

Report Assignment――レポート課題

私たちが日常的に行っているラベリングの例を挙げて，そのようなラベリングがなぜ生じるのか，ラベリングによりどのような変化が起きうるか，ラベルを剝がすためにはどのような方法があるかについて，論じなさい。

Reading Guide――読書案内

①岡邊健編『犯罪・非行の社会学――常識をとらえなおす視座〔補訂版〕』有斐閣，2020年

犯罪・非行の社会学を扱った教科書。本章で触れた点をくわしく説明しているほか，刑事司法のしくみ，犯罪報道，環境犯罪学，監視社会，犯罪からの立ち直りなどのトピックも取り上げられている。

②ハワード・S・ベッカー『〔完訳〕アウトサイダーズ――ラベリング理論再考』村上直之訳，現代人文社，2011 年

ベッカーの代表的な著作。ラベリング論の発想をくわしく知るための必読書である。彼はジャズピアニストとして働きながら参与観察を行っており，本書はその成果を示したエスノグラフィーの古典でもある。

③知念渉『〈ヤンチャな子ら〉のエスノグラフィー――ヤンキーの生活世界を描き出す』青弓社，2018 年

〈ヤンチャな子ら〉と呼ばれた男子生徒を対象に，10 年間にわたって行われた追跡調査にもとづく学術書。学校から職業への移行過程に関する緻密な分析から，彼らの多様性や多元性が浮かび上がってくる。

II

不平等と多様性

Sociology Basics

Chapter 6 社会階層

Chapter Overview——本章の要約

本章では，近年多くの関心を集めている格差や貧困の問題をとり上げる。近代以降，自由な職業選択が認められるようになった。労働は生活の中心であり，どんな仕事を選択するかは教育水準に依存する。また職業による報酬（所得）にも差がある。生活の豊かさには序列性があり，ライフスタイルや価値観もそれに応じて違いが生じる。社会学では，主として職業情報にもとづき階級や階層の定義を行い，職業移動パターンや親子の地位の再生産傾向を分析する。本章では，マルクスやヴェーバーの理論にもとづき階級概念を解説したのち，社会階層との概念の違いや社会移動について説明する。世代間移動分析で用いる移動表分析の一端と，社会学的に大きな影響を与えたブルデューの理論を紹介し，社会的地位が多元的な指標で決まることに触れ，階級・階層意識研究の意義を述べる。最後に，社会科学における貧困研究の歴史を踏まえ，近年の日本の貧困の実態解明が重要な課題であることを指摘する。

Learning Objectives——学修目標

・社会移動における教育の役割を中心に，メリトクラシーが望ましいとされるようになった背景を説明できる。
・階級と階層の概念の違いを説明し，移動表を使って社会の流動性や閉鎖性について考察できる。
・ブルデューの社会空間をはじめ，社会の序列構造の多次元性と，人びとの社会意識との関係を説明できる。
・日本における貧困の実態，および貧困の問題がなぜ社会的に喫緊の課題なのかを説明できる。

1 職業選択の自由と格差

選択と階層

私たちは，学校を出て職業を自由に選べると思っている。好きな職業を選ぶには，学校で知識や技能を身につけるのが有利であり，その実績を証明するのが学歴だ。

労働により，生活の糧となる**所得**が得られるが，所得には個人差がある。多くの所得があれば，そのぶん消費，投資，貯蓄ができ，それらの蓄積が**富**となって次世代に継承される（Killewald et al. 2017）。豊かな家ならば，子の教育に多く投資できるので，その子の社会的成功可能性は高まる。富はさらなる富を生み，生存競争に有利に働く。一方，富の不足した家では，将来投資の余裕はない。畢竟（ひっきょう），その家の子はスタートから不利な立場におかれる。

社会学では近代化を，属性主義から業績主義への移行と位置づける。産業革命以降，社会構造が複雑化し，分業が進み，多くの職業が生まれた。各々の職業の適性は，性，民族，出身家庭などの生まれもった属性では決まらない。職務内容が千差万別ならば，出自より，個人の興味・関心，そして能力で職業を決める方が適性を活かせ，当人のやる気も出るだろう。その結果，最大限の成果を期待できる。こうした発想は，私たちにとって自然であろう。

身分制と職業選択の自由

主君と家臣の間で土地を媒介として成立した封建制は，子孫が親を引き継ぐ世襲制を前提としている。人を所有物として売買の対象としてきた**奴隷制**も，（イスラム王朝などを除き）奴隷身分からの解放をほとんど認めてこなかった。しかし啓蒙思想や基本的人権の観念が浸透すると，これらの慣習は非合理的，非人道的と見なされる。もちろん人身売買のような，奴隷制に近い行為は消えたわけではない。が，それが非難に値する行為だという価値観は，世界中で共有されるようになっている（布留川 2019; 筒井 2022）。

ヒンドゥー教における**カースト**は，職業と結びついた世襲・身分制度である。同じカーストに所属する者同士が結婚する内婚制は強固に根づいている一方，カーストの序列関係や職業は，変化している部分も多い（Vaid 2014）。とはいえ，私たちはカースト制を批判的な文脈で論じることが多い。なぜならカースト制は，合理主義，人権思想を基盤とした職業選択の自由という近代主流をなす価値観と相容れないからだ。

もちろん選択の自由は望ましい。ただ現実は，選択の自由の前提となる競争のスタートラインは同じではない。仮に公平な競争が実現しても，選択を個人の自由に任せると，今度は結果の差が目立つようになる。この差が互いに尊重される多様性や個性と見なせるならまだしも，上下関係を伴う格差や不平等，あるいは差別につながれば問題となる。本章では，格差や不平等を，社会学でどう捉え，理解してきたのかを検討する。

2 メリトクラシーの社会

メリトクラシーとは何か

前近代は，属性主義にもとづく貴族支配（aristocracy），富豪支配（plutocracy）であった。しかし近代以降は，個人の業績を能力と努力の成果と見なして，高く評価するようになる。努力すれば成功の可能性が高まる。お互い切磋琢磨すれば，技術の向上も望める。何より適材適所は合理的だ。だから業績重視は，世の中にとって望ましいと考えられる。**メリトクラシー**（meritocracy）とは，業績と，業績を導き出す能力を重視する社会のことだ。

私たちはおおむね，学校教育の成果（成績や学歴）を能力や業績と見なす学歴メリトクラシーを受け入れている。ただイギリスのマイケル・ヤング（1915

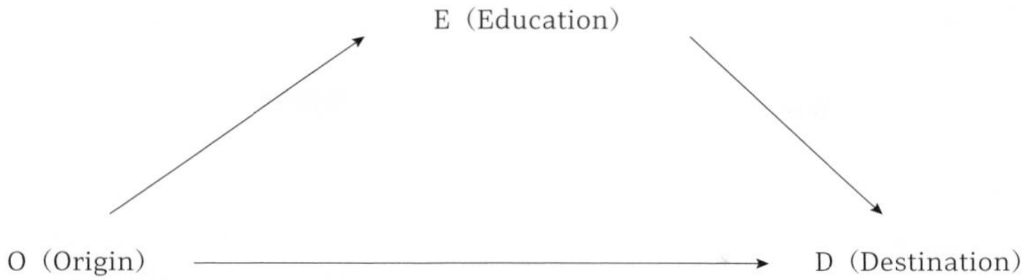

（注） O は出身階層，E は教育，D は到達階層を示す。

図 6–1 OED トライアングル

–2002）が風刺したように，学歴メリトクラシーを徹底させると，その社会はディストピアになりうる（Young 1958）。

学歴を地位配分（職業選択）の正当化の根拠とするのなら，教育機会は平等であって，努力も公正に評価されるべきだ。能力と出自が関係ないのなら，出自で教育機会を制限するのはまったくの不合理だからだ。したがって，誰もが教育を受けられるしくみをつくり，必要な場合は支援しなければならない。こうした主張は，多くの人が受け入れるだろう。

だが，教育機会の平等が完全に実現しても，業績の個人差（学歴差）は消えない。学ぶ機会を平等にした以上，そこで成績不振になった場合，制度や環境のせいだとは言いにくい。結果的に成績が悪ければ，その責任を努力不足とか，本人が無能だというように，個人に求めることになりがちだ。実際，そういわれることは珍しいことではない。

ヤングによれば，もしこれが徹底されると，かつて家柄を問題にしたパートナー探しが，もともともっている能力にもとづくパートナー探しに転化するという。つまり学歴エリートが有能なのは，もともと有能な遺伝子をもつからだと人びとは考えるようになる。たしかに経験上，努力だけでカバーできない能力差はあるように感じる。だから親が有能である（ということは高学歴である可能性が高い）ことが，子どもの将来にとって重要だということになる。突きつめると，生まれもった能力で選別が進み，努力しても無駄だと感じる絶望的な不平等社会が出現してしまうというのだ。

階層と教育の関係

アメリカでは，ヤングが戯画化したような議論が現実に起こったが，階層と教育（学歴）の関係はそんなに単純ではない（近藤 2000）。では，現実の地位配分原理は社会学的にどう表現できるのか。簡潔に示すと**図 6-1** のようにまとめられる。

出身階層（Origin）と到達階層（Destination）を，教育（Education）が媒介している。ある人が D という社会的地位にあるとき，その地位に就くのに O や E がどれくらい影響しているのか，そもそも E を得るのに，O はどの程度影響していたのかが問われる。この三者の関係を，OED トライアングルという（Bukodi and Goldthorpe 2019）。

OD が強固なら世襲制となる。近代以降 OD 関係は弱まったが，消滅したわけではない。現実には特定の職業において，比較的根強く残存している。

OE が強固なら教育不平等社会となる。貧しい人が進学（卒業）を諦めるなど，出身と学歴の関連が強い状態だ。メリトクラシー原理が支配する社会のもとで OE が強固なのは不都合なので，教育機会の不平等をなくす努力が続けられてきた。それが実現できているか否かは，使う指標にも依存するため，結論を出すのは容易ではない。

ED が強固なら学歴社会となる。一般に学歴と所得に関連はあるが，国際的にみて日本でのその関連の強さは中程度である。特定校の卒業生がエリート的地位に就きやすいことがよく批判されるが，同じ現象はアメリカやヨーロッパにも存在する。

景気や産業構造の変化があるため，労働力需給の変動は大きい。一方，教育制度はあまり変わらない。だから，労働市場のニーズと教育水準や専門性にミスマッチが起きることも多い。知識社会化で学歴が重要になるといわれているが，かといって ED の関連が近年特に強まっている証拠もない（Bol et al. 2019; Bukodi and Goldthorpe 2019）。

社会学の格差や不平等研究において，人びとの社会的地位を示す指標として用いられるのは，**階級**（class）と**社会階層**（social stratification）である。両者は似ているが，違う言葉を使うことからわかるように，厳密には異なる概念だ。その違いを説明しよう。

3 階級・階層・社会移動

階級とは何か

階級概念の淵源は，カール・マルクスに遡る。産業革命後の急激な資本主義の発達で，生産活動の競争が激化する。すると，生産手段を保持する資本家階級（ブルジョワジー）と，生産手段をもたない労働者階級（プロレタリアート）に分化する。資本家階級は圧倒的に強い力をもち，不当に安い価格で労働者階級を雇う。労働者階級は雇われないと失業し，生存の危機に晒されるので応じざるを得ない。しかも労働者階級の生産で生み出された剰余価値は彼ら自身に還元されず，最低限の賃金が払われると，残りは資本家階級のものとなってしまう。これが搾取のメカニズムである。

労働者階級は搾取され続ける即自的階級の状態から，自らのおかれた不条理な立場を自覚し，資本家階級を諸悪の根源と見なす段階に進む。その結果，労働者階級は団結し，資本家階級に立ち向かい階級闘争を行う対自的階級となる。これがマルクスのいうプロレタリア革命で，ゲオルク・W・F・ヘーゲル（1770–1831）の弁証法哲学の影響がうかがえる。

マルクスは，生産手段の有無で階級を定義する。生産手段の有無は下部構造（土台）と呼ばれ，下部構造が上部構造（具体的には人びとの意識，生活様式，政治や文化のこと）を決定する。二つの階級の利害関係は相容れないので，対立は先鋭化すると考える。

ただ産業化の進んだ社会を，二つの階級だけで捉えるのは無理がある。たとえば，生産手段はもたないが，専門的知識をもち，高い報酬を得て経営組織を動かす経営者・管理職や，事務職といったホワイトカラーがいる。一方，商店主，町工場の経営者や農場主は，生産手段はあるものの，必ずしも豊かとはいえず，労働者階級を搾取しているというには無理がある。それで前者を新中産階級，後者を旧中産階級と呼ぶことがある。

アメリカのエリック・オーリン・ライト（1947–2019）は，生産手段の有無，スキルレベルや職業の自律性を基準に，12 の階級分類を提案した（Wright 1997）。日本では橋本健二（1959–）が，非正規労働者の急増を反映させて労働者階級を正規労働者とアンダークラスに二分し，それに資本家階級，新中産階級，旧中産階級を加えた 5 分類を提唱している（橋本 2018）。

イギリスのジョン・ゴールドソープ（1935–）などは，雇用関係に着目した階級分類を提案し，ヨーロッパを中心とする国際比較研究でしばしば使われている（Erikson and Goldthorpe 1992）。ゴールドソープら，ヨーロッパの階級論に強い影響を与えているマックス・ヴェーバーの階級論では，生産手段の有無のみならず，収入，教育水準，仕事のスキルレベルも分類基準に含めている。またマルクスは労働者階級による革命で共産主義社会が実現すると予想したが，ヴェーバーはそうした社会が実現するとは考えなかった。

またヴェーバーは，階級のほか，社会的威信や名声にもとづく身分集団や，近代以降発展した官僚制組織で権力を行使する党派の三つが相互に絡みあって，社会全体の不平等構造を形成していると考えた。これが社会階層の概念に発展する。

社会階層と社会移動

社会階層は，階級と似た概念だが，階層間の分類基準は多様で，数値の大小で地位の高低が表現されるものである。アメリカのピーター・ブラウ（1918–2002）とオーティス・ダドリー・ダンカン（1921–2004）は，平均所得と学歴の情報をもとに各職業にスコアを与え，階層を数値で表現した。これを社会経済指標（Socioeconomic Index of Occupational Status: SEI）という。類似の指標として，人びとの評価にもとづく職業威信スコアや，所得・学歴・職業威信を合成した**社会経済的地位**（Socioeconomic Status: SES）がある。

階層を分類する際には，資格，企業規模，役職などが利用される。職業選択では，学歴が大きな意味をもつので，受けた教育水準により親子間の職業や社会的地位が異なることがあり，また同一人物の職業や社会的地位も変化しうる。**社会移動**（social mobility）とは，こうした親子間，もしくは同一人物の職業的地位の推移をさす。社会移動を最初に概念化したのは，ロシア革命でアメリカに亡命したピティリム・ソローキン（1889–1968）である。

社会移動は，同一人物の階層の推移を示す**世代内移動**と，親子間の階層の推移を示す**世代間移動**に大別できる。社会階層論で関心をもたれることが多いのは後者の世代間移動で，**表 6–1** のような移動表と呼ばれるクロス集計表によって検討される。

社会移動の捉え方

移動表は図 6–1 の OD 関係を検討したものだ。詳しい解釈方法は橋本

表 6-1　世代間移動表（男性）

父親＼息子	I＋II	IIIa	IIIb	V＋VI	VIIa	IV＋VIIb	計
I＋II（主に専門職・管理職	229	102	113	51	44	11	550
行 %	41.6%	18.5%	20.5%	9.3%	8.0%	2.0%	100.0%
列 %	32.2%	22.5%	24.5%	13.0%	8.7%	9.0%	20.8%
IIIa（主に被雇用事務）	122	116	73	44	72	14	441
行 %	27.7%	26.3%	16.6%	10.0%	16.3%	3.2%	100.0%
列 %	17.2%	25.6%	15.8%	11.3%	14.3%	11.5%	16.7%
IIIb（主に被雇用店員）	80	47	71	40	46	5	289
行 %	27.7%	16.3%	24.6%	13.8%	15.9%	1.7%	100.0%
列 %	11.3%	10.4%	15.4%	10.2%	9.1%	4.1%	10.9%
V＋VI（主に熟練労働者・下級技術者）	67	47	59	71	69	7	320
行 %	20.9%	14.7%	18.4%	22.2%	21.6%	2.2%	100.0%
列 %	9.4%	10.4%	12.8%	18.2%	13.7%	5.7%	12.1%
VIIa（主に半・非熟練労働者）	104	66	72	85	158	24	509
行 %	20.4%	13.0%	14.1%	16.7%	31.0%	4.7%	100.0%
列 %	14.6%	14.5%	15.6%	21.7%	31.3%	19.7%	19.3%
IV＋VIIb（主に自営と農業）	109	76	74	100	115	61	535
行 %	20.4%	14.2%	13.8%	18.7%	21.5%	11.4%	100.0%
列 %	15.3%	16.7%	16.0%	25.6%	22.8%	50.0%	20.2%
計	711	454	462	391	504	122	2644
行 %	26.9%	17.2%	17.5%	14.8%	19.1%	4.6%	100.0%
列 %	100.0%	100.0%	100.0%	100.0%	100.0%	100.0%	100.0%

（注）　本表のもとになったデータは日本学術振興会（JSPS）科学研究費補助金・特別推進研究（25000001. 18H05204），基盤研究（S）（18103003. 22223005）の助成を受けたものである。東京大学社会科学研究所パネル調査の実施にあたっては，社会科学研究所研究資金，株式会社アウトソーシングからの奨学寄付金を受けた。パネル調査データの使用にあたっては東大社研パネル運営委員会の許可を受けた。

（出所）　東京大学社会科学研究所若年・壮年パネル（JLPS）調査。当初・追加・リフレッシュサンプルから筆者作成。親子の階級（階層）の分類は Erikson and Goldthorpe（1992）にもとづく。

(2018）や平沢（2021）が参考になる。大まかにいえば，この表により親子間の世代間継承（再生産）の程度がどの程度なのか，また全体の中でどの移動が目立つかを確認できる。

表6-1 の対角線上に位置する網かけのセル（229＋116＋71＋71＋158＋61＝706）は，親子の階層が同一（非移動）であることを示す。全体の人数が2644人なので，706 ÷ 2644＝0.267，つまり非移動率（再生産率）は26.7% となり，ほぼ4分の1の親子が同じ階層を継承していることになる。逆に1−0.267＝0.733で，73.3% は階層移動しており，この73.3% を全体移動率（粗移動率・事実移動率）と呼ぶ。

親子間の階層の関係が固定化（閉鎖化）しているか否かは，非移動率や全体移動率だけでなく，特定の階層に着目して流出率や流入率も吟味する。行 % は父職別の，息子の到達階層割合を表す。たとえば父階層Ⅰ＋Ⅱのうち，子も同じ階層なのは41.6% である。専門・管理職の4割は子が継いでいるが，他に移った6割が流出率となる。他の階層と比較すると，専門・管理職の父は子に継承する傾向が強い。一方，列を基準にみると，息子の階層Ⅰ＋Ⅱなのは711人いるが，そのうち父親も同じ階層だった者は32.2% である。残りは，他の階層出身者が階層Ⅰ＋Ⅱに流入したことになる。この残り7割が流入率である。

次に，父子階層Ⅳ＋Ⅶb に着目しよう。ここは行 % と列 % の数値の乖離が大きい。父が自営・農業のうち，継いだ息子は11.4% しかいない。しかし息子を基準に考えると，自営・農業の50% は父親から継いでいることになり，他階層からの参入が難しいことがわかる。

この差は，全体の階層分布が世代間で異なるために生じる。父世代の階層Ⅳ＋Ⅶb は，右端の計列の列 % から，20.2%（535 ÷ 2644）を占めていることがわかる。しかし子世代では，階層Ⅳ＋Ⅶb が4.6%（122 ÷ 2644）まで減ってしまう。つまり父から見た流出率が大きい（100−11.4＝88.6%）のは，社会全体で自営・農業が大きく減少したからだ。父Ⅳ＋Ⅶb の535人のうち，子にⅣ＋Ⅶb を継がせられる最大値は子Ⅳ＋Ⅶb の合計である122で，残りの413（＝535−122）人は別階層に移らざるをえない。この413人の部分を**構造移動**（強制移動）と呼ぶ。構造移動とは，社会構造（階層の分布）が変化したことで，理論上移動せざるをえない人をさす。移動表の上では，特定階層の，父と子の「計」の人数の差が構造移動になる。階層Ⅰ＋Ⅱに着目すると，父世代は550人しかいないが，子世代は711人に増えており，161（=711−550）人が他の階層から移ってくる必要がある。これも構造移動である。

一方，子がⅣ＋Ⅶbの122人のうち，親から受け継いだのは61人である。残りの61（=122−61）人は循環移動（純粋移動）といい，親の地位を継承せず，自力で新規参入してⅣ＋Ⅶbに至ったと解釈できる部分をさす。以上の移動は，移動人数をもとに計算した率の数値自体を問題にしており，絶対移動という。

ただ，世代間で社会階層の分布が大きく変われば，構造移動の影響は無視できない。だから，絶対移動だけで階層の固定化の評価を行うのは拙速に過ぎる。そこで，全体分布の変動の影響を受けにくい指標として，移動機会の比（オッズ）の大小をみるオッズ比が用いられる。オッズ比は，特定の階層出身者とそれ以外の人に分け，それぞれの出身者が特定階層に就けたか否かの人数の比をとり，その比（オッズ）の比をとることで求められる。

表6-1で，父階層Ⅰ＋Ⅱの人のうち，子も階層Ⅰ＋Ⅱになった人とそうでない人の比は229 : 321（=102+113+51+44+11）で約0.713である。一方父階層がⅠ＋Ⅱでない人のうち，子が階層Ⅰ＋Ⅱになった人の比は，482（=122+80+67+104+109）: 1612（残り全員）で約0.299となる。両者のオッズ比は，0.713 : 0.299で約2.385となる。このとき父階層Ⅰ＋Ⅱの人は，そうでない人に対し，Ⅰ＋Ⅱへの到達しやすさが2.385倍あると解釈する。このように，移動機会の相対的な違いというオッズ比に着目したのが相対移動である。

第二次世界大戦後の日本は，1970年代まで絶対移動が上昇し，その後は高い水準のまま安定している。ただ近年，上層階層に就くチャンスが頭打ちになり，上層への移動率は低下した。一方，相対移動は一貫して安定的に推移している。また産業化の進んだほかの国と比較して，日本は絶対移動，相対移動いずれをとっても中程度の（極端に平等でも，不平等でもない）階層社会だと評価されている（石田・三輪 2009; 石田 2021）。

4 社会空間における階級・階層と意識

階級・階層の再生産

私たちの生活水準が，所得水準や富の有無に左右されることは論を俟(ま)たない。蓄積された富は自らの事業，将来，あるいは子の教育に投資できるので，一種の経済資本と見なせる。しかしフランスのピエール・ブルデュー（1930–2002）によれば，人びとの社会的地位を決定するのは経済資本だけではない。

学校教育は中立性を標榜しているが，実際には権力を掌握する上流階級の文化や嗜好を反映している。たとえば，国語で教えられるのは純文学や正統な古典であり，大衆小説や漫画ではない。前者に親しみをもつ子は限られる。結局学校は，上流階級が馴染(なじ)む文化活動や趣味・嗜好といった**文化資本**の有無を，成績という指標を用いて評価する装置にすぎず，文化資本をもつほど有利になるようにできている（Bourdieu 1979＝1990）。

文化資本を多くもつ子がよい成績をとれば，よい地位や高い所得につながり，最終的に経済資本に結びつく。メリトクラシーを実現するのが学校教育のタテマエだが，現実は一見中立的な成績評価により文化資本の有無を判定し，既存の階級構造を維持，再生産しているだけだ，というのがブルデューの解釈だ。

図 6–2 と**図 6–3** は，筆者らの研究グループが日本の高校生と母親に，家庭環境や高校卒業後の進路を尋ねたデータに，多重対応分析というブルデューと同じ方法を適用したものだ。

質問紙調査で，家庭環境や高校生の親の情報を尋ねた結果，「両親高卒以下」「貯蓄水準が低い水準の世帯」「家で所持する本の冊数が少ない水準の世帯」が似た回答パターンを示すとする。するとこれらの変数は関連が強いといえるので，数学的な計算を施し図に示すと，近い位置に置かれる。それに対し，「両親大卒」「貯蓄水準が高い水準の世帯」「本の冊数が多い水準の世帯」はまったく逆の関係にあり，遠い位置に置かれる。このように，回答パターンに応じて平面に変数を置いていく。そうしてできた平面空間を最もよく説明する二つの直交する軸を計算して導き出し，軸を引いた結果が図 6–2 と図 6–3 である。

第一次元の横軸は，図 6–2 の女性だと空間の 53%，図 6–3 の男性は空間の 60% を説明し，男性の説明力が若干高い。第二次元の縦軸は女性で 24%，男性で 19% である。位置関係をみると，I（収入），S（貯蓄），B（蔵書）いずれ

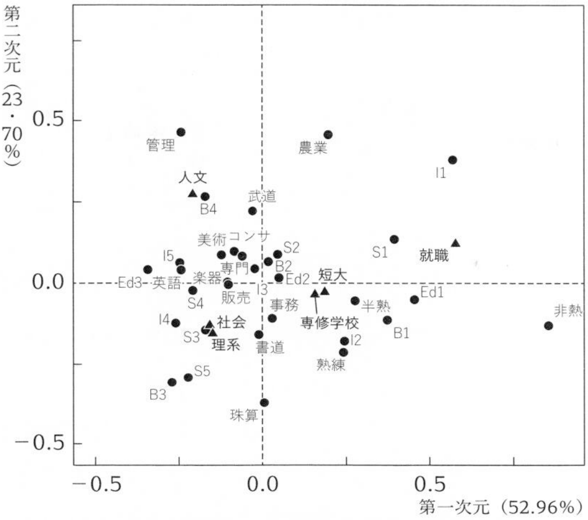

図 6-2　高校卒業後の進路選択の社会空間（女性）

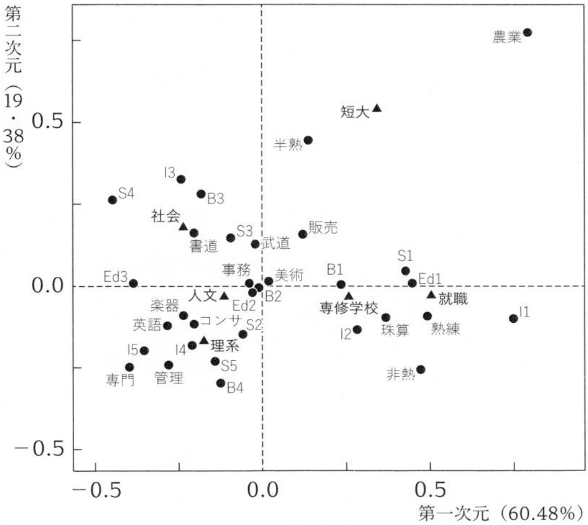

（出所）　図 6-2，図 6-3 ともに 2012 年実施の「高校生と母親調査」とその追跡調査（2017 年）。▲が回答者の高卒後進路。人文，社会，理系はいずれも大学。I は世帯収入で数字が大きいほど高所得。S は貯蓄額で，数字が大きいほど所得・財産が豊富。Ed は高校生から見た両親の学歴で，1 は両方高卒以下，2 は父母いずれかが高等教育。3 は両親とも高等教育。B は家にある（漫画・雑誌を除く）本の冊数で，数字が大きいほど所蔵冊数が多い。「専門」「管理」「事務」「販売」「熟練」「半熟」「非熟」「農業」は父職。「書道」「武道」「珠算」「英語」「楽器」は回答者の受けている習い事。「美術」「コンサ」は（母親が）子どもを時々，もしくはよく美術館・博物館・クラシック音楽コンサートに連れていってあげた，への肯定回答。調査については中澤・藤原（2015）参照。本研究は，日本学術振興会（JSPS）科学研究費補助金基盤研究（A）（19H00608）の助成にもとづく。N＝292（図 6-2），N＝310（図 6-3）。

図 6-3　高校卒業後の進路選択の社会空間（男性）

も数値が小さいものが右に，大きいものが左にある。両親学歴（Ed）はほぼ横軸付近で，高学歴ほど左に位置する。本人学歴▲も，左ほど高い。つまり横軸は回答者の「もっているものの量（高低）」，つまり資本総量の大小を測る物差しと解釈できそうだ。一方，縦軸は習い事の中身や進学先の専門のような「もっているものの中身」，つまり資本構成（質）を説明している物差しと解釈できる。

格差を捉える指標

私たちが格差や不平等を話題にするとき，多くの場合はもてる者ともたざる者という，富の総量に着目する。それはこの図の横軸にあたり，空間の半分以上を説明し，実感ともマッチする。ただ，豊かさは量だけでなく中身も重要で，それが縦軸にあたる。ブルデューによれば，データを集めてその変数の関係について同様の統計的分析を行うと，どの社会でも資本総量を意味する第一軸と，資本構成を意味する第二軸に分化する。経済資本から文化資本を区別するアイデアは，ここからもたらされた。この図6-2と図6-3では，第一軸と第二軸の説明力が男女で異なっている。つまり男性の進路は資本総量の第一次元で決定される傾向が強く，女性は資本総量のみならず資本構成が鍵を握る傾向があることを示している。

興味深いのは，蔵書の最も多いB4と，次に蔵書の多いB3が，横軸上の位置に大差ないのに対し，縦軸については対称的な位置にあることだ。図6-2の第二象限，図6-3の第三象限にB4があり，その近くには文化資本の高い人が志向する習い事や活動が多くある。大学進学には資本総量が多い必要があるが，文化資本を多く保持する場合，男性なら理系学部，女性の場合は人文系学部を選ぶ傾向が読み取れる。

ブルデューはさまざまな個人の特徴をもとに，社会における権力の位置関係を図6-2や図6-3のような社会空間で表現する。この社会空間から，ハビトゥスという身体感覚，価値観，行動原理となる性向が生み出される（近藤2011）。私たちは社会空間の中に埋め込まれて生きており，そこからかけ離れた行動を起こすと，自己の内面で葛藤を感じたり，身近な人間と摩擦を起こしたりする。それを避けるため，多くの人はハビトゥスに従う（社会空間上，近くにおかれた行為選択を行う）のが自然だし，合理的な行動戦略となる。それゆえ，この社会空間は容易に崩れることはない。

ブルデューは地位を決める複数の資本を示したが，他にも似た発想を持つ社会学者がいた。アメリカのゲルハルト・レンスキ（1924–2015）は，社会的地位関係を，収入のような経済的指標だけでなく，職業威信，教育水準，エスニックグループも考慮すべきと指摘する。そして経済的指標の高低と，他の指標の高低がずれること（たとえば収入は少ないが，教育水準は高いなど）が中間層でしばしばみられ，こうした地位の非一貫性が社会的不満を鬱積させ，革新的態度を生み出すと考えた（Lenski 1954）。

日本では1970年代，多くの人びとが自らを中流と認識しているとされ，その要因を地位の非一貫性に求めた。社会的地位を測る指標は複数あり，しかも各指標間の高低にズレがあるのは珍しくなく，決め手に欠けるので，とりあえず自分の階層を中流と見なすのだという。また富永健一と友枝敏雄は，地位の非一貫は産業化に伴い平等化が進行する過程で必然的に生ずると考え，レンスキのように社会不安の原因と見なす解釈を否定した（富永・友枝 1986）。

ここで議論になっているのは，人びとが自らを，社会のどのあたりに位置づけるかという意識である。すでに述べたように，マルクス主義は，下部構造により，上部構造である**階級意識**が形成されると考える。彼らは，労働者階級自らの階級意識の目覚めが社会革命の原動力となると考えた。

一方，自分が階層のどこに属すると考えるかを示す階層帰属意識は，マルクス主義の理論とは別に，他者や自分の期待と自分のおかれた状況とを比較して抱く相対的剝奪感や，生活満足度などの社会意識との関連から考察されてきた。上述の日本の中流意識論は，この階層帰属意識を取り上げたものだ。実証的には，中流意識論が喧（かまびす）しかった1970～80年代，階層帰属意識は社会経済変数と弱い関連しかなかったが，近年は両者の関連が強まる傾向にあるという（吉川 2014; 神林 2015）。

5 深刻化する不平等—貧困問題

貧困とは何か

以上のように，社会階級・階層研究は，社会全体の不平等や格差の構造を検討することが多い。ただ，関心がマクロの構造にあるため，貧困やそれに絡んだ差別など，具体的で深刻な社会問題への考察が足りないと指摘されることがある。日本では，1990年代以降経済が低迷し，2000年代に入り，ワーキングプアをはじめ，貧困が社会問題化した。

貧困の科学的調査の嚆矢は，イギリスのチャールズ・ブース（1840–1916）のロンドン調査で，彼は生活に必要な最低の収入ライン（貧困線）を設定し，それをもとに精緻な貧困地図を描いた。続いてシーボーム・ラウントリー（1871–1954）はヨークで調査を行い，幼少期，子育て期，高齢期に貧困リスクが高まることを指摘した。彼らが用いたのは，**絶対的貧困**という指標である。絶対的貧困とは，生きるのに必要な最低限の衣食住が満たされていない状態をさす。

ただ物価水準や生活水準は，時代や社会によって異なる。また貧困は，経済状況の問題に限定されるわけではなく，相対的剝奪感や，自尊心の欠如にも結びつく（西澤 2019）。ピーター・タウンゼント（1928–2009）は，**相対的貧困**という生活水準を考慮した貧困指標を提唱した。相対的貧困は算出方法が決められており，これを用いることで異なる生活水準にある社会の貧困率を比較できる。

国際比較データ（主に OECD）や日本政府（厚生労働省など）が発表している貧困率は，相対的貧困にもとづいて算出される。2018 年の日本の相対的貧困率は 15.7%，データのある 41 カ国中 10 番目に高い。子どものいる大人一人世帯（ほぼひとり親世帯と重なる）の貧困率は，2018 年現在 48.3% で，データのある 44 カ国中 3 番目と目立って高い。日本は世界的に見ても貧困問題が深刻で，特定の弱者に集中する傾向にあるうえに，救貧・防貧政策の効果が十分現れていない。特に子どもの貧困問題の解決は喫緊の課題である。

2020 年以降の新型コロナの感染拡大で，エッセンシャル・ワーカーのおかれた厳しい環境が注目されたが，エッセンシャル・ワーカーには女性が多い。子どものいる大人一人世帯も母子家庭が多いが，賃金が低いため長時間労働になりがちで，子育てに時間をあてるのもままならない。かつてアメリカでは，有色人種の女性に貧困が集中し，また貧富の男女差が拡大することをダイアナ・ピアス（1932–2022）は，**貧困の女性化**（feminization of poverty）と呼んだ（Pearce 1978）。類似の状況は，現代日本にも該当するのではないか。

貧困の実態の把握

貧困の実態は，数値だけでは伝わりにくい。その様子を詳らかにした古典的研究として，アメリカのオスカー・ルイス（1914–1970）がメキシコの調査をもとに著した『**貧困の文化**』がある。貧困の文化とは，貧困者が抱く「その場をやりすごせばよい」という刹那的な価値志向をさす。彼らは身内の相互扶助で難局を乗り越えようとするが，そこで醸成された仲間意識が第三者や政策の介入を困難にしてしまう。その結果，貧困が次世代へ引き継がれ，貧困からの脱出が難しくなる。

ただ文化という語には注意が必要だ。そこに特定集団への差別感が結びつくと，彼らがある文化を持っているから貧困になる，という偏見を誘発しかねない。因果は逆で，貧困ゆえに特定の行動を選択せざるを得ず，それを文化と呼んでいるだけかもしれない。

貧困からの脱出は困難だ。格差が固定化し，新しい身分社会の到来というディストピアを彷彿とさせるのが昨今の状況だ。貧困を，当人の自己責任と見なす風潮も根強い。彼らが貧困からの脱出を諦め，絶望してしまうことは社会的損失であり，将来に禍根を残すだろう。貧困の実態や，貧困からの脱出に関する考察は，これまで以上に重要性を増している。

Glossary──用語集

1節のキーワード

所　得　労働の対価や売上によって得られた報酬の総額を収入という。所得とは，収入を得るのに必要な経費を差し引いたものをさす。

富　ある時点において貯蔵されているストック，すなわち総資産から，負債を除いた純資産のこと。

奴隷制　古くは古代ギリシアにあり，時代や地域により異なるが，一般的には大航海時代以後，プランテーション経営のためアフリカ大陸から南北アメリカに連れてこられた黒人を，主人の所有する安価な労働力と見なし，固定した身分の下，基本的人権や自由を剥奪してきた制度。

カースト　ヒンドゥー教徒が生まれながらにもつ帰属集団で，職業と結びついた世襲制。ブラーマン（司祭・学者），クシャトリア（王侯・戦士），ヴァイシャ（商人・平民），シュードラ（隷属民・農民・職人）はヴァルナという序列を伴う集団で，各ヴァルナに多数のカースト集団（ジャーティ）がある。これ以外に，最下層の不可触民がいて，彼らへの差別が問題となっている。

2節のキーワード

メリトクラシー　生来持っている才能（能力）を活かした上で，努力を重ねて得た実績をメリットと見なし，そのメリットを重視して人を評価する社会。メリット（merit）は，賞賛に値する性質，長所のこと。能力主義と訳すこともある。

階　級　生産手段（生産活動に必要な土地・原料・設備）の有無で人びとを分類する概念。マルクス主義では，異なる階級間で利害対立があると考える。階級の分類基準に，雇用関係や職務内容を取り入れる立場もある。

社会階層　社会の序列性を示し，収入のような経済的情報だけでなく，職業や学歴の情報も加味して数値化される指標，概念。いくつかのグループに分類されることもあるが，マルクス主義の階級と異なり，異なる階層間に対立があるとは考えない。

3節のキーワード

社会経済的地位　socioeconomic status の訳で，略して SES ともいう。社会階層概念を数値化した指標で，その指標作成には職業威信，学歴，所得の情報が用いられる。この値が大きければ，SES が高いことを示す。

社会移動　親子間で所属する階層（階級）が変わったり，同一人物が転職や昇進などによって階層（階級）が変わったりすること。

世代内移動　ある人物に着目し，その人が年齢とともに地位や職業を変えて，所属階層（階級）が変わること。

世代間移動　世代間（通常は親子）で所属階層（階級）が変わること。通常，移動表（mobility table）と呼ばれるクロス集計表を用いて分析が行われる。

構造移動　世代間移動において，社会全体の階層（階級）分布自体が大きく変化したため，理論上他の階層（階級）に移らざるを得ない一群の人びと。移動表から理論的に導かれるもので，具体的な特定人物の移動をさす概念ではない。

4節のキーワード

文化資本　社会の上流階級に浸透した趣味，嗜好，活動の習慣や，それを可能にするモノの蓄積。具体的には，クラシック音楽や美術などを楽しむ，読書習慣（とそれを可能にする大量の蔵書），高級酒や料理を嗜む，乗馬やヨットなどを楽しむ，などのハイブロウ（highbrow）な活動に馴染んでいること。

階級意識　自らの所属する階級がどこかを認識する意識。マルクスは，生産手段の有無（下部構造）が，階級意識を含む人びとの意識（上部構造）を決定すると考える。

5節のキーワード

絶対的貧困　食べ物がない，住む場所がないなど，人間らしい生活を営むことが不可能になる状態のこと。

相対的貧困　特定社会の生活水準を基準にして，困窮度を測る指標。世帯の可処分所得（給与から税・社会保険料を差し引いて，自分で自由にやりくりできる所得）を世帯人員の平方根で割った値を等価可処分所得といい，等価可処分所得の中央値の半分に満たない所得しかない世帯を，相対的貧困状態にあると見なす。

貧困の女性化　ダイアナ・ピアスが指摘した現象で，アメリカの貧困者の3分の2以上を女性が占め，1950年代から70年代にかけて，貧困世帯に占める女性世帯主世帯が倍増したことをさす。その原因は，女性の就業率は上昇したものの，多くの女性の労働環境は悪く，そうした女性を支援する社会政策が不足していることに求められる。

貧困の文化　オスカー・ルイスが，メキシコのスラムの貧困家庭の観察で見出した，身近な仲間と今を楽しむことを優先させる行動原理。強い仲間意識をもつ彼らは，社会的成功を非現実的と考え，第三者や政府の援助を拒む。もし仲間を否定して援助に頼れば，仲間から排除されるのではないかと考える。結果的に，貧困からの脱出が困難になる。

Report Assignment——レポート課題

政府や国際機関が出している貧困や不平等に関するさまざまなデータを集め，諸外国と比較して日本の格差・不平等をどう評価できるか，またそこで用いた指標の特徴と，解釈の上で注意すべき点をまとめなさい。

Reading Guide——読書案内

①平沢和司『格差の社会学入門——学歴と階層から考える（第2版）』北海道大学出版会，2021年

社会階層・階級について扱ったほぼ唯一の日本語で読める教科書。内容や記述にバランスがとれており，入門書としても最適である。

②安田三郎『社会移動の研究』東京大学出版会，1971年

600ページを超える浩瀚（こうかん）の書で，これを超える単著の階層移動研究書は現れていないといってよい。ところどころ出てくる数式が難しく感じられるかもしれないが，文章自体は平易で読みやすいので，挑戦する価値はあろう。

③多喜弘文『学校教育と不平等の比較社会学』ミネルヴァ書房，2020年

気鋭の社会学者の実証データにもとづく国際比較分析。最新の国際的な研究動向にも目配りした貴重な研究書だが，文章は読みやすく，解説も丁寧である。

Column ①――グローバルな不平等

1　近代化論とそれへの批判

第二次世界大戦後の東西冷戦時代，アメリカを中心とする西側諸国は，独立間もなく経済・政治の基盤がいまだ不安定だった旧植民地諸国が社会主義陣営に引き込まれることを恐れ，これらの国々に開発援助を行った。その根拠となったのがウォルト・ロストウの**近代化論**（経済成長段階説）である。ケネディ政権の対外政策のブレーンだったロストウは，すべての社会は「伝統社会」「離陸のための先行条件期」「離陸期」「成熟への前進期」「高度大衆消費時代」の5段階のいずれかにあるとし，ある国における投資や貯蓄の水準が一定程度に達して「離陸」段階に入ると，経済成長が常時維持されるようになり，いずれ「高度大衆消費時代」にいたるとした。その際，ロストウは途上国に対する先進民主主義世界による開発援助の重要性を主張した（ロストウ 1961）。その著作のタイトルは『経済成長の諸段階――一つの非共産主義宣言』であった。

しかし，旧植民地は公式的に独立国になっても，経済的には依然として先進工業国の強い影響下にあり，経済の停滞や貧困に悩まされていた。先進国は，従来とは別の，新しいかたちでこれらの「独立国」との間の不平等な関係を継続しようとしていたのである（**新植民地主義**）。こうしたなかで近代化論の見方を批判し，途上国の貧困や経済停滞の問題を，高い技術水準や高賃金労働が支配的で強力な国家機構を備えた地域（中核〔core〕）と，低い技術水準や低賃金・低報酬労働が支配的で脆弱な国家機構をもつ地域（周辺〔periphery〕）（ウォーラーステイン 1987）の間の不平等な関係のなかでとらえ直そうとする試みが現れた。これらは国単位で社会や経済を分析してきた従来の社会科学に対する挑戦だった。

2　資本主義とは何か

中核－周辺の図式は，初代 UNCTAD 事務局長でアルゼンチン出身の経済学者ラウル・プレビッシュに始まり，ラテンアメリカを中心に発展した**従属理論**，その影響を受けた**世界システム論**の研究者らが受け継いでいった。彼らは西側の近代化論を鋭く批判したが，同時に当時のソビエト連邦の公式見解や正統派マルクス主義に対しても対立的な立場をとった。たとえば，世界システム論を提唱したイマニュエル・ウォーラーステイン（1930–2019）は，これらがいずれも一国単位で社会が段階的に発展するという見方をとっている点で批判対象とし，空間的・時間的により巨視的な理論的視座を提供している（ウォーラーステイン 1987）。

ウォーラーステインによると，いま私たちが生きる「世界」は，多様な労働形態を用いた単一の分業を基盤とし，多様な文化とさまざまな形態の国家を包含する，資本主義世界経済（＝近代世界システム）である。このシステム内の各地域は「中核」と「周辺」，さらにはその間の「半周辺」へと不均等に発展する（ウォーラーステイン 1981, 1987, 1999）。これによると，資本主義世界経済は15世紀後半，北西ヨーロッパを中核，東欧や西半球を周辺，地中海地域を半周辺に成立した。資本主義は最初からグローバルなものとしてはじまったのであり，国民経済の国際化によって後から「グローバルになった」わけではないのだ（ウォーラーステイン 1987:22–23）。以降，資本主義世界経済は，植民地化などを通じてその外部の地域を次々に取り込み，19世紀までには地球上を覆いつくした。そして現在にいたるまで続いているというのである（ウォーラーステイン 1981, 1987, 1999）。

ウォーラーステインの理論のポイントのひとつは，資本主義が実にさまざまな労働を包含しうるという点である。正統派マルクス主義の考え方において，ある地域が「資本主義社会」であるか否かの基準は，資本家に雇われ賃金をもらって生産労働を行うという，いわゆる資本主義的生産様式と自由な賃労働者の広範な普及だった。中核では賃労働者が多数を占めているかもしれない。だが，周辺では賃労働以外の，小作農や零細自営業層，奴隷をはじめとするさまざまな不自由労働が多くを占めてきた。正統派のマルクス解釈では，賃労働以外の労働は資本主義の「異質物」とされてしまう（ウォーラーステイン 1981, 1987）。

従属論の立場をとるアンドレ・フランク（Frank 1969）は，ラテンアメリカの低開発は資本主義そのものが生み出した必然であり，世界資本主義の「衛星（satellite）」として「中枢（metropolis）」から経済的余剰を収奪されているためとした。ラテンアメリカは世界資本主義に取り込まれたことによって「低開発（underdeveloped）」状態になったのである。強制労働が支配的だった16世紀ラテンアメリカも，フランクの見方では世界資本主義システムの一部とみなされることになる（Frank 1969）。こうした見解にはマルクス主義者から批判が寄せられ論争になったが，ウォーラーステインはフランクを支持した。資本主義の唯一の特徴は賃労働の普及ではなく，飽くなき資本蓄積，つまり得た利潤をさらに投資し，資本として際限なく増殖させていくための市場向け生産である。ゆえに，そこで採用されている労働形態がたとえ自由な賃労働ではなくとも，これらは資本主義の異質物などではないのだ（ウォーラーステイン 1981, 1987）。

3　万物の商品化？

ウォーラーステインによると，資本主義は，従来市場を介すことがなかったあらゆる社会的過程の広範な商品化を意味している。だが，こうした商品化の過程は一気に進むものではなく，非常に緩慢なものであった。すべてを商品化してしまうより，むしろ商品化されきっていない方が，高い利潤をあげられる場合が多かったのである（ウォーラーステイン 1999）。資本主義にとっては，不払いで使える資源（労働力も含む）があった方が都合がよかったのだ。

賃労働者とは資本家に商品として自らの労働力を売り，資本家から払われる賃金を得て生活の糧を得る人びとである（→Ch.6）。労働力を提供する労働者は損耗するので，資本家はこれに対処しなければならない。具体的には，労働力の再生産費用，つまり働いて空腹や肉体疲労などで消耗した分を毎日の食事や睡眠，娯楽などを通じて元に戻すのに必要な費用や，いずれ労働者が労働市場から退出した場合に備え，次世代の労働者を創出するために必要な費用をコスト（＝賃金）として支払うというわけである（マルクス 1972a, 1972b）。

だが，人間の生命の再生産の全過程を市場で取引されているモノやサービスを購入することで成り立たせるとしたら，いったいどれだけのお金がかかるかを考えてみてほしい。企業にとっては労働者がそのすべてを市場で売られる商品の購入に依存するのではなく，他のさまざまな手段（たとえば世帯における自家消費用の食料生産，家事・育児といった不払いの再生産労働，共同体における資源の利用など）をもっていた方が，労働コストを抑えるためには都合がよかったのである。もっとも労働者たちは賃労働者になる（＝収入を上げる）ことを志向した。また，各企業が労働コストを抑えようとするのとは逆に，集団としての企業にとっては自分たちの生産物を買えるだけの購買力を持つ層としての賃労働者が不可欠だった。このように相反する動きがあるなか，賃労働者はあくまで非常に緩やかなペースで増加するということになった。ゆえに資本主義が始まってから，歴史的に，賃労働による収入に多くを依存して成り立っている世帯は決して主流派にはならなかった（ウォーラーステイン 1999）。

4 植民地と女性

植民地は，強制労働をはじめとする低コストの労働力や天然資源の主要な調達先とされてきた。もうひとつ，資本主義が収奪の対象としてきたのが女性である。労働者の労働力を真に再生産するためには賃金だけでは賄えない。たとえば，商品を買っても真に使用するためには何らかの働きかけが必要となる。魚や肉などの生鮮食品は，調理して食膳に供しなければならない。さらには，次世代の労働者候補や病気になった労働者，加齢で労働から退いた人のケアなども商品・サービスの購入のみでは完全には賄えない。このように，調理などの家事や次世代の労働者を生み育てるための負担，高齢者の世話といった再生産労働は，ジェンダー不均衡に，また不払いで女性に課されてきた。夫による妻の扶養（＝生存維持の保障）はその正当な対価とはいえない。資本主義が不払いの家事労働なしに成り立たないことを問題化し，それが一方の性に課されていることに異議申し立てを行ったのはフェミニストたちだった（ダラ・コスタ 1991）。

足立眞理子は，イタリア・フェミニズムのダラ・コスタらの家事労働への賃金要求と家事労働論争においては，小農や小商品生産者など，家事労働以外の非賃金労働者（多くが第三世界にいる）の存在については共有の問題として議論されることはなかったと指摘する。世界規模の蓄積における家事労働を包含する非賃金労働関係とその位置の分析は，ヴェールホフやトムゼン，ミースらドイツのフェミニストたちによってはじめられたという（足立 2019: 13）。

資本主義にとって，歴史的に植民地と女性は不払い／安価に調達できる，労働力や資源の源泉であった。この二つからの労働力や財産，あらゆる資源の獲得は，暴力や強制によってなされてきた。歴史的に女性と植民地は，自然と同一視され，無限にある収奪可能な資源として扱われてきた（ミースほか 1995）。

クラウディア・ヴェールホフは，次のようにいう。女性の出産力は労働力を生み出し資本主義というシステムを成り立たせる絶対条件を作りだす。近代の到来とともに，女性たちの出産をめぐる知や活動は他の生産手段や財とともに奪われ（魔女狩りは女性の出産能力や財・職思考などを奪うことによる資本蓄積の手段だった），女性は「生産者」から近代的主婦に転化していった（ヴェールホフ 1995）。本源的蓄積（後述）は，自由な賃労働者のみならず，主婦としての女性や農民としての農業労働者などを繰り返し生み出し，そこでは特にさまざまな暴力が行使されてきた。ヴェールホフは，資本主義そのものが継続的な暴力に立脚すると見ている（ヴェールホフ 1995）。

こうした見方は，19世紀から20世紀にかけてポーランドやドイツで活動したマルクス主義の理論家，ローザ・ルクセンブルクの影響を受けている。ローザは，マルクスのいう本源的蓄積の概念を分析の中心的俎上に置いた。マルクスは，囲い込み運動による土地の略奪をはじめ，さまざまな手段を通じた人びとの生産・生活手段の収奪が，資本主義を生み出す前提条件となる大量の資本と労働力を準備したとする。この本源的蓄積の過程は労働力を売る以外に生活のすべをもたない人びとを創出し（賃労働者の起源），また，富を特定の階級に集中させ，資本家の祖形を作り出した（資本家階級の形成）（マルクス 1972b: 357–439）。ローザは，マルクスは本源的蓄積を資本主義の誕生のときだけに限定して例証したと指摘し，同過程は資本主義を存続・発展させていくうえで恒常的に必要な現象だと考えた。「資本主義は，完全に成熟しても，あらゆる点において，非資本主義的な諸階層や諸社会が自分と同時的に存在することに依存している」（ルクセンブルク 2013: 61）。そして，非資本制領域からの収奪による蓄積の継続を，ヨーロッパによるアジアやアフリカの帝国主義支配に見ている（ルクセンブルク 2013）。こうした視角は，前出のウォーラーステインやフランク，ヴェールホフやミースをはじめ，現代におけるさまざまな領域の理論家を引き付けてきた（植村 2019; 足立 2019 も参照）。

5　新国際分業と不自由賃労働者

足立は，ローザに依拠しながら，現代のグローバル資本主義は二重に自由な賃労働（生涯雇用の賃労働者）のみならず，同時的にジェンダーや国籍などによって制限を受けた不自由賃労働（非生涯雇用の賃労働者），自営業主，奴隷などの範疇の労働を生み出しており，これらは非資本主義的な諸社会層への依存を基盤とすると論じてる（足立 2019）。

1960年代末から1970年代，中核諸国に集中していた工業生産の海外移転が始まった。多国籍企業がより安価なコストや条件を求め，中核向け製品の生産拠点を周辺諸国に移転するようになったのである。これにより，中核諸国の脱工業化が始まった。また，輸出作物や鉱産物などの原料の輸出供給地だった国々の中からは，「半周辺化」し，新興工業国となるところも現れた。フレーベルらは，従来の古典的国際分業（中核が自国や周辺向けの工業製品を生産し，周辺が中核向けの農鉱産物を生産・輸出する）に対し，これを新国際分業と呼び，その成立を資本主義そのものの蓄積条件の構造変容によるものと見た（Fröbel, et al. 1978）。

これらの国の新たな生産拠点では，以前は労働市場で周辺化されてきた若い女性たちが低賃金で働いていた。政府は税制優遇や労働者の権利の抑制など生産に有利な飛び地（輸出加工区や経済特区と呼ばれる）を設置し，アメリカや日本などの外国企業を誘致して中核向け製品の部品製造を行なった。これらの女性たちは数年間しか働けず，労働者としての権利や「熟練」とされる技能を得ることを妨げられるなど，多くの制限を受けた，「賃金によって生涯をまっとうすることが不可能」（足立 2019:5）な労働者だった。その背後にはコミュニティや世帯が供給する資源や労働があり，これらが彼女たちやその家族の生活を支えていた。非資本制領域の存在は，きわめて安価なコストでの労働力の調達を可能にさせていたのである（Fröbel 1982）。

生産の国際化は東アジア諸国やラテンアメリカから始まり，やがて市場経済路線を選択した社会主義諸国やアフリカ諸国にまで及んだ。そこでは工場建設や道路・港など外国企業を迎え入れるためのインフラ整備や都市開発，水源，輸出作物生産の農地の確保のための土地の収用，住民や生産者の排除などの暴力が多発してきた。こうした過程は，中核における資本家階級の復権や不平等の拡大，中間層の弱体化と軌を一にしていた。

6　現代における本源的蓄積

世界不平等報告書によれば，2022年現在，世界の収入の合計は最上位の10%の人口が52%を取得し，最下位層は8.5%しか取得できていない。フローだけではなく，ストックをベースに見るとその不平等はさらに拡大する。世界トップ10%の世帯が所有する富は全体の75.6%を占め，下位50%の持ち分はたったの2%に過ぎない。また，グローバルな地域間の格差は以前よりは軽減されつつあるが，むしろ一国内における格差は深刻化しつつあることがわかっている（World Inequality Lab 2021）。

デヴィッド・ハーヴェイ（1935–）も，本源的蓄積の過程は資本主義の初期に限定されないとし，代わりに「略奪による蓄積」という語を用いている。ハーヴェイは，1970年代以降，この現象はグローバルに深化・拡大，中核でも激化したとし，同時期に始まった，中核における国営企業の民営化や福祉の縮小，国の資産売却，市場への競争原理の導入などいわゆる新自由主義的な再編も，略奪による蓄積としてとらえている。略奪による蓄積のなかには，土地や生計手段の権利を奪うことから，過去の労働運動の努力によって得た権利（年金，教育，医療）の縮小，大企業への公的資金注入，さらにはクレジットカードや住宅ローンなどの略奪的貸付までも含みうる。こうした現象は，資本家をますます富ませ，労働者を貧窮化させているが，その手段は農地収奪などマルクスの時代から存在したものに加え，はるかに多様で複雑なものになっている（ハーヴェイ 2011: 457）。

サスキア・サッセンもサブプライム・ローンや外国の投資家・政府による貧しい国々の土地取得，新しい鉱業技術を用いた自然破壊などを取り上げながら，現代の本源的蓄積には非常に複雑な技術や法律の組み合わせが必要だという。これがもたらすのは「単純で残忍な結果」であり，多くの人びとが故郷を追われ難民化したり，住まいを失うなどの憂き目に遭っている（サッセン 2017: 262）。たとえば21世紀初頭，アメリカにおけるサブプライム・ローンは低所得層に住宅を持たせるプロジェクトとして始まったが，そこに数学者や法律家，会計士などが加わり，「利益を増大させる金融プロジェクト」へと変貌を遂げた（サッセン 2017）。この高リスクのローンは，多くがアフリカ系アメリカ人や女性など，従来は金融から排除され，住宅市場でも不利な立場に置かれてきた人びとに差別的に貸し付けられた。2006年の住宅バブル崩壊，これに続く2007年のサブプライム危機による住宅の差し押さえは，マイノリティが多く住む地区に集中した。ハーヴェイは，アフリカ系アメリカ人や女性たちが住宅を失う一方で，ウォール街がこの事業を通じて巨額の利益を得るというその構図は，強奪と合法的強盗を通じた「略奪による蓄積」の現代的事例だと述べている（ハーヴェイ 2011: 461）。

このように，人間の労働や財産などの資源を暴力や強制によって奪うことこそが資本主義のまさに根本にあり，ますます貧富の格差を拡大させていることが明らかにされてきている。だが，その過程はますます巧妙で，複雑でわかりにくくなってきている。

Glossary——用語集

近代化論　冷戦期アメリカの途上国への援助を正当化する社会科学の諸理論。①伝統社会と近代社会を二分法で区切る，②経済，社会，政治の変化は総合的，相互依存的なものである，③近代国家への発展は共通した直線的道筋をたどる，④先進国との接触を通じ劇的に加速するとされる発展途上社会の進歩（Latham, 2000: 4）といった共通点がある。

植民地主義　経済的・軍事的侵略により他国とその住民を支配することをさす。こうした現象は古代にまで遡れるが，15 世紀後半に始まる近代植民地主義は世界的な経済的不平等とヨーロッパにおける資本主義を生み出した点でそれより前の植民地主義とは区別される。

新植民地主義　植民地の独立を認めながらも，実際には開発援助や特恵的な貿易などによって支配－従属的な政治・経済関係を継続しようとする政策のことをさす。

従属理論　1960 年代のラテンアメリカで生まれ，第三世界の理論家たちを中心に発展していった，途上国の停滞や貧困を植民地支配を通じた世界資本主義への包摂の結果とみなす経済社会理論。その思想的・理論的立場や不平等の是正方法についてはさまざまな立場がある。たとえばフランクは，ラテンアメリカの「衛星」の地位からの脱出は資本主義発展によっては不可能とし，社会主義革命をその手段と見た。

世界システム論　ウォーラーステインのいう近代世界システム（資本主義世界経済）は，飽くなき資本蓄積を自己目的化して稼働する，単一の分業からなる。近代国家は，資本蓄積を極大化するために同システムの枠内で発展した構造の一部とみなされる。なお，同システムにおける不均等発展による各地域の中核，半周辺，周辺への分化は，衰退や発展によって入れ替わることもあるとされる。

グローバル化　互いに遠く離れたところで起きる事象の相互依存性が世界規模で高まっていくことをさす（ギデンズ，1993: 84–86）。オックスフォード英語辞典によると，globalization という語の最初の使用例は 1930 年だが，使用頻度が劇的に増えたのは 1970 年代のことである（Oxford English Dictionary）。

Chapter 7 人種とエスニシティ

ヘンリー王子とメーガン妃
（出所） The Royal Household © Crown Copyright
（https://www.royal.uk/wedding-duke-and-duchess-sussex）

Chapter Overview——本章の要約

欧米メディアには今日でも，紙面を「黒人プリンセス」誕生，アメリカ合衆国初の「黒人大統領」といった見出しが飾ることがある。しかし欧米メディアで「黒人」と表象される人々は，じつは「白人」と「黒人」の両親をもつことも多い。このように，人種という概念は実は曖昧である。人種は，エスニシティが社会的境界であるのに対して，科学的境界・生物学的境界であるように使われることが多い。しかし人種もエスニシティと同じように，科学的根拠のない社会的構築物であることが証明されている。ここで，科学的根拠がないことが明らかにされているのに，なぜ社会では人種という概念や，それをもとにした人種差別がなくならないのかという点が問題になる。1990 年代半ばの南アフリカ共和国のアパルトヘイトの廃止をもって制度的人種差別はなくなったといわれている。しかし今日でも，世界には人種をもとにした偏見やジェノサイドがあり，なくなっているとはいえない。これまで欧米の移民受け入れ国では，同化モデル，文化多元主義／多文化主義モデルなど，さまざまな方策で差別や偏見の問題に取り組んできた。在日外国人を増やし続けている日本も，こうした点への取り組みを真正面から取り上げる時期にきている。

Learning Objectives——学修目標

・人種とエスニシティの問題の基本的知識を学修する。
・人の移動および移民問題の基礎を学修する。
・在日外国人を取り巻く環境について学修する。

1 人種とエスニシティ

メーガン妃とオバマ大統領の「人種」

メーガン妃は以前，ファッション雑誌に掲載した記事で，自分の人種的背景について以下のように述べている。

> 私は黒人半分，白人半分です。二分法でははっきりしなくなります。グレーゾーンです。子供の頃，学校の先生が私に白人のチェックボックスに印をつけるよう言ったことがあります。非常に困りました。家に帰ると父が『同じことが起きたら，次は自分自身でチェックボックスを書き加えなさい』と教えてくれました。私は強く，自信に満ちたミックスの女性であることを誇りにしています。(*ELLE U.K.* 電子版 2016年12月22日)

たしかにメーガン妃の写真は，場合によって「白人」のように見えるときもあるし，「黒人」のように見えるときもある。そして何より，メーガン妃は自分が「白人」の父親と「黒人」の母親を持つ「ミックス」の女性であることを誇りとして生きてきたと明言している。それなのに王子との結婚に際し，彼女は欧米各国で「黒人」女性，「黒人」初のプリンセスとして取り上げられる傾向があった。

こういったメーガン妃の欧米メディアでの取り上げられ方は，バラク・オバマ大統領（第44代アメリカ大統領 在位：2009–2017年）の状況とよく似ている。オバマ大統領も，「黒人」の父親と「白人」の母親を持つ人物だが，アメリカ初の「黒人」大統領としてメディアで扱われた。メーガン妃やオバマ大統領の例が示すのは，「人種やエスニシティの区別は，けっして科学的・生物学的なものではなく，人間が恣意的に決めるもの」ということである。実はそれぞれ

「アメリカ初の黒人大統領」
バラク・オバマ氏
（出 所） Official portrait of President Barack Obama, White House

の人種の特徴とされるものも，エスニシティの境界も，科学的には根拠がないことがすでに証明されている。

ところが，そのどちらもが，いまだに現実社会では意味をもつものとして扱われている。たとえばメーガン妃やオバマ大統領が「黒人」であることに関する，大量のニュースがそれである。今でも，世界中のいろいろな国や地域で，それぞれに人種やエスニシティを根拠とした区別，差別や偏見がある。ときには，人種やエスニシティの差別によって，財産や命を奪われる人さえいる。なぜ科学的にははっきりと区別できないものが，現在でも世界中で意味をもつものとして扱われているのだろうか。本章では，その「なぜ」を問い，そのしくみを一緒に考えていきたい。

幻想の境界線

人種という人間を区別する考え方の特徴は，まるで科学や生物学によってきちんとした根拠があるかのような，まやかしの仮面を被（かぶ）っていることである。ところが実は人種とは，昔イギリスやフランスがアジアやアフリカの国々に植民地をつくり，莫大な利益を上げたときに自分たちに都合のいいようにつくった幻想でしかない。イギリスやフランスは，植民地の人びとの財産や権利を自分たちの都合のいいように使うとき，「我々のほうが優秀で，我々の宗教が正しく，我々の文明のほうが進んでいる。だから，それを遅れた人たちに教えてあげているのだ——だから現地の人が嫌がったとしても，自分たちは正しいことをしていると信じていていいし，現地に古くからあるやり方を壊してもいいのだ」と考えてきた。そのとき，「我々のほうが優秀だから（自分たちのしたいようにしていいのだ）」という根拠のひとつとして生まれたのが，人種という人間の区別のやり方や，人種によって人間の優劣を決めるやり方である。

人間は，大昔から，生まれながらの身分や民族を理由に人を区別する考えや制度をもっていた。ただしその理由付けや方法は，時代や地域によっていろいろだった。人間社会では長いこと，洋の東西を問わず，武功を立てて爵位を授かるとか，王子様に見初められてお城に上がる（結婚する）シンデレラ……といった話が語られ，あちこちに残っている。つまり，当たり前ではないにしろ，人の区分は乗り越えられることもあると考えられていた。これが，まるで乗り越えることが絶対的に不可能な，もうまさしく生まれたときから絶対に変えることのできない人の分類が存在するかのようにいわれ出したのが，18世紀半ばから19世紀はじめに発明された人種という人間の分け方だったのである。

人種の分類は生まれつきの科学的・生物学的な違いによる分類であるから，本人の意思や希望で，一生の途中で変えたり，境界を乗り越えたりすることはできないとされた。こうした多元主義的な社会を「科学的」に否定する考えとして生まれたのが，人種であるともいえる。しかし実際には，メーガン妃やオバマ大統領の存在そのものが示すように，世界中の人間を「白人」「黄色人種」「黒人」のたった3種類に明確に分けられるわけではないし，その境界をはっきり線引きできるわけでもない。そもそも，まったく外部の人と混ざり合うことなしに近代を迎えた国や地域は，ほとんどなかったのである。日本人も自分たちを「単一民族」の国だと考えはじめたのは，じつは20世紀半ば以降のことでしかない（小熊 1995）。これは欧米諸国についても似たりよったりで，アメリカはもちろん，イギリスやフランスといった人種差別主義を生んだ国でさえ，大昔から民族大移動や交易，異民族の来襲など，さまざまなきっかけで，人びとは交じりあって生きてきた。

差別主義の変遷

それではなぜ人種という考え方が今でも使われているのか――人種という人間の分類は，あるときは，ほんの一握りの人たちがお金持ちだったり，一部のグループが自分たちの好きなように政治を動かすのを，まるで当たり前のしかたのないことのように思わせる道具となる。

たとえばあるときは，ある人びとが貧しさから這（は）い上がる機会がなかったり，人間としての権利を十分に得られないままでいることを，人種や**エスニシティ**のせいでしかたないと人びとに思わせる役目を果たすこともある。こうした役目のために，どんなに科学者が人種の区別や優劣に科学的な根拠はないといったところで，実際の社会制度や日常生活のなかでは，人種の壁という便利なものを簡単にやめることができないのではないかと考えられている。

こうした，人を人種という考え方やそこに貼りつけられたイメージによって区別するプロセスを，人種化（racialization）と呼ぶ。そしてこの区別をもとにした差別を**人種差別**（racism），人種をもとに人の優越を決めるような考えをもつ人を人種差別主義者（racist）という。またたとえば，南アフリカに昔あったアパルトヘイトや，19 世紀末から 20 世紀のアメリカでいくつかの州がもっていた異人種間婚姻禁止法のように，人種差別が法律などで制度として広まっているものを**制度的人種差別**（institutional racism）と呼ぶ。人種差別にあからさまにもとづいた法律については，アメリカで 1960 年代に展開した公民権運動をきっかけに徐々に減り，1990 年代半ばに南アフリカでアパルトヘイトが廃止されたことで，ほとんどなくなったと考えられている。

ところが生物学的な違いを理由とした人種差別にもとづく法律が減るにつれて，今度は文化的な違いを根拠にした新人種差別（new racism）が増えているという（Barker 1981）。この新しい人種差別は別名文化的人種差別（cultural racism）とも呼ばれ，それぞれの社会で，政治経済の力をもつ人びとの文化を上の文化，それ以外の移民や少数民族の人びとの文化を下の文化と位置づける。そうして，仕事をするとき，住む家を探すとき，結婚相手や養子縁組をしたりするとき，上の文化を持つ人は得をして，下の文化を持つ人は逆になかなかうまくいかないしくみが，社会のなかにいろいろ生まれるという。そうしたしくみは，目に見えるものもあるし，目に見えないままあちこちに広まっている場合もある。

しかし文化の違いを理由にした差別が広まってきている一方で，昔からある生物学的な違いを理由とした人種差別も，あくまでも法律として少なくなっただけで，この世からなくなったわけではない。この，18 世紀以来の人種差別（生物学的人種差別）と，20 世紀後半からはじまった新しい人種差別（文化的人種差別）が両方ともはびこっている今日の様子は，多元的な人種差別（multiple racism）と呼ばれる。20 世紀後半に，昔植民地をもっていたヨーロッパの国々に，経済発展で足りなくなった労働者を補うため，旧植民地諸国を中心としたアジア・アフリカ諸国からたくさんの移民が移り住むようになると，市民権をもつのは誰かという議論のなかで，この多元的な人種差別が広まっていった。

こうしたなかで，批判的人種理論（critical race theory）という考え方も出てきた。これは，法律のうえで平等ということになった今日でも，まだまだ日常生活のなかで，さまざまな種類や形で人種差別があるという。差別される側の「それは差別だ」という言葉は，往々にして差別する側の「いや，差別しているわけではない」という言葉にかき消されてしまう。この一方の言葉や感じ方が，もう一方の言葉でかき消されてしまうという状況こそが，差別される側の弱い立場を示している。これこそが人種差別だというのである。

エスニシティとエスニック・グループ

人種と同じように人間が勝手につくった区別だけれども，人種が生物学的な違いを根拠としているとき，文化社会的な違いを理由とした人の区分が，エスニシティである。ネイションとエスニシティは同じように，自分はそのグループに属していると考えて行動する人がいてはじめて生まれる「想像の共同体（imagined communities）」である。エスニシティが同じというときには，祖先が同じだという気持ちや，言語・宗教・文化的な違いが重要だとされる。

しかしエスニシティの違いもまた，人種の違いと同じように，それぞれの国や地域の文脈に応じて，人間がつくり出した区別や境界である。エスニシティの境界も，エスニシティを決める文化や宗教が同じという分類も，時と場によって変わるものであるし，生まれると同時に運命づけられるエスニシティなど存在しない。しかし世の中は今でも，まるでエスニシティというものがあるかのように動いている。

エスニシティが，まるで生まれながらの変えられないものであるかのようにいわれるとき，この考え方や行動を**原初主義**と呼ぶ。マイノリティの人びとだけでなく，イギリス人とか日本人といった国をもつ人びとも，マイノリティとしてどこかの国で生きる人びとも，同じようにエスニシティをもつ，エスニック・グループである。

エスニック・グループのうち，エスニシティの違いを理由として主要民族グループ（dominant group）にくらべて政治経済的に社会の脇に追いやられているグループの人びとを，エスニック・マイノリティと呼ぶ。エスニック・マイノリティとは，そのグループの人びとの人数が少ないというのではなく，主要民族グループの人にくらべて政治的・社会的・経済的に不利な立場におかれていることを意味している。たとえば，南アフリカではアパルトヘイトという白人に有利で黒人に不利な法律をもっていたが，南アフリカ共和国の人口をみれば，白人の人口は黒人よりずっと少なかった。

主要民族であってもマイノリティであっても，自分のエスニック・グループのなかで当たり前の価値観や常識が世界中で通用すると考えるとき，それは「イギリス人」の常識だろうと，「中国人」の当たり前だろうと，エスノセントリズムであることに変わりはない。エスノセントリズムとは，自分の属すエスニック・グループのやり方や考え方が，ほかのエスニック・グループのものに勝っているという感覚をさしているのだから。

たとえば「勤勉なことはいいことだ」「時間に正確なことはいいことだ」という考え方をほかの国や民族グループの人に押しつけることも，見ようによってはエスノセントリズム（→ch. 2）といえる。こうしたエスノセントリズムは，集団的締め出しとセットになっていることが多い。集団的締め出しとは，たとえば「○○（民族）の人と結婚するなんて」と，特定のエスニック・グループの人との結婚をよくないものとして扱うような排除の装置（exclusion devices）を生み出す。富や権力・社会的地位といったものは，すべての人が誰でも手に入れられるようになるものではない。

よくある例として，その国や地域の主要なエスニック・グループの人たちは，自分がもつ富や権力・社会的地位を守るため，特定のエスニック・グループの人たちが貧しいままで富や地位を得る機会がないのを「○○（民族）の人だからしかたない」と正当化しようと，マイノリティのエスニシティを「勤勉でないから」とか「だらしない人たちだから」と貶(おとし)める。貧しいほうのエスニック・マイノリティは，さまざまな形でそれに抵抗することもある。科学的に存在しないとわかっているエスニシティの境界や，エスニシティごとの特質は，そのようなメカニズムとして便利だから，なかなかなくならないのである。社会学を学ぶ私たちは，エスニシティの違いや特性を建前とした，戦いや対立・不平等な社会のしくみを，建前を外して，本当はなぜ戦っているのか（一部の人の特権に絡む資源や利益をめぐる対立を，エスニシティの建前で覆い隠しているだけの戦争かもしれない），不平等はなぜ続いているのか（一部の人の富の独占を，エスニシティの違いで正当化しているだけかもしれない）などと，分析するという仕事ではないだろうか（Giddens 2017:666）。

偏見とステレオタイプ

特定のエスニック・グループやそこに属する人びとに対する**偏見**は，ステレオタイプにもとづくことが多い。**ステレオタイプ**とは，カテゴリー化と密接な関係にある，「××人はずるい」「××人は怠け者だ」といった，特定の社会のなかで，一般に当たり前のように埋め込まれているエスニシティと結びつけられたイメージである（Brubaker et al. 2004）。ステレオタイプは，たしかに何らかの経験にもとづいていわれることもあるが，なかには排除の装置（displacement devices）として，わざと現実とは無関係につくり出されることもある。

スケープゴート化とは，ある社会で，より強いグループの人びとが，自分たちより弱いグループの人びとに対して，本当は弱いグループの人とは関係ない原因で自分たちが思うようにならないことであっても，そのはけ口として，まるで弱いグループの人たちにその原因があるかのように攻めたり，攻撃したりすることである。たいていの場合，そこには偏見が根付いているもので，そうした攻撃のことを差別というのである。それが戦争などの社会情勢と相まって，**隔離**や**ジェノサイド**の形を取るのは，決してナチスドイツにかぎったことではない。

法律や社会のルールとして定められた差別もあれば，法律では定められていないけれど，実際には社会の人間関係や日常生活のなかで差別がはびこっている場合もある。差別は，差別される側のグループの人たちからチャンスを奪うものだ。差別する本人は，無意識のまま差別をしていることもある。もともと人種という区別や人種をもとにした差別は，白人が優れていると考えようとする考え方（優生学）とセットになってきた。

植民地を支配していた国々では，植民地の住民と，支配するためにそこに住んでいた本国人（イギリス人やフランス人）とのあいだに生まれた人口が増えたときに，人種差別主義や異人種間婚姻禁止法をつくることで，安い労働力として働かせる人が減らないようにしたり，市民権を与えられる人をかぎるのに役立った。また奴隷制によって経済を支えられていた時代のアメリカ南部では，土地や財産を残して死んだ農園主の親類が，農園主と奴隷とのあいだの息子が有色人種であることを理由に相続権を否定し，自分こそが相続者だと裁判に訴えるときに，人種差別が「役立った」。つまり，もともと人種差別は，一部の人たちが権力や財産を守るための道具として生まれ，社会に広まっていったものなのである。

2　移動と人種・エスニシティ

人の移動と国際移民の時代

人類が国境をつくり出すはるか以前から，人ははるかな距離を移動してきた。アレキサンダー大王やチンギス・ハンに率いられた軍隊のような戦争，マルコ・ポーロたちのような商売，三蔵法師のような宗教，鄭和やコロンブスのような冒険など，さまざまな理由で，人は「国境」を越えてはるかな距離を移動してきた。しかし，現代ほど，移動や通信にかかるコストや時間が小さくなり，世界各地で多様な人びとが隣り合って生きることになったのは，人類にとってはじめての経験である。これをスティーブン・バートベックは，超多様性（super-diversity）社会と呼んだ（Vertovec 2009)。交通や情報通信の技術の発展は，国境を越えて移民する人を増やしただけではなく，意味づけも変えた。移民する人びとは，昔のような送出し国から受入れ国へと一度きり・一方向的な移動をするのではない。何度も移動を繰り返し，いくつかの地域のあいだを行ったり来たりする人や，いくつもの国や地域のあいだで移動を繰り返す人も増えた。しかもインターネットや携帯電話を通じて，「離れた」場所にいる人と日常的に連絡を取ることができるようになり，遠くにいる家族やコミュニティに「所属」し続けることができるようになった。つまり，一人の人間が，同時にいくつもの社会と影響を与えあうようになった。社会学が長いあいだ前提としてきた「社会」の枠組みそのものが，大分変わってきた。

スティーブン・カースルズとマーク・J・ミラーは，20 世紀後半以降を国際移民の時代（age of migration）と呼び，その特徴を，移民のグローバル化・加速化・多様化・女性化・政治化・移民過程変遷の普及の 6 つにまとめた。移民のグローバル化とは，ますます多くの国が移民の移動に影響を受けるようになっていることをさす。移民の加速化とは，急速に移民の数が増えていることをいう。また移民の多様化とは，ほとんどの国がいくつもの国や文化を背景にもつ，いろいろな立場の移民を同時に抱えていることを表す。移民の女性化とは，昔は移民には男性が多かったけれども，1960 年代以降は多くの女性も移民労働者となったことをいう。また移民の政治化とは各国の安全保障に移民が与える影響が強くなっていることをさし，移民過程変遷の普及とは，かつては移民の送出し国だった国々が，送出し国でありながら受入れ国となっていたり，いったん受け入れた移民をまた別の国へ送り出す通過点になっていることをさす（Castles and Miller 2009:16, 17＝2011:13, 14）。こうして人の移動や情報交流が盛んになった結果，地域ごとの経済的なつながりが強くなったり，文化的な相互影響が強くなっている。それぞれの社会は，今までになく多様になってきているのである。

マイノリティ政策の変化

それぞれの国の主要民族グループと移民との暮らしぶりはいくつかのモデルで分析されているが，同化モデルからいくつかのモデルを経て多文化主義モデルへと変わってきた例が代表的だろう。**同化モデル**とは，つまり「郷に入っては郷に従え」の政策である。同化モデルでは，移民は，移り住んだ土地にもともといた人びとの言葉や考え方を学び，合わせることで，やがてその土地の主流社会の一員になっていく（同化していく）と考える。たとえば19世紀終わりから20世紀はじめにかけてアメリカに移り住んだ日系・韓国系や中国系アメリカ人たちは，子どもたちに英語教育を受けさせ，その子どもたち（2世）は志願してアメリカ軍の一員として戦った。彼らは速やかに「アメリカ人」化したモデル・マイノリティと呼ばれた。しかし，彼らがどれほど努力して「完璧な英語」や「完全にアメリカ人らしい文化」を身につけたとしても，外見やルーツをもとにした人種差別は日常生活のどこかに潜んでいる。「この苗字の人は，実は祖先が○○だ」といった言い方などが，たとえばそれである。つまり，どのように努力をしたとしても，どのように時間が経ったとしても，マイノリティが完全に主流社会のメンバーになったと，主流社会の人びとに認められることは難しい。その一方で，社会全体が同化モデルを掲げる限り，主流社会のメンバーから「同化していない」と判断されたマイノリティの人びとは，主流の人たちにくらべて，不利な場面や差別を受ける場面があっても，しかたがないということになってしまう。

これに対して，マイノリティの言語や価値観も，主流民族の言語や価値観と同じように価値があるという考えにもとづいた政策が，**多文化主義モデル**である。これは，文化的には多様な人びとが，それぞれに異なる文化を守りながらも，同じ国民として政治に協力していくことを目指すモデルである。1970年代からカナダやオーストラリアといった移民立国ではじまった多文化主義政策は，その後フランスやドイツといった西欧の国々でも採用されるようになっていった。しかし実際には，多文化主義モデルは，主流社会の人びとのイメージや考えにもとづいて，文化を区切ったり，文化の中身を固定したりせざるをえない。たとえば「東アジア文化」の伝統的な考え方といっても，中国人と韓国人と日本人の考え方はまったく同じではない。しかも100年も前に移住した日本人の子孫である「日系人」と，21世紀に入ってから留学や仕事・結婚を理由にアメリカに住むことになった日本人とで，「同じ日本人」として文化的なものを共有しているかといえば，うまく一致しない部分もある。多文化主義政策は結局，エスニシティや文化とは何か，その境界や「本物の文化」とは何かといった問題に突きあたってしまうのである。こうして，2000年代に入ると多文化主義政策は必ずしも多様な人びとがともに暮らす社会で，有効な政策とばかりはいえないと考えられるようになってきた。

ディアスポラのアイデンティティ

同化モデル，多文化主義モデルはどれも，そもそも主要民族と移民やマイノリティからなるエスニック・グループがあるという考えにもとづいている。ところが，今日われわれが暮らす多様な社会では，もはや国民か移民かという単純な二項対立では，それぞれの人の社会的・経済的・法的な立場を見分けるのが難しい。たとえば，ディアスポラという研究対象がある。もともとこれは，ユダヤ人やアルメニア人を典型的な例として，何らかの理由で故郷に住めなくなり，ときに何世代も故郷から離れて生活を送るグループの人びとをさしてきた。しかし1990年代を境に移民の多様化が進んでくると，さまざまなグループをディアスポラと呼ぶ場合が増えてきた。ロビン・コーエンは，ディアスポラにはさまざまなケースがあり，アメリカにいる，アフリカから連れられてきた奴隷の人びとを祖先とする人びと，植民地時代に本国イギリスに労働力としてわたった人の子孫，東南アジア各地でビジネスを展開する華人なども皆，ディアスポラだという（Cohen 2003＝2012）。これらの人びとは，暮らしている国の主流民族とは別のアイデンティティを守り，祖先が住んでいた故郷とのつながりを意識し続けるという点が共通しているというのである。そしてこれらの人びとは，それぞれが暮らす社会に多様性という「糧」をもたらす存在だというのである。

3 在日外国人

国籍と居住地の多様性

日本もまた，ほかの多くの国々と同じように，誰が日本人で誰が外国人かの境界が曖昧な，多様な社会である。現在の日本には，そもそも法律のうえで移民の存在が考えられておらず，移民法という名の法律は存在しない。しかし実際には，日本にはニューカマーとオールドカマーを合わせて，数多くの移民やその子孫が暮らしている。オールドカマーとは，1980 年代以前に来日した人とその子孫をさし，一般的に**在日**の人びとをさすことが多い。ニューカマーとは，1980 年代以降来日した人びとをさし，出身国や出身国での背景，日本に来た経緯や，来日後の生活状況はさまざまである。たしかなことは，このあと見ていくとおり，日本もたしかに超多様性の時代を迎えようとしているという一点である。

日本では国勢調査の際に調査時点で日本国内に居住するすべての世帯を対象として統計を取っている。これによると 2020 年 10 月現在の日本人の人口は約 1 億 2615 万人である（総務省統計局）。一方で，日本で 3 カ月以上滞在するビザを所有する外国籍の人の数は毎年の在留外国人統計にまとめられ（ただし各国外交官と在留軍人およびその家族は除かれている），これによると 2020 年 12 月時点の日本で暮らす外国籍の人の数は約 287 万人である。ここからいえるのは，今日，日本で暮らす人の約 2.3%，おおまかに 50 人に 1 人は外国の国籍をもっているということになる。

こうした人びとのうちもっとも多い在留資格は永住者（約 78 万 3000 人で在留外国人中 27.3%）で，次に多いのは特別永住者（約 31 万 8000 人，同 11.2%），これらを合わせると在留外国人統計に数えられている人のうち約 39%，だいたい 5 人に 2 人は永住者ということになる。そのうえ 1966 年から 2016 年までの約 50 年間を見ても外国籍から日本国籍に帰化した人は 50 万人ほどおり（法務省民事局），これらの人びとは上記国勢調査で「日本人」として数えられている。また日本で出生登録された両親ともに外国籍の人（現在の日本の法律では，日本国籍は付与されない）は，1985 年以降，毎年約 1 万人ずついる。目を転じればフィリピンの JFC（Japanese-Filipino Children），タイの JTC（Japanese-Thai Children）に代表されるように（詳細は Suzuki 2017, Ishii 2016），日本国籍をもちながら，外国で育ち，成人している人びともいる。さらに世界中には，駐在員やその家族を含め，多くの日本国籍者が散らばって暮らしている。つまり，外国籍だけれども日本で生まれ育つ人や，外国籍だけれども永住者として日本で生きている人もいれば，日本国籍だけれども外国で暮らしている人もいる。日本に関わる人びとの中にも，国籍と暮らしている国が一致していないケースが増えている。

国籍とアイデンティティ

それどころか，だんだんと単純な日本人－外国人という区分自体が，意味をなさなくなってきている。1980年後半以降，日本の役所に届け出られる新規婚姻登録のうち50組に1組は，夫婦のうちどちらかが外国籍であり，日本の役所に届け出られる出生登録のうち50人に1人は父母のうちどちらかが外国籍である。これらの人びとは，少なくとも成人年齢に到達するまでは父方・母方両方の国籍をもつ二重国籍であることが多いだろう。

また1985年以前に父外国人・母日本人の両親から生まれた人は生まれながらにして日本国籍を取得できなかったので，父外国人・母日本人の人が「外国人」として出生登録されている人びともいる。こうした人びとは，たとえ日本で生まれ育っていても上記統計上は「外国人」として分類されている。それに加えて，日本国籍だが外国人として生きる（こともある）人，外国籍だが日本人として生きる（こともある）人が増えている。今日，日本人と外国人の境界が曖昧になりつつあるし，そこに境界を設ける意味も変わりつつある。

アマルティア・セン（1933–）は，一人の人間のアイデンティティは決して一生を通してひとつだけ，一生変わらないものではないといった（Sen 2006＝2011）。実際には，一人の人間は，いくつものアイデンティティを，同時に矛盾を感じずにもっていることができる。アイデンティティは，時間が経てば変わることもあるし，時と場によってアイデンティティを変えることも，いくつものアイデンティティのあいだを行ったり来たりすることもある。

日本は1900年代初頭から1970年代にかけて海外へ移民労働者を送っており，海外にいる「日本（人）」ディアスポラも多い。一方で，日本の中にもディアスポラはいる。その一例が，「在日」である。在日韓国・朝鮮人という言葉からは日本に住んでいる韓国人・朝鮮人という印象を与えるが，一般的に，韓国で生まれ育った韓国人が，留学や就職でやってきて日本で暮らしていても，在日とは呼ばない。在日という語は，日本で生まれ育ち，日本語を母語とし，多くは日本の教育を受け，日本で就職して日本で家庭を築き，「普通に」社会のメンバーとして生きている人びとのことをさす場合が多い。

在日の人びとは19世紀末から1945年までの日本が台湾や朝鮮半島を（実質）支配した時期に，さまざまな形で来日し，そのまま第二次世界大戦終了を迎えた人びとそその子孫をさすことが多い。第二次世界大戦が終わって帰国した人びともいたが，台湾も朝鮮半島も第二次世界大戦後しばらくは政情不安が続いており，また生活の基盤や家族が日本にあるという理由で，帰りたくても帰れない人もいた。1970年代まで日本には日本国籍でない人は就けない職業がいくつもあった。しかし1980年代に青年期に達した在日2世の人びとのなかに，試験を受けること自体は日本国籍でないと受験できないという取り決めがない資格試験を受けて合格点を取り，その後に国家資格が与えられなかったり，採用されなかったりしたところで裁判に訴える人が出てきた。こうして彼らは合法的な手段で，日本の特定の職業には国籍がないと就けないという法律や条例を廃止していった。

これと同じ時期，それまで日本国籍がなければ加入できなかった国民健康保険や国民年金についても，在日の人びとは合法的な手段で裁判に訴え，苦労のすえ権利を獲得していった。「在日」の法的地位は，韓国籍もしくは朝鮮籍をもつ特別永住者の人をさすとされることが多い。しかし，3世・4世と世代が下るにつれて，帰化や日本国籍者との通婚といったものを経て，日本国籍をもって「在日」のアイデンティティをあわせもつ人も増えている。彼らの中には「在日」として生きる人もいれば，日本人として生きる人もいる。またその両者を行き来しながら生きている人もいる。いずれにしても，日本国籍でないと就けないというきまりを廃止した職業が増えたとか，日本国籍を取得した3世・4世以降の人が増えたとか，そうした側面に焦点をあてて，「在日」というエスニック・マイノリティに対する不平等が日本社会からまったくなくなったと考えることは，危険である。

差別への気づきとグローバル化，そしてその先の時代へ

アンソニー・ギデンズ（1938–）がいうように，差別への気づき（awareness of discrimination）は，多様化した社会において忘れてはいけない事柄である（Giddens and Sutton 2017）。ギデンズによれば，実際には，エスニシティのほ

かにもジェンダー，年齢，社会経済的な階層，障害の有無など，いくつもの要因が複雑に絡み合ったところに社会的不平等が生じるのである。大切なことは，当たり前のやり方のなかに，差別する側の人びとは気づかないまま，された方は差別されていると感じることがたくさんあるということに，気づくことである。最近では，「××人は危険だ」というイメージを政治やメディアが煽(あお)る，モラル・パニックも増えている。これに乗って差別をしてもいいものだと思ってしまう人が増えることは，もっとも避けなくてはならないことのひとつだろう。

今日までにグローバル化が進み，世界はこれまでにないほど大量の人とモノと情報が国境を越えて移動を繰り返している。移動の経路はとても複雑で，多様になった。また情報化が進んだことで，遠い場所－近い場所の距離感や，国民－移民－難民の境界など，さまざまなものが曖昧になってきた。この結果，いろいろなものの意味が変わってきている。今日では，どの社会で暮らす人もこれまでにないほど「他者」との接触の機会が増え，どの社会も多様な人びとが暮らす社会となった。同時にいくつもの社会と互いに影響を与えあう人やモノも増えた。

しかし，現代を生きる私たちは，多様な価値観を受入れ，多様な制度をうまく適合させあって，多様性を強みとしてうまく飼いならすことができているだろうか。逆に，排外主義的な考えや制度，新しい差別が世界に浸透しはじめているといえないだろうか。人やモノ・価値観が境界を越えて移動し混ざりあっていけば，人種やエスニシティといった境界は，ますます曖昧になる。生物学的な人種やエスニシティの境界が曖昧になればなるほど，こんどは差別や偏見・排除の根拠として人種やエスニシティのイメージが焼き直されて広まり，排外主義を支えている。多様性を豊かさの源として活かすことができるか，理不尽な争いや排除に苦しむ社会にするかは，そこに生きる人びと次第だろう。

Glossary――用語集

1節のキーワード

人　種　社会における階層化とその維持システムの根拠として生み出された人間のあいだの区分と分類のうち，遺伝的・可視的な形質の違いをもとにするとされるもの。社会における権力と不平等を再生産する機能を持つ。

エスニシティ　歴史にもとづくとされる文化実践等を共有するコミュニティのメンバーがもつ，それ以外の人びととの文化的側面の違いにもとづいた自己認識。またはそれを当該コミュニティの外側から認識すること。しばしば「人種」概念との区別が曖昧なことがある。

人種差別　人種概念にもとづいた，支配と搾取を正当化する社会構造に埋め込まれた支配システムの一形態。またそれを内化した個人の意識や態度のこと。

制度的人種差別　人種差別にもとづいてつくられたマイノリティにとって不利になるような制度や社会的なしくみのこと。たとえば代表的なものとして，1948–1994 年に実施されていた南アフリカのアパルトヘイトがある。

原初主義　エスニシティを生得的なものとする考え方。相対する味方に，道具主義や状況主義がある。

偏　見　自分をあるグループに属すと考える人が，別のグループに属すとみなす人に対して確たる根拠なく抱く否定的な見方。

ステレオタイプ　偏見に伴って生まれる，あるグループとそこに属する人びとに対する固定的なイメージ。

スケープゴート　ある社会で，より強いグループの人びとが，自分たちより弱いグループの人びとに対して，社会的不満のそのはけ口として，まるで弱いグループの人たちにその原因があるかのように攻めたり，攻撃したりすること。

隔　離　人種や民族を理由に，ある社会のマイノリティをほかの人びとから物理的・空間的に引き離すこと。これによって，ドミナント・グループの優位性が保持される。

ジェノサイド　国民・民族・人種または宗教的な集団を破壊する意図をもって，その集団構成員に危害を加えたり，殺害したり，出生を妨げたり，またはその集団の子どもたちをほかの集団に強制的に移すこと。

2 節のキーワード

同化モデル　エスニック・マイノリティは，主要民族の社会習慣や文化的価値観に合わせるべきだとする政策モデル。大抵の場合，どの社会にも完全に同化できない人びとが存在する。

文化多元主義／多文化主義モデル　文化的には別々の文化を持つ人びとが，社会的には対等な権利を保障されて生活すべきだとする政策モデル。

3 節のキーワード

在日外国人　日本の人口の約 2% を占める，外国籍を持ちながら日本で暮らす人びと。オールドカマーとニューカマーに分けて分析されることが多い。

Report Assignment——レポート課題

・グローバル化が進んだ今日，人種や民族の違う人びとのあいだの相互理解が以前より進んだと思いますか。また，そう考えるのはなぜですか。

・オリンピックやワールドカップの日本代表は，どのような条件を満たした人がなるべきだと思いますか。またそう考えるのはなぜですか。

Reading Guide——読書案内

①竹沢泰子『日系アメリカ人のエスニシティ——強制収容と補償運動による変遷〔新装版〕』東京大学出版会，2017 年

日本では，日本人が有色人種として差別される側にもあるという議論をする人は少ない。しかしそれを直視してこそ，差別する側としての議論も真摯なものとなる——そのための主要な文献が本書である。

②テッサ＝モーリス・スズキ『批判的想像力のために——グローバル化時代の日本』平凡社，2013 年

本書では，多様性を包摂する社会としての日本とはどのように成立可能かを，「批判的想像力」を鍵概念として論じている。

③川島浩平『人種とスポーツ——黒人は本当に「速く」「強い」のか』中公新書，2012 年

本書は，「黒人の身体能力は生まれつき優れている」という言説を軸に，人種とスポーツの関係を歴史的にたどることを通じて，人種という概念の曖昧さと多様性を無視した人種分類そのものに疑問を投げかけている。

Chapter 8 ジェンダーとセクシュアリティ

（出所） 情報産業労働組合連合会ウェブサイト。
（http://ictj-report.joho.or.jp/1801-02/sp05.html）

Chapter Overview――本章の要約

あなたは性別によって期待されるふるまいが異なったり，適用される評価基準が違ったりすることに疑問をもったことはないだろうか。そもそも本当に性別は女性と男性の二つしかなく，性的魅力を感じるのは「異性」に対してだけなのだろうか。実際にはもっと多様な性別や性愛のあり方があるのではないか。このような問いこそが，ジェンダー・セクシュアリティ論への第一歩である。

一見するととても「個人的なこと」のように思われる性別や性もまた，社会的規範の浸透によって成り立っており，一定の社会的パターンや社会秩序を形成してきた。ジェンダー・セクシュアリティをめぐる社会秩序のあり方をとらえ直し，それが引き起こしている社会問題への対策を考えていくのが，社会学的なジェンダー・セクシュアリティ研究である。

Learning Objectives——学修目標

・ジェンダー論の基本的なパースペクティブを理解する。
・多様なセクシュアリティおよびジェンダーアイデンティティを理解するための基礎概念を学ぶ。
・性別二元論的で異性愛主義的なジェンダー秩序がもたらしてる社会問題を把握し，それへの対策の見通しをもつことができる。

1 ジェンダー研究とは何か：性差別批判

ジェンダー・セクシュアリティという分析視点

性別や性をめぐる社会現象を分析し，そこで起こっている社会問題にアプローチするのがジェンダー・セクシュアリティ研究（gender and sexuality studies）である。

性別や性に関する社会規範は，日常生活のあらゆる場面で作用している。家庭，学校，職場はもちろん，交通機関，繁華街，店，レジャー施設，メディア空間，マンガ・アニメ・ゲーム・映画などの作品世界，そして個人が自室で耽(ふけ)る性的空想までありとあらゆる場に，性別や性をめぐるルールが浸透している。

ジェンダー・セクシュアリティ論はこのどれも研究対象にすることができる。実際，すでに各テーマにおける充実した議論があるが，ここではジェンダー・セクシュアリティ研究を形成してきた根本的な構造を解説していく。

セックスとは異なるジェンダー

英語では「性別」に関する異なる二つの言い方がある。生物学的・身体的な性別をさす**セックス**と，社会的・文化的な性別をさす**ジェンダー**である。

「女（female)」か「男（male)」かで区別されるのがセックスである。セックスは，外から見ることのできる外性器や，身体内部の生殖器である内性器，卵巣・精巣などの性腺，XX や XY といった性染色体，テストステロンやエストロゲンなどの性ホルモン分泌量などによって判断されてきた。出生時に医師によって割り当てられる性別は，多くの場合外性器の形を基準にしており，外性器の「未発達」等によっていずれにも分けることができないケースは，医学的には「性分化疾患（disorders of sex development/differences of sex development)」，生物学的には「間性（intersex)」と分類されている。実際，一人の身体においても外性器と内性器，性腺，性染色体，性ホルモン分泌量の間で性別（セックス）が「食い違う」ケースや，どちらにも分けられないケースがある。そのため，生物学的・身体的にみても性別（すなわちセックス）は必ずしも女性か男性かの二つに分けられるとは限らず，多様であることが明らかになっている（Fausto-Sterling 2012＝2018）。

ところで，日常生活の多くの場面において私たちは相手の性別を了解するさいに，相手の「外性器」や「性染色体」を見て判断しているわけではない。一定の「女らしい（feminine)」もしくは「男らしい（masculine)」服装やふるまい，言葉づかいなどを手がかりにしている。このような，「社会的な性別らしさ」からなる性別のことをジェンダーという。ジェンダーによって，人は「女性（woman)」か「男性（man)」かに区別されてきた。

「セックス」と「ジェンダー」の区別を最初に提起したのは，1950年代に性分化疾患の臨床治療にあたっていた臨床精神科医である。性器が「未発達」の状態で生まれた性分化疾患の子どもは，その養育環境次第で，女性もしくは男性として「健全に」発達できるという立場を打ち出したアメリカの臨床科医ジョン・マネーやロバート・ストーラーらによって，「セックス」とは異なる「ジェンダー」という考え方が提起された。ここで，先天的な「自然（nature)」としてのセックスと，後天的な「養育（nurture)」によって学習されるジェンダーという区別の枠組みが確立した（Money and Tucker 1976＝1979; Stoller 1968＝1973）。

このようなセックスとジェンダーを区別する枠組みは，1960年代末から始まった第2波フェミニズムの思想的基盤ともなってきた。この時期以降のフェミニズムは，生物学的な性差（セックス）を根拠にして社会的な性別役割（ジェンダー）を正当化する考え方を批判してきた。というのも，「女性は子どもを産む生殖器を持っているのだから，家事育児をするのが自然だ」という考え方こそが，人を性別役割に縛りつけ，性差別（sexism）を温存させるからである。性差別とは，性別ごとに異なる社会的待遇がなされることをさす。

第2波フェミニズムを背景とするジェンダー論

すでに「第2波フェミニズム」という言葉を使ってしまったが，そもそもフェミニズムとは何なのだろうか。**フェミニズム**とは，女性に対する差別的な社会制度の是正を求める社会運動および学的営為のことをさす。社会の変化とともにフェミニズムはその主要論点や運動形態を変えながら継続されてきた。

第1波フェミニズムとは19世紀後半から20世紀初頭の運動をさす。財産相続権や婦人参政権といった権利の平等を目指す運動や，公娼制廃止運動や産児制限運動といった女性の社会的地位を向上させることを目指す運動であった。

第2波フェミニズムは，1960年代の人種差別反対運動や学生運動，反戦運動，環境運動などの高まりとともに「女性解放（women's liberation）」を目指す運動として始まった。日本ではこの運動は「ウーマンリブ」と呼ばれることが多い。主張内容の特徴は，法的権利の平等を求めるだけでなく，日常生活における慣習レベルの不平等に対する異議申し立てをしてきたところにある。具体的には，「男は外で働き，女は家を守る」という性別分業や，性愛関係を通した男性による女性支配の問題を告発してきた。

このような第2波フェミニズム運動の高まりのなか，1970年代から続々と「女性学（Women's Studies）」の授業が開講されるようになり，学会や学術雑誌が創設されて，学的制度化が進んでいった。日本でも1974年に井上輝子（1942–2021）が和光大学で「女性社会学特講」を開講したのを皮切りに，女性学が開講されるようになり，1977年に「国際女性学会」（現「国際ジェンダー学会」），1979年に「日本女性学会」が設立された。そして，1990年代には「男性学」も含む総合的なジェンダーについての学問領域としてジェンダー研究（gender studies）が世界的に確立していく。

第2波フェミニズムと同様，学的領域としてのジェンダー研究においても，セックスとジェンダーの区別は重要なものとなってきた。生物学的な身体の性差（セックス）を性別の本質的特徴とする考え方は本質主義（essentialism）と呼ばれ，多くのジェンダー論研究者によって厳しく批判されてきた。セックスにもとづいてジェンダーが一義的に決まるはずだという性別観や，そもそもセックスとジェンダーの区別を認めず，ジェンダーという言葉の使用に反対したりする態度が，本質主義に当たる。

それに対して，多くのジェンダー研究がとってきた方法論的立場が社会構築主義（social constructionism）である。セックスとジェンダーは異なるものであり，ジェンダーはこれまでの歴史や文化的経緯のなかで構築された社会的ル

仕事のジェンダー化

「男性は主体的活動を行い，
女性は補助的活動（世話など）をする」

セクシュアリティのジェンダー化

「男性が性欲の主体であり，
女性は性欲の対象である」

図 8-1　ジェンダー秩序

ールであって，必ずしも生物学的な性差（セックス）から必然的に導かれるものではないという考え方を基本とする。

この方法論的立場から，20 世紀後半の日本社会で成り立っていたジェンダーをめぐる社会的パターンを体系的に明らかにしたものとして，江原由美子(1952-）の『ジェンダー秩序』（[2001］2021）がある。そこで次に，この名著を引きながら，その具体的内容を理解していこう。

ジェンダー秩序

江原によれば，ジェンダー秩序（図 8-1）は仕事のジェンダー化とセクシュアリティのジェンダー化から成り立っている（用語は，現在よく用いられている用法に合わせて一部修正した）。

まず，仕事のジェンダー化とは「男性向きの仕事／女性向きの仕事」という発想にみられるような，ある仕事とジェンダーを強く結びつける思考や実践，社会的制度のことである。江原によれば，「女性は人の世話をする仕事が向いている」というパターン化された思考が，最も根本的なジェンダーパターンである。これにもとづいて，「男性は外で働き，女性は家で家事育児をする」という家庭内性別役割分業や，男性は主体的活動をし，女性はそれを支える補助的活動をするといった性別分業が正当化されてきた（江原 2001: 126)。

次に，セクシュアリティのジェンダー化とは，ジェンダーに性欲のあり方が異なるという発想に見られるような，セクシュアリティとジェンダーを一定のパターンで結びつける思考や実践，社会的制度のことである。江原によれば，「男性」には，自らの性欲にもとづいて主体的に性行動を行うという行動パターンが結びつけられ，「女性」には「性欲の対象」であり受動的にふるまうという行動パターンが結びつけられているというジェンダーパターンがある（江原 2001: 142)。

さらに，この二つはそれぞれが各領域で作用するだけでなく，複合的に作用することで，男性の性欲の「世話」をするのが女性の「役割」であるという，女性への性暴力や性被害を引き起こしかねない規範をもたらすこともあり，深刻な問題を含んでいる（江原 2001: 155–158）。

二つの原理からなるジェンダーパターンは**性別役割**として人びとに了解され，遂行されてきた。だが，このような性別によって異なる役割が遂行されるような社会制度こそが，現代における家父長制支配の存続であるとも論じられてきた。**家父長制**とは，もともと「家長」である父や夫が，法的権限や社会的権威にもとづいて家族成員を支配する家族制度およびそれを基盤にした社会的な支配体制のことをさす。第２派フェミニズムでは，性差別的な社会構造のことが家父長制と呼ばれてきた。現代でもなお国会議員や会社役員の男性割合が圧倒的に高くなっており，このような権力のジェンダー非対称性は家父長制がいまだ健在であることを端的に指し示すものである。

以上より，ジェンダー研究は「セックス」と「ジェンダー」の差異に依拠しながら，性別をめぐる常識への異議申し立てを行い，社会の性差別構造を解明することで発展してきた学問領域である。

2 セクシュアリティ研究とは何か：異性愛中心主義批判

生殖に限定されないセクシュアリティ

セクシュアリティとは，生殖のための性行為に限定されない多様な性のあり方を含んだ言葉で，あらゆる性的欲望や性行動，性をめぐる知識，空想（ファンタジー），性的アイデンティティ，性的文化などのことを意味する。なかでも**性的指向**（sexual orientation）とは性的関心や性的欲望がどのような人や対象に向かうかをさす言葉で，たとえば「自分の性的指向は女性だ」というかたちで用いられる。

セクシュアリティ研究（sexuality studies）の確立の基盤に社会運動があるという経緯は，ジェンダー研究と同様である。1960 年代後半から大きなうねりとなった「ゲイ解放（gay liberation）運動」は，異性愛中心主義的な社会のなかで同性愛が「あたかも存在しないかのように」扱われているという現状を批判してきた。同性愛に誇りを持つことを称揚する「ゲイ・プライド」を通してゲイアイデンティティを肯定し，カミングアウトによってゲイの社会的可視化を推奨しながら，同性愛を「病気」や「逸脱」，「恥」などととらえる差別的待遇への異議申し立てを行ってきた。

また，ゲイに限らない多様な非異性愛者が自分たちをさす言葉として用いるようになった「クイア」という呼称も重要なものとしてある。「クイア」とはもともとセクシュアルマイノリティに向けられた侮蔑的な呼び名であったが，当事者たちが連帯にもとづいてその否定的意味を逆転させ，自らをさす肯定的な名前として挑発的に用いてきた。

このようなゲイ解放運動やクイア運動の興隆を背景にしながら，文学，哲学，倫理学，心理学，医学，社会学，法学，政治学等を横断する学際的な研究領域として確立してきたのがセクシュアリティ研究である。日本の社会学領域では，「同性愛」をめぐる歴史的研究（赤枝 2011; 前川 2017）やゲイコミュニティ研究（森山 2012；砂川 2015），ゲイをめぐるポリティクスの分析（河口 2003; 新ヶ江 2013）が進められてきた。異性愛男性のセクシュアリティに関する歴史社会学的研究（赤川 1999; 澁谷 2013）や，ボーイズラブ（BL）愛好者に見られる女性のセクシュアリティについての研究（守 2010; 溝口 2015）など，多様なセクシュアリティ研究の発展が見られる。

日本の大学ではいまのところセクシュアリティ研究は，「ジェンダー・セクシュアリティ論」のようなかたちでジェンダー研究との抱き合わせで開講されたり，「クイアスタディーズ」というかたちで開講されたりしている。北米の大学で開講されている「セクシュアリティ研究」は，性的アイデンティティや性表現，リプロダクティブ・ヘルス／ライツ，セックスワーク，セクシュアリティによる社会制度の政治的問題を，自然科学的知見と人文社会科学的な知見とを横断しながら扱う領域となっている（Fischer, Westbrook and Seidman 2022）。

セクシュアリティの多様性

さらに2010年代には，性的指向を分類軸とする多様なセクシュアリティについての議論が活発化した。男性と女性の両方に性的に惹かれるバイセクシュアル，性的な惹かれを経験するさいに相手の性別によらないパンセクシュアル，人に対する性的な惹かれを持たないアセクシュアルなどがある。

なかでも「アセクシュアル」という用語は，一切の性的関心を持たないことと，そのほかのセクシュアリティとの「間」に位置する多様な性的指向の総称であり，したがって多様な中間的形態を含んでいる。「人と性交すること」や

「性的なことがら」に対する関心が低い人や，他人や自分について性という観点で考えることが少ない人，二次元のキャラクター等に対する性的関心はあるがリアルな人間に対する性的関心がない人など，多様なセクシュアリティのあり方が明らかになってきている（AVEN，松浦 2021, Przybylo 2022）。また，性的指向が変化する「セクシュアル・フルイディティ（fluidity）」の研究も重要なものとしてある（Diamond 2009）。

以上より，セクシュアリティ研究は「セクシュアリティ」と「ジェンダー」のつながり方を問い直し，異性愛中心主義批判を主要論点として立ち上げながら多様なセクシュアリティのあり方を問い直すことで発展してきている。

3 トランスジェンダー研究とは何か：性別二元論批判

ジェンダーアイデンティティ

ジェンダーアイデンティティ（性自認・性同一性）とは，自分の性別に関する認識や感覚のことで，「自分は女性だ」（もしくは「男性だ」や「どちらでもない」，「X ジェンダーだ」……など）というかたちで言い表される。ジェンダーアイデンティティは，本人自らが属していると認識している性別集団のことであり，既存社会が男らしいとか女らしいとみなす性別役割に即したふるまいを一貫して行っているかどうかとは，本来別のことである（佐々木 2017）。

また，ここまでのセクシュアリティ研究の議論を踏まえればわかるように，性的指向とジェンダーアイデンティティもまた独立である。つまり，「男性が好きだから，その人のジェンダーアイデンティティは女性だ」と決まるわけではない。

トランスジェンダーとは，出生時に割り当てられた性別（assigned sex at birth）とジェンダーアイデンティティが異なることをさす。出生時に割り当てられた性別が男性でジェンダーアイデンティティが女性の場合，「トランス女性」もしくは「MtF（Male to Female の略でエム・トゥー・エフやエム・ティー・エフと発音する）」という。出生時に割り当てられた性別が女性でジェンダーアイデンティティが男性の場合は「トランス男性」もしくは「FtM（Female to Male の略）」という呼称が，当事者によっても広く用いられている。

これに対して，出生時に割り当てられた性別とジェンダーアイデンティティに齟齬（そご）がない人のことを「シスジェンダー」と呼び，「シスジェンダー女性」

や「シス女性」(「シスジェンダー男性」「シス男性」) という。

トランスジェンダーをめぐる歴史的経緯

トランスジェンダーは，1950 年代のアメリカの医学的・法学的な制度において「性同一性障害（Gender Identity Disorder, GID)」と呼称されるようになった。1990 年代に「トランス解放（trans liberation）運動」がゲイ解放運動から独立するかたちで活発化し，性別適合のための医療アクセス権の保障とトランスジェンダーの脱病理化，トランスジェンダーに対する制度的差別の是正を求めて活動してきた。「トランスジェンダー」という呼び名はこの時期のトランス解放運動で広がったものであり，このなかで「シスジェンダー」という語も生み出されてきた（Enke 2013)。

2010 年代にはトランスジェンダーを「病気」や「障害」ととらえることへの批判が世界的に強まり，脱病理化が進められてきた。2013 年にはアメリカ精神医学会の診療基準である「精神障害の診断と統計マニュアル第５版（DSM–5)」から「性同一性障害」の語が削除され，「性別違和（Gender Dysphoria)」が正式名称となった。2019 年には，世界保健機関（WHO）の「国際疾病分類」改定版（ICD–11）において「性同一性障害」が「精神障害」の分類から除外され，「性別不合（Gender Incongruence)」と表記されるようになっている。

これに対して，日本では 2003 年に成立した「性同一性障害者の性別の取扱いの特例に関する法律（以下，通称名である「特例法」と表記する)」以降，現在に至るまで「性同一性障害」という語が，法律上の公的な呼称となったままである。また，日本の特例法は，性別適合手術を受けていることや未成年の子どもがいないことといった他国と比較しても大変厳しい条件を満たした者に限って，法令上の性別の取扱いおよび戸籍上の性別記載の変更を認めている。トランスジェンダーの人権を守るためには，医療的な性別適合手術や医療者による診断書等の要件なしに性別変更を可能とする法整備が必要となっている。

ジェンダーアイデンティティの多様性

2010 年代には多様なジェンダーアイデンティティの可視化が，日本を含め世界的に進んだ。男性でも女性でもないジェンダーアイデンティティとして「ノンバイナリー」や「ジェンダークイア」，「X ジェンダー」（これは日本の当事者によってよく用いられているノンバイナリーなジェンダーアイデンティティを表すものである),「グレージェンダー」,ジェンダーがないことを意味する「エイジェンダー(agender)」や「ジェンダーレス」,そして流動的なジェンダーアイデンティティをさす「ジェンダーフルイド」などがある(Young 2019＝2022)。

このような,必ずしも「異性」へ移行するとは限らない多様なジェンダーアイデンティティのあり方を指し示す包括的概念(umbrella term)として,現在「トランスジェンダー」という概念が用いられるようになっている。

以上より,トランスジェンダー研究は,ジェンダーアイデンティティというパースペクティブから,「セックス」と「ジェンダー」の関係を新たに再考する学的領域として現在展開しているところである。

4 ジェンダー・ベースド・バイオレンスの問題

セクシュアルハラスメント

セクシュアルハラスメントとは,社会的な地位や権力を利用した性的嫌がらせのことである。女性のキャリア追求が進んだ1990年代にかけて,職場でのセクシュアルハラスメントから女性を守るための法整備が進められてきた。日本では1997年の男女雇用機会均等法の改正によって,セクシュアルハラスメントに関する規定が設けられ,事業主は職場でのセクシュアルハラスメントの防止および対策の責任を負うことになった。2007年の同法の改正で,男性に対するセクシュアルハラスメント規定も設けられた。

ただし,社会的・経済的な権力を用いた性的要求や性的嫌がらせは,職場以外のさまざまな場でも起こっている。たとえば,配役の決定権を持つ映画監督やプロデューサーによる,俳優やモデルへの性的要求はこれまでの法制度からこぼれ落ちてきた。2017年からの＃MeToo運動は,もともとハリウッドの俳優らがプロデューサーの性暴力を告発したことで始まったものであり,社会にいまだはびこる弱者への性暴力や性的嫌がらせの不当性を訴える人びとの連帯によって爆発的な広がりを見せ,世界的なフェミニズム運動となった。

SOGIハラスメント

ホモフォビア(同性愛嫌悪・恐怖)および**トランスフォビア**(トランスジェンダー嫌悪・恐怖)とは,同性愛やトランスジェンダーに対する歪んだ認知や怒り,恐怖,軽蔑,無理解などの否定的感情のことをさす。このようなフォビアを含んだ,性的指向やジェンダーアイデンティティに対する差別的な言動や嘲笑(ちょうしょう),

いじめや暴力などの精神的・肉体的な嫌がらせのことをSOGIハラスメントという。**SOGI**とは，sexual orientation and gender identityの頭文字を取ったもので「ソジ」もしくは「ソギ」と読み，あらゆる「性的指向」と「ジェンダーアイデンティティ」のことをさす。

SOGIハラスメントの例として，非異性愛的な性的指向を持つ人や多様なジェンダーアイデンティティを持つ人を，蔑称で呼んだり異なる社会的待遇をしたりすることがある。また，本人の許可なく周囲の人に，その人の性的指向やジェンダーアイデンティティを知らせる「アウティング」や，その人のジェンダーアイデンティティとは異なる性別として社会的に待遇する「ミスジェンダリング」もSOGIハラスメントの一つとして問題になっている。

日本では2019年の「労働施策の総合的な推進並びに労働者の雇用の安定及び職業生活の充実等に関する法律（労働施策総合推進法）」の改正によって，職場におけるパワーハラスメント対策が義務化された。このなかで，妊娠・出産・育児休暇取得に関するハラスメントの防止とともに，パワーハラスメントの一つとしてSOGIハラスメントが規定され，その防止に向けた取り組みも事業主の義務となっている。

それに加えて，職場以外での社会的差別の是正やハラスメントへの対策を講じていくことも喫緊の課題となっている。日本において同性婚が合法化されていないことは，同性愛差別の典型例である。また，トランスジェンダーが病院や刑務所，入国管理局といった社会的施設に収容されるさい，それらの施設の無理解や法制度の不備によってジェンダーアイデンティティとは異なるジェンダーで収容されるミスジェンダリングによって，性的嫌がらせや性暴力等の被害を受けるという深刻な人権侵害が起こっており，一刻も早い対応が必要となっている。

最後に，セクシュアルマイノリティとジェンダーマイノリティを総称する語として，レズビアン（L），ゲイ（G），バイセクシュアル（B），トランスジェンダー（T）の頭文字をとった**LGBT**という語が，1990年代から2010年代にかけての欧米では一般的によく用いられてきた。だが，ここまでの議論でも見てきたように，非異性愛的な性的指向を持つ人はLGBの三つのカテゴリーだけではないため，「セクシュアルマイノリティおよびジェンダーマイノリティの総称」としてLGBTという語を用いることの問題性も指摘されている。クエッショニング（Q）やインターセクシュアル（I），アセクシュアル（A）を含めたLGBTQIAやLGBT+，LGBTsといった表記法も見られるが，近年は「あらゆる性的指向とジェンダーアイデンティティ」を包括的に指し示す語であるSOGIの使用が公的資料等でも見られるようになってきている。

5 研究方法の動向

ジェンダー研究の中心をなしてきたものの一つに，家庭生活における性別役割の現状分析や職場における性別差別・性別職域分離（男女で従事する仕事の分布が異なること）についての研究がある。これらはおもに家族社会学者や労働社会学者によって担われ，量的データ分析が主流となってきた（たとえば岩間 2008; 大槻 2015; 周 2019）。生活時間を計測して，有償労働時間と無償労働時間が男女間でどのように配分されているかを分析する生活時間調査も量的調査法の一つである。また，家族生活の具体的なあり方や女性就労の詳しい現状をとらえるために，フィールドワークやインタビュー調査といった質的調査法もあわせて行われている（たとえば大和・木脇・斧出編 2008; 額賀・藤田 2022; 品田・水無田・野田・高橋 2023）。

一方，ジェンダーをめぐる政治的論争やフェミニズム運動に関する社会学的研究は，どちらかといえば質的調査法を用いることが多い。『社会運動の戸惑い――フェミニズムの「失われた時代」と草の根保守運動』（山口・斎藤・荻上 2012）は，2000年代のジェンダーバックラッシュを担った勢力の一つである宗教保守団体の参与観察およびインタビュー調査にもとづく研究である。また保守女性団体のフィールドワークにもとづいた研究としては，『女性たちの保守運動――右傾化する日本社会のジェンダー』（鈴木 2019）がある。その他，歴史的な資料にもとづいた女性史研究（岩見監修 2010–2011）や，ファッション誌，マンガ，アニメ，小説，映画作品等の資料分析法にもとづいたジェンダー研究が多様なかたちで展開されている（田中 2012; 坂本 2019; 高橋 2020）。

セクシュアリティ研究やトランスジェンダー研究における質的調査を用いた研究はこれまでのところ歴史社会学が一大領域を形成しており，たとえば赤川（1999）や，赤枝（2011），澁谷（2013），前川（2017）などがある。また，セクシュアルマイノリティやジェンダーマイノリティの当事者運動・ピアグループの参与観察およびインタビュー調査法にもとづいた研究として『性同一性障害のエスノグラフィ――性現象の社会学』（鶴田 2009）や『トランスジェンダーと現代社会――多様化する性とあいまいな自己像をもつ人たちの生活世界』（石井 2018），同性愛をカミングアウトする「子」をもつ「親」の葛藤をフィールドワークやインタビュー調査から分析した『カムアウトする親子――同性愛と家族の社会学』（三部 2014）などがある。当事者が自らの手記などをデータとして，自分の経験を反省的に分析していくオートエスノグラフィー研究として，『性別解体新書』（佐倉 2022）も重要なものとしてある。

また量的調査を用いた研究として『大阪市民の働き方と暮らし方の多様性と共生にかんするアンケート報告書（単純集計結果）』（釜野ら 2019）や，三宅・平森（2021）がある。

Glossary――用語集

1節のキーワード

セックス　生物学的・身体的な性差のこと。外性器と内性器，性染色体，性ホルモンなどによって，「女性（female）」か「男性（male）」かに区別され，どちらにも分けられない場合には「性分化疾患（インターセックス）」と診断されてきた。

ジェンダー　社会的・文化的・歴史的・心理的な性差のこと。「女らしい（feminine）／男らしい（masculine）」という区別は，歴史的・文化的蓄積から成り立っており，経済的・政治的な社会構造に埋め込まれ制度化されることで社会秩序を形成する主要原理の一つになってきた。

フェミニズム　女性に対する社会的な差別構造の是正を求める社会運動および理論的営為のこと。19 世紀後半から 20 世紀初頭に起こった婦人参政権を中心とする権利獲得運動としての第一波フェミニズム，1960 年代末から 1980 年代頃までの第 2 波フェミニズム，第 3 波フェミニズム，第四波フェミニズムなど，運動団体が多く結成されて活動が活発化した時期と，そこでの主要テーマの移り変わりごとに，「波」のかたちで整理されてきた。

性別役割　性別ごとに割り振られる異なった社会的役割のこと。周囲の人びとから暗黙のうちにその役割を期待され，その役割を首尾よく遂行すれば賞賛され，しないことで批判や非難などの制裁を受けるというかたちで，社会的規範として機能している。性別役割の典型例として「男性は外で働き，女性は家を守る」がある。

家父長制　もともと「家長」が法的権限や権威にもとづいて家族成員を支配する家族制度および，それを社会的に正当とする支配体制を意味する言葉であるが，第 2 波フェミニズムは性差別的な支配構造を指す語として用いてきた。家父長制は資本主義と結託したり離反したりしながら，性差別構造を温存したり，新たに構築したりしている。

2節のキーワード

セクシュアリティ　生殖のための性行為に限定されない，多様な性的現象の総体のこと。あらゆる性的欲望や性をめぐる知識，空想（ファンタジー），性的行動，性的アイデンティティ，性的文化などを含む。

性的指向　性的関心がどのような性別や社会的属性の人，対象に向かうかをさす言葉。ヘテロセクシュアル，ホモセクシュアル，バイセクシュアル，アセクシュアルなどがある。似た概念として，恋愛的指向もあり，ヘテロロマンティック，ホモロマンティック，アロマンティックなどがある。

3節のキーワード

ジェンダーアイデンティティ　「性自認」や「性同一性」とも訳される語で，本人が自らのジェンダーをどのようにとらえているかをさす。これは，身体的な性別（セックス）と社会的な性別（ジェンダー）の総合からなる本人のアイデンティティのことである。

トランスジェンダー　出生時に割り当てられた性別（assigned sex at birth）と異なるジェンダーアイデンティティを持つ人のことをさす。出生時に割り当てられた性別が男性でジェンダーアイデンティティが女性の人のことを「トランス女性」，もしくは「MtF」，出生時に割り当てられた性別が女性でジェンダーアイデンティティが男性の人のことを「トランス男性」もしくは「FtM」という。

4節のキーワード

セクシュアルハラスメント　社会的な地位や権力を利用した性的嫌がらせのこと。

ホモフォビア　「同性愛嫌悪」や「同性愛恐怖」とも訳される語で，同性愛に対する歪んだ認知や無理解からなる恐怖，怒り，軽蔑などの感情をともなった否定的な態度および差別的行動のこと。個人のそのような態度を規範化する社会構造のあり方をさすこともある。

トランスフォビア　「トランスジェンダー嫌悪」や「トランスジェンダー恐怖」とも訳される語で，トランスジェンダーに対する無理解や歪んだ認知，恐怖，怒り，軽蔑などをともなった否定的な態度，差別的な行動と，それらをもたらすような社会構造のことをさす。ジェンダーを取り違えたり，ジェンダーアイデンティティとは異なる性別として取り扱ったりする「ミスジェンダリング」は，典型的なトランス差別の一つである。

SOGI　sexual orientation and gender identity の頭文字からなる語で，「ソジ」もしくは「ソギ」と読む。あらゆる性的指向とジェンダーアイデンティティを尊重しその人権保障を目指すという理念を含んだ言葉である。

LGBT　レズビアン，ゲイ，バイセクシュアルという三つのセクシュアルマイノリティとトランスジェンダーというジェンダーマイノリティの頭文字からなる語で，「エル・ジー・ビー・ティー」と読む。近年ではクエッショニング（Q）やインターセクシュアル（I），アセクシュアル（A）を含めたLGBTQIAや，LGBT+，LGBTsといった用語も使われるようになっている。

Report Assignment——レポート課題

近年のジェンダー・セクシュアリティをめぐる社会的な論争をまとめたうえで，その論争に対する自分の考えを明らかにし，そう考える理由を論じてみよう。

Reading Guide——読書案内

①加藤秀一『はじめてのジェンダー論』有斐閣，2017年

初学者に向けて書かれたジェンダー論の教科書。日常生活の小さな疑問や「あるある」な事例，最近話題になった社会的出来事をとりあげ，それを取っかかりに議論を展開しながらジェンダー研究の基本的な考え方や用語を解説している良書。

②江原由美子『ジェンダー秩序〔新装版〕』勁草書房，2021年

20世紀後半の日本社会に見られる，パターン化された性別役割を体系的に解明したジェンダー研究の古典。「男性は主体的活動をし，女性はそれを支える補助的活動をする」という仕事をめぐる性別役割と「男性は性的主体であり，女性は性的客体」というセクシュアリティをめぐる性別役割という二つの原理からジェンダー秩序を読み解いていくさまは圧巻。

③高橋幸『フェミニズムはもういらない，と彼女は言うけれど——ポストフェミニズムと女らしさのゆくえ』晃洋書房，2020年

第3波フェミニズムの登場と同時期に現れたポストフェミニズムの潮流を整理した本。ジェンダー平等政策が進みつつも，性別による社会的待遇の差が歴然として残る現代を生きる「新しい世代」のジェンダー感覚に即したフェミニズムをどう立ち上げていけばいいのかを考えるのに役立つ。

Column ②——年齢とエイジング

1　エイジングの社会的側面

人は誰でも歳をとる。エイジング（aging: 老化・加齢）は，生物学的老化，心理学的老化，社会的老化の三つの側面からとらえることができる。生物学的老化として，白髪やしわ・しみが増えるといった見た目の変化や，視力や聴力の低下が挙げられる。また，筋肉量の減少にともない身体機能の低下がみられる状態は「サルコペニア」，関節の疾患などにともない運動器の機能が低下し，立ったり歩いたりする移動機能が低下した状態は「ロコモティブシンドローム」と呼ばれる。心理学的老化は，いわゆる「もの忘れ」が多くなるといった記憶力など，認知機能の低下が挙げられる。たしかに計算などの短時間での情報処理が必要な「流動性知能」は加齢とともに低下するが，知識や経験にもとづく判断能力である「結晶性知能」は高齢になってもあまり低下しない。

一方，社会的老化は，特定の暦年齢（chronological age）と結びついた社会的地位と役割の変化としてとらえられる。たとえば，一定の年齢に達した者を強制的に退職させる「定年制度」は，高齢就業者に職業生活上の地位と役割の喪失をもたらす。それは人によってはアイデンティティの喪失にもつながるだろう。もちろん加齢にもとない地位・役割を失うだけでなく，孫の誕生といったライフイベントなどにより，家庭生活における祖父母という新たな役割取得が起こりうる。

こうしたエイジングの過程には個人差が存在する。そして今日の高齢者，とくに 65 歳から 74 歳の「前期高齢者」は，まだまだ元気である。暦年齢で 65 歳以上の人びとを高齢者と呼ぶようになったのはもう半世紀以上も前のことであり，長寿化が進んだ日本では，この定義と現実が合わなくなってきた。日本老年学会と日本老年医学会は，2013 年に高齢者の定義を再検討する学際的なワーキンググループを立ち上げ，エイジングの諸側面に関するエビデンスにもとづく議論が展開された。この報告書をみると，歩行速度や握力といった身体機能は，いずれの測定値も 10～20 年前にくらべて最近の高齢者では顕著に高くなっている。さらに，知的機能（言語的な知識や短期的記憶など）の平均点は，とくに 60 歳代の上昇が著しく，10 年前の 5～10 歳程度若い年代の平均得点に接近していた。こうした心身の老化に関する経年的変化を検討した結果，ワーキンググループは，65〜74歳を「准高齢者（准高齢期）」，75歳以上を「高齢者（高齢期）」とする高齢者のあらたな定義を提言した（日本老年学会・日本老年医学会 2017）。

2　離脱理論と活動理論

このエイジングの社会的側面をめぐる社会学的理論として，「**離脱理論**（disengagement theory）」と「**活動理論**（activity theory）」が挙げられる。

「離脱理論」は，役割の縮小・喪失過程にある高齢期の生活への適応に関して，高齢者個人と社会とが相互に離脱しあうことが幸福な老い（successful aging）につながると主張する。エレイン・カミングとウィリアム・E・ヘンリーは，離脱を「個人と社会のその他の成員間の諸関係の多くが切り離される不可避の過程」と定義している（Cumming and Henry 1961）。この理論は，高齢者個人と社会システムの関係を扱っている点が特徴的であり，タルコット・パーソンズに代表される，社会システムの均衡状態を強調する機能主義理論の色合いが濃い。離脱理論によれば，離脱は社会にとって機能的である。なぜなら虚弱な高齢者を従来の役割から解放し，その役割を新しい世代が引き継ぐことができるからである。また離脱は，高齢者本人にとっても望ましいとされる。なぜなら，加齢にともなって身体的健康度が低下する中で，退職することによって悠々自適の生活を送ることができるからである。この離脱理論は，「高齢者は虚弱で依存的である」というステレオタイプを当然視していると批判されてきた。しかし，日本の近世社会にみられた隠居慣行のように，高齢者から若年者への権限移譲という「世代交代」という観点から見れば，この枠組みは有用だろう。実際に，第二次世界大戦後のアメリカでも「エイジング・エリート」による長老支配の構造は根強く，そこでは引き際の美学が問われていたのである（天野 1999）。

一方，活動理論は，高齢期においても活動しつづけることが幸福な老いにつながると主張する。B・W・レモンらによれば，活動理論の本質は，社会活動性と生活満足度において正の関連があり，役割喪失が大きいほど，生活満足度が低くなるという点にある（Lemon et al. 1972）。この立場では，職業からの引退のように主要な役割を喪失した際には，何か替わりとなる役割を取得することが要請されるのである。活動理論は，高齢者の自己概念における社会的相互作用の重要性が強調されており，シンボリック相互作用論の立場から構築されている。また，この理論は「アクティブでありつづける」というアメリカ的な価値観を反映しているともいえる。活動理論は，「役割喪失が多いほど，関与する活動性が低くなる」「活動性が高いほど，受領する役割支持（role support）が多くなる」「受領する役割支持が多いほど，肯定的な自己概念（self-concept）をもつようになる」「肯定的な自己概念をもつほど，生活満足度が高くなる」という四つの公準から，六つの命題が演繹されている。そして，活動理論の中心をなす「活動性が高いほど，生活満足度が高くなる」という命題を検証するために，社会活動性を独立変数，モラールや生活満足度を従属変数とした主観的幸福感（subjective well-being）に関連する要因分析が，多変量解析の普及とともに国内外で蓄積されていった（古谷野 2008）。

3　エイジズム

最近の国際的動向に目を向けると，WHO（世界保健機関）は「国連ヘルシーエイジングの10年（The UN Decade of Healthy Ageing: 2021–30）」において，主要な行動分野のひとつとして「**エイジズム**（ageism；年齢差別）との闘い」を挙げている。エイジズムは，レイシズム（人種差別），セクシズム（性差別）に次ぐ第三のイズムと呼ばれる。この概念は，老年社会学における鍵概念であるが，レイシズムやセクシズムに比べると国内における知名度は低い。エイジズムは，ロバート・N・バトラーによって1969年に初めて紹介され（Butler 1969），「高齢であることを理由とする，人びとに対する系統的なステレオタイプ化と差別のプロセス」と定義された。

日本の高齢化率が7%を超えて「高齢化社会」に突入した時代（1970年），そして14%を超えて「高齢社会」に突入した時代（1994年）には，たしかに高齢者はマイノリティだった。しかし，高齢化率が増加の一途をたどる日本社会では，高齢者はもはやマイノリティではない。それどころか，シルバー・デモクラシーと呼ばれる「高齢者優遇」の社会保障制度や雇用慣行の方が問題なのかもしれない。

とくに国内外において高齢者の就業継続が政策的に推進されたことによって，職場における世代間関係をとらえる視角として，再びエイジズムに脚光が集まっている。実際に，2021年に公表されたWHOの『エイジズムに関するグローバル報告書』では，雇用において偏見・差別を受けているのは高齢者ではなく若年者であるというヨーロッパにおける「若年者に対するエイジズム」の論点が強調されている（WHO 2021）。採用や昇進において，高齢者のみならず誰もが年齢差別の対象になりうる。つまり，エイジズムは「年齢にもとづくステレオタイプ・偏見・差別」という広義の定義も採用されるようになっている。

近年の老年社会学における実証研究は，エイジズムが社会参加の阻害要因になり，ひいては高齢者の幸福感に悪影響をもたらしていることを示唆している（原田 2020）。いま，暦年齢にこだわらないエイジフリー社会の推進が求められている。

Glossary——用語集

離脱理論　役割の縮小や喪失の過程にある高齢期における生活への適応に関して，高齢者個人と社会とが相互に離脱しあうことが幸福な老いにつながると主張する機能主義的な理論。

活動理論　高齢期においても活動しつづけることが幸福な老いにつながると主張するシンボリック相互作用論的な理論。その本質は，高齢者の社会活動性と生活満足度において正の関連があり，役割喪失が大きいほど生活満足度が低くなるという点にある。

エイジズム　年齢にもとづくステレオタイプ・偏見・差別。とくに高齢者に対する年齢差別をさすことが多い。バトラーによって1969年に初めて紹介された概念であり，レイシズム（人種差別），セクシズム（性差別）に次ぐ第三のイズムとも呼ばれる。

III

社会の諸制度

Sociology Basics

Chapter 9　家族とライフコース

Chapter Overview——本章の要約

おそらく多くの若者が，自分が将来結婚して，子どもをもち，年老いたら孫の面倒を見るといった人生をぼんやりとでもイメージするだろう。しかし，このような人生は，現実にはもはや当たり前のものとはいえなくなっている。経済協力開発機構（OECD）の最新データベースによれば，1970 年に生まれた女性の 50 歳時点の無子率は，日本は 27% と先進国で最も高い数値を示している。国立社会保障・人口問題研究所は，現在の出生傾向が続けば，2000 年生まれの女性では，31.6% が生涯子をもたないと推計している。当然，「孫をもつ」という経験をする人の割合も大幅に減少すると推測されている。このように，家族とライフコースをめぐる状況は大きく変動しつつある。

本章では，家族を社会学の視点から考えていく。家族をめぐる基本的な概念や具体的な事象について家族社会学の視点から学んでいく。家族や結婚が歴史的にどのように変わってきて，今どのような状況にあるのか。世帯の変動，多様化する家族，女性のライフスタイルをめぐる課題，高齢化の進行とそれにともなう日本社会の抱える課題について学ぶ。われわれが「当たり前」とみなしている家族像を相対化し，どのような法制度や政策が必要とされるのかを考えていこう。

Learning Objectives——学修目標

・家族に関する基本概念を説明することができる。
・ライフコースとジェンダーに関連した日本の問題を述べることができる。
・概念，理論を用いて家族を客観的に分析，考察することができる。

1 家族とは何か

制度としての家族

最初に家族についての基本的な概念をおさえておこう。家族に対する古典的な理解のひとつに社会を構成する「制度」としてとらえる視点がある。それぞれの社会において，基本的な家族のあり方が決められており，それを家族制度（family institution）という。その場合，家族制度は，家族に関する規範や関係性，慣習の総体を意味する。

この家族制度は主に**直系家族制**と**夫婦家族制**の二つに分類される。直系家族制は，家族の世代的な継承を重視し，親が跡取りの子ども夫婦と同居する家族形態であり，農業や商業といった家業が中心であった社会で多く見いだされるものである。特に日本では，明治期以降にイエ制度として確立され戸主の統率のもと，世代を超えた家系が存続することに重点を置いた制度として存在した。一方，夫婦家族制度は，夫婦の結婚とともに家族が誕生し，基本的に夫婦一代ごとに家族をとらえる制度である。日本では戦後に普及してきた家族形態であり，家族は結婚によって形成され，その夫婦の死亡によって終了するという性格をもつ。

戦前の日本で結婚は「入籍」と呼ばれたが，それは婚姻によって女性が男性の戸籍に入り，嫁として家に組み込まれることを意味した。戦後になると「入籍」はなくなり，婚姻時に夫婦が新たな戸籍をつくり，夫婦単位で家族が構成されるようになった。直系家族制から夫婦家族制への転換はこの点に象徴的にあらわれている。

集団としての家族

次に，家族を「集団」としてとらえる視点がある。家族は**親族**（kin）からなる集団であるが，親族とは，血縁と婚縁のいずれかによって結ばれた関係であり，お互いがそのような族縁にあるという認知によって成立する（森岡・望月 1997）。親族のうち，特に居住を共同する親族集団が家族として把握されることが多い。

社会学者ジョージ・マードック（1897–1985）は，1949 年の著書『社会構造』で**核家族**（nuclear family）という概念を提示した。核家族とは，一組の夫婦と未婚の子どもから構成される家族，ひとり親と未婚の子で構成される家族，あるいは夫婦のみで構成される家族をさす。マードックは 250 以上におよぶ社会の民族誌を分析し，この家族形態がどの時代や地域にも構造の「核」として普遍的に存在する最小の親族集団だと主張した。マードックは，複雑な親族組織も基本的には核家族の複合体として理解できるとして，核家族の組み合わせによって，複婚家族と拡大家族という家族類型を提示している（Murdock 1949＝1978）。

複婚家族（polygamy family）とは，一夫一婦制にもとづく**単婚家族**（monogamy family）と対になる，一人の配偶者を共有することで複数の核家族が結びついた家族形態をさす。一人の夫が複数の妻をもつ一夫多妻制や，一人の妻が複数の夫をもつ一妻多夫制がこれにあたる。前者は，イスラムやアフリカの社会で，後者はインドやチベットの一部に現在も存在している。**拡大家族**（extended family）とは，二つ以上の核家族が含まれる家族形態のことである。祖父母・父母・子どもで構成される三世代世帯などがその典型例といえる。

家族研究では，産業化の進展に伴う家族機能の分化により，家族形態の主流が拡大家族から核家族へ移行することが指摘されてきた。これに対し，E・リトワク（1925–2022）は，産業化により核家族化が進行し拡大家族が崩壊するという見解に反論し，たとえ居住形態の単位が核家族であっても親族間の紐帯（ちゅうたい）や交流，依存関係がなお重要であり，別居していても親密な関係を保持している拡大家族のことを**修正拡大家族**と名づけた（Litwak 1960）。

近代家族

戦後の民法改正によって，日本では家族内部の成員間の関係が大きく変わった。イエ制度が解体された戦後に普及した家族モデルのことを，社会学では**近代家族**と呼ぶ。農地改革により，主要産業が第一次産業から第二次産業へと移行し，人口の都市部への流入が起こった。そこで若者たちが結婚して形成した家族が近代家族である。典型的には，父がサラリーマン，母が専業主婦として家事育児に従事する性別役割分業にもとづく家族をさし，この「家族の戦後体制」（落合 2019）が戦後の高度経済成長を下支えしたことになる。企業の雇用形態や賃金体系は，稼ぎ主としての夫と専業主婦としての妻を前提としており，日本の家族・福祉政策もこのような家族モデルを想定して作られたのである。

アン・オークレー（1944–）は，有償労働に携わらず家事・育児だけをおこなう主婦役割が「妻」に割り当てられ，家庭外での有償労働に従事する稼ぎ手役割が「夫」に割り当てられたのは，産業化社会に特徴づけられる近代以降であると指摘した（Oakley 1974＝1986）。農業が主であった前近代社会において，家族は夫婦や子どものみならず，奉公人までを含む生活共同体であり，男女にかかわらず労働に従事することが一般的であった。それに対し，近代社会では空間的に公領域と私領域の二つが分離して構成され，男性が公領域，女性が私領域へと配置されていく。公領域における経済や政治は男性によって担われ，私領域における家事や育児などの家族役割は主に女性によって担われる。性別役割分業の規範と制度が近代化にともない構築されたのである。

落合恵美子は近代家族の特徴として，①家内領域と公共領域との分離，②家族構成員間の強い情緒的絆，③子ども中心主義，④男は公共領域，女は家内領域という性別分業，⑤家族の集団性の強化，⑥社交の衰退とプライバシーの成立，⑦非親族の排除，⑧核家族の8項目をあげている（落合 2022）。近代家族という概念についてはさまざまな議論が存在するが，近代以降に人びとに共有される家族像が普遍的なものではなく，歴史の一時点において出現した像にすぎないという家族認識の相対性を明らかにした点が，近代家族論の重要な功績だといえよう。

家族の多様化と家族の定義

こうした「近代家族」が崩れつつある現代では，家族をめぐる定義はますます困難になりつつある。戦後日本の家族社会学で大きな影響力をもった森岡清美と望月嵩による家族社会学のテキストでは家族は次のように定義されていた。「家族とは，夫婦・親子・きょうだいなど少数の近親者を主要な成員とし，成員相互の深い感情的かかわりあいで結ばれた，幸福（well-being）追求の集団である」（森岡・望月 1997: 4）。しかし，家族の「標準」が自明でなくなり，家族関係がますます複雑化するなかこうした定義は見直しを迫られていった。

1990年代以降の家族社会学では，家族とは客観的に定められるものではなく，人びとによって与えられた「意味」によって構成されるとする見方が登場する。その代表例が**構築主義的家族研究**であり，家族研究に新たな潮流をもたらした。この手法は，従来のように家族を機能や構造，役割といった客観的基準から説明しようとするのではなく，家族を人びとの相互作用を通じて社会的に構築される現象として把握しようと試みる（Gubrium and Holstein 1990＝1997）。「家族」を人びとの行動や言説によって構築され，解体され，そして再構築される流動的なものであるととらえ，人びとが家族を解釈するプロセスに着目するのである。構築主義的家族研究は，人びとが用いる家族をめぐる「言説」に焦点をあて，人びとが「家族」という言葉を通して実際に経験している「現実」の多様性を浮き彫りにするアプローチである。

日本の家族研究でも1980年代後半以降，家族定義の見直しが進んだ。構築主義的家族研究のみならず，山田昌弘（1957–）は客観的で普遍的な家族定義をおこなう困難を示したうえで，人びとがいかなる基準で「家族であるか／ないか」の判断を行うのかに注目し，「主観的家族」の分析的重要性を提唱した（山田 1989）。上野千鶴子（1948–）は，研究に先立って「家族」を定義することを批判し，人びとにとっての家族のリアリティは個々人が何を家族と同定（identify）するのかについての分析によってしか家族は定義できないとするファミリー・アイデンティティ（FI）論を提示した（上野 1994）。

以上述べたような，家族定義の困難が顕在化した背景には，未婚化や晩婚化，単独世帯の増加などにより従来の家族形態が多くの人にとって自明な存在ではなくなったことがある。以下では，家族とライフコースの変動についてみていくことにしよう。

2 世帯にみる戦後日本の家族変動

世帯の変化

家族はどのように変化してきたのか。ここでは「世帯」の変化から読みといていく。

世帯とは，「住居と生計をともにする人びとの集まり」と定義される。元来は，国民の生活を把握するために国勢調査等のさまざまな統計調査で用いる行政上の概念として生まれたものであり，家族と世帯は必ずしも一致するわけではない。血縁関係がなくとも同じ家に住み家計をともにしていれば同一の世帯員とみなされることがある。一方，血縁関係があっても別居し家計をともにしていなければ同じ世帯員とはみなされないこともある。このように世帯と家族は概念的に異なるものであるが，社会統計上ではしばしば世帯が家族の代替指標として扱われている。

世帯変動の注目すべき第一の点として，三世代世帯の減少があげられる。厚生労働省による国民生活基礎調査によれば，1986年にはその割合は全世帯の15.3%を占めていたが，2022年には3.8%まで大幅に低下した。特に，高齢者を含む世帯における三世代世帯の減少は著しい。65歳以上の人がいる世帯のうち三世代世帯の割合は，1975年には54.4%と最も多い世帯構造だったのが，2022年には9.4%と大幅に低下している（とはいえ，三世代世帯は北西欧諸国ではあまり見られない家族形態であり，国際的に見れば日本は今なお成人親子の同居が多い国であるという点はおさえておきたい）。

第二に注目すべき点として単独世帯の増加がある。1920年実施の第1回国勢調査では，単独世帯割合は全世帯のわずか6.0%にすぎなかった。ところが，2022年には，単独世帯が32.9%を占め全世帯類型の中で最も高い比率となっている。次いで「夫婦と未婚の子のみの世帯」が25.8%，「夫婦のみの世帯」が24.5%となっており，現代日本では「核家族」ではなく「一人暮らし」こそが最も多い居住形態になっていることがわかる。

未婚率・離婚率の増加

世帯変化の背景のひとつに未婚化の進行がある。50歳時において一度も結婚経験のない人の割合を示す50歳時未婚率は，1970年の国勢調査では男性1.7%，女性3.3%にすぎなかった。婚姻件数は年間100万組を超え，ほとんどの人が一生に一度は結婚する「皆婚社会」であった。しかし，2020年に未婚率は男性が28.3%，女性が17.8%まで大幅に上昇し，今後も増加していくと推測されている。戦後の家族形態の変化については，これまで「核家族化」に注目が集まってきたが，近年ではシングル化の進行が重要だといえ，皆婚社会は終焉（しゅうえん）したといってよい。

もうひとつの背景として離婚の増加があげられる。日本の離婚率は戦前期まで比較的高く，戦後になって徐々に減少していった。1963年の離婚率0.73%を底に再び上昇に転じ，高度経済成長期は比較的低い数値を維持していた。離婚率が急激に上昇したのは，1970 年代半ばから 1990 年代にかけてのことで，最近の離婚件数は，その年の婚姻届出件数のおよそ 3 分の 1 にあたる数値となっている。離婚増加の要因には，女性の経済的自立が可能になったことや家庭内における暴力が社会的に認知されるようになったことなど，肯定的な側面もあることに留意する必要があるが，家族関係から外れることで社会的に孤立する人が増加していることも事実である。

これらの変動は，家族の多様性をもたらすと同時に，家族関係や役割の再構築を要請している。従来の「近代家族」モデルにとらわれない，個々の人びとが抱えるさまざまな状況や価値観に合わせた家族形態や関係性が模索されており，家族を支える制度や政策の見直しが求められているといえる。

3 ライフコース研究

ライフサイクルとライフコース

「標準的」「典型的」なライフサイクルに合致しない人生を送る人びとが増加するなかで，1970 年代に家族研究に「ライフコース」という概念が持ち込まれた。

ライフコースは，それまでの家族研究の中心概念であったライフサイクルに対する批判的アプローチとして登場した。ライフサイクルとは，誰もが同じように人生の道筋をたどれること，すなわち，ある特定の人生の道筋がその社会において高い頻度で再生産されることを前提にした研究上の概念であった。日本の家族研究においては，森岡清美らが提唱した「家族周期論」が有名であり，夫婦や家族がたどる標準的な道筋（サイクル）を想定し，各ライフステージの課題や状況を観察するという手法がとられた。

しかし，こうした視点では事実婚（同棲）や同性婚，非婚の選択，離婚，再婚などの経験をしてきた個人の発達過程を「例外」や「病理」「逸脱」として除外してしまう点が批判の的になった。そこで，個々人の多様な家族選択に着目し，個人を単位として家族形成のさまざまな経路を比較分析するために，ライフコースという概念が確立された。

ライフコース研究の草分けであるグレン・エルダー（1934–）によれば，ライフコースとは，「個人が時間の経過の中で演じる社会的に定義された出来事や役割の配列（sequence）」（Giele and Elder 1988＝2003）のことであり，個人的経験であると同時に社会的産物として把握される。すなわち，ライフコース研究では，個人のライフイベントの時期（タイミング）やその順序は歴史的／社会的コンテクストのなかで構築されるとし，諸個人の人生は行為者と社会構造の相互作用によって形成されることを重視する。

ライフコース論の論点

人びとは，家族や学校，仕事といった生活の諸領域で役割を取得したり変容させたり喪失したりしながら人生を送る。ライフコースは，こうした役割移行の過程が複雑に絡み合った束として把握される。

ライフコースの視点では，年齢と時代と世代という三つの「効果」によって，われわれの人生が規定されると想定する（嶋崎 2008）。年齢効果（age effect）は，特定の年齢段階による効果である。時代効果（period effect）は，特定の歴史的出来事を経験することによる効果である。世代効果（cohort effect）は，特定の年代である歴史的出来事を経験する効果である。これら三つの頭文字をとって APC モデルとも呼ばれる。

もう1点，ライフコース研究において重要な概念となるのがコーホートである。これは，ある期間に出生・婚姻など何らかの事象が発生した人びとを集団としてとらえる概念であり，出生年にもとづく「出生コーホート」がその代表的なものであるが，ほかに入学年コーホート，卒業年コーホート，入社年コーホート，結婚年コーホートなどがある。コーホートを用いることで，同一世代を集団で追跡したり，世代による変化を分析することが可能になる。同じ歴史的出来事をどの年齢で経験するかによって各世代がどのような特性をもつのかを検討することもできる。コーホート分析には，主にコーホート間比較（異なるコーホートを比較し，差異や共通性を観察する方法）とコーホート内比較（同じコーホート内部で性別や学歴などの差異を観察する方法）の二つがある。

4 家族とジェンダー

ライフコースのジェンダー差

次に，ジェンダーの視点からライフコースの具体的様相について確認していきたい。

結婚や出産といったライフイベントは，女性の働き方を左右する重要な要因となる。女性の労働力率の国際比較を見れば，日本では，出産・育児期の 20 代後半から 30 代後半の女性就労率が低下する，いわゆる「M 字型就労」（女性の年齢階級別就業率が「M 字型」に似ていることからこう呼ばれる）の傾向が根強い。日本女性の就労率は，1980 年以降上昇を続けているものの，欧米諸国に比べてなお低い現状にある。一方，日本男性の就労率は世界的にも高い数値にあり，年齢による就業率の大きな変化は見られない。

多くの先進諸国は，男性稼ぎ主モデルから脱却し，男女ともに「仕事をもつこと」を前提とした社会システムへと転換してきた。それに対し，日本では今なお女性のみが結婚や出産というライフイベントの影響を大きく受けている。人生における仕事の位置づけに大きなジェンダー差が存在するのである。

最新の「賃金構造基本統計調査」（厚生労働省 2023）によれば，男性の一般労働者の給与を 100 とした場合，女性の一般労働者の給与水準は 75.7 にとどまる。日本の男女の賃金格差は国際的に見てもきわめて大きい。賃金格差は，結婚・出産などのライフイベントで労働市場から退出した後に非正規雇用として再就職することが多い女性と，正規雇用として継続的に働くことのできる男性との違いに起因することが指摘される。男女が異なる人生経験に遭遇するという意味で，ライフコースのジェンダー差が大きい。

デンマークの福祉研究者イエスタ・エスピン–アンデルセン（1947–）は，先進諸国のデータにもとづき，女性の就労が普及した国ほど出生率が高くなる傾向を明らかにし，就労率と出生率にはむしろ相関関係さえ存在すると指摘する（Esping-Andersen 2008＝2008）。出生率は，社会全体が男性稼ぎ主社会から男女平等社会に移行する初期段階では低下するものの，男女平等社会が成熟するにつれて上昇するという見方が示されている。

子育てとジェンダー

子どもが減少しているのにもかかわらず，保育園に入ることができない「待機児童」の増加が社会問題となっている。これは，これまでの日本が男性稼ぎ主モデルを前提に，女性の継続的就労を考慮に入れない社会・制度を作ってきたことに起因する。

「子どもが 3 歳になるまでは母親が子どものそばにいて育児に専念すべきだ」という考えを**3 歳児神話**と呼ぶ。この神話は高度成長期に広まったとされ，多くの人びとの考えやライフコースを規定してきた。私領域で担われるケア労働は，生活の基盤を維持するうえで不可欠であるにもかかわらず，**シャド**

ウワークとして労働の一形態であることが正当に評価されず，長らく保育政策は母親の家庭責任を前提に保育の拡充を抑制してきた。近年になって女性の就労率の高まりに対応しようと保育サービスの整備を進めているものの，追いついていないという状況である。保育所に子どもを預けることを否定的にとらえる社会通念は消えつつあるものの，働く母親の不安は今なお解消されていない。

共働き世帯の割合は年々増加している。すでに1997年時点で専業主婦世帯を上回っており，2020年には64.8%を占める。しかし，専業主婦世帯だけではなく，共働き世帯においても男性の家事・育児時間はきわめて短く，子育てが母親ひとりの責任になっている状況は依然として変わっていない。共働き世帯の妻が家事や育児に充てる時間は，夫の6倍を超えるというデータもある（総務省統計局 2017)。『令和2年版 男女共同参画白書』でも，夫の「家事・育児・介護時間」は妻の就業状況による差がほとんど見られず，妻は「家事・育児・介護」に，夫は「仕事」に多くの時間を使っている状況が示されている。アメリカの社会学者アーリー・ホックシールド（1940–）が**セカンド・シフト**という言葉で示したように，就業する女性には家庭外での「第一の勤務」のあとに家庭内での「第二の勤務」が待ち受け，二重の負担が強いられる状況なのである（Hochschild 1989＝1990)。

子どもをもち働く女性がたとえ仕事と子育ての両立ができたとしても，昇進や昇格からは外れたキャリアコースに乗ってしまうことも多い。これを**マミー・トラック**と呼ぶ。特に支援が十分でない企業では，子育てをしながら仕事をする女性は補助的な職種や分野を担うケースが少なくない。育児と仕事を両立させるために出世コースから外れることが，結果として女性の勤労意欲を失わせ，退職に導くことにつながっていることも指摘されている。

ケアと労働

このように，女性に家庭責任が偏っている社会では，女性のライフコースにさまざまな困難がともなう。「他人のケアに責任を持つことなど想定外であるような労働者」，つまり家庭内のケア労働を顧みることなく長時間働く男性像のことを**ケアレスマン・モデル**と呼ぶ（杉浦 2009)。ケア労働は人間にとって不可欠の労働であるにもかかわらず，それが女性に不均衡に押しつけられていることにより，女性の有償労働の権利が侵害される。男女平等に関する施策は，これまで「働き方改革」や「女性活躍」など女性の就労支援に傾斜しがちであったが,「ケアレスマン・モデル」からの脱却という視点が重要になる。

国際比較データからは，男性の家事・育児に費やす時間の多い国，そして育児休業取得率の高い国が相対的に高い出生率を示している。エスピン–アンデルセンは，これまでのジェンダー平等政策が女性のライフコースを男性のそれに近づけるようないわば「女性の男性化」であったことを問題視し，今日では「男性の女性化」こそが重要だと比喩的に表現し，男性が育児や介護等のケアの担い手になることが欠かせないと主張する。ジェンダー平等社会の実現のためには，ケア労働への男性の参入が不可欠であり，競争を重視する「男らしさ」の価値観やケア労働そのものの社会的意義が見直される必要がある。

5 結婚とパートナー関係の変容

配偶者選択についての基本概念

続いて，家族形成の契機となる結婚に焦点をあてよう。いずれの社会においても，結婚やパートナー関係に対する社会的な規制が存在している。最初に，配偶者選択に関する基本的な概念を確認しておく。

配偶者として選択可能な範囲は，社会学では方向を逆とする二つの社会規範によって規定されると理解される。ひとつは，個人が所属する集団の外部から配偶者を選択することを禁ずる規範で，これを**内婚制**（endogamy）と呼ぶ。出身地や人種，宗教が同じ相手とのみ結婚を許可する場合がその例となる。もうひとつは，個人が所属する集団の内部で配偶者を選ぶことを禁ずる規範のことで，**外婚制**（exogamy）と呼ぶ。一般的にこれが適用されるのはインセスト・タブー（近親相姦の禁止）である。つまり，内婚－外婚原理によって限定されたドーナツ型の範囲が，配偶者にしてよい対象者の範囲となる（森岡・望月 1997）。

配偶者を選択する際には，文化的ないし経済的な環境が類似した相手を見つけようとする傾向があり，これを同類婚（homogamy）と呼ぶ。それに対し，異なる環境の人との結婚のことを異類婚（heterogamy）と呼ぶ。さらに，この異類婚には，女性から見た場合，階層的に自分より高い相手との結婚を意味する上昇婚（hypergamy），その反対の下降婚（hypogamy）などがある。

以上でとりあげた「内婚／外婚」,「同類婚／異類婚」,「上昇婚／下降婚」のいずれについても，その状況は多様化やグローバル化する社会のなかでさまざまに変化しており，家族社会学における重要な研究対象であり続けている。

ロマンティック・ラブからコンフルエント・ラブへ

結婚は近代化のプロセスでどのように変化してきたのか。社会学者のアーネスト・バージェスとハーヴェイ・ロックが近代化に伴う家族変容を「制度から友愛へ（from institution to companionship）」と表現したことが有名であるが，親の権威や経済関係ではなく，個人同士の愛情こそが家族関係の基盤となるべきことが近代社会では理想とされるようになった（Burgess and Locke 1945）。

「特定の人」との永続的な夫婦関係こそを理想とする近代社会に登場した新たな価値体系のことを，**ロマンティック・ラブ・イデオロギー**と呼ぶ。これは，性・愛・結婚の三位一体，すなわち，性や愛は結婚と結びつくことで正統とされるという観念を意味する。しかし，現代の視点から見れば，これは異性愛を基軸とする家族観と結びついており，性別役割分業といった不平等や排除を前提とするパートナー関係の理想であったといえる。

アンソニー・ギデンズによれば，後期近代にロマンティック・ラブに代わって一般化したのがコンフルエント・ラブ（confluent love）である（Giddens 1992＝1995）。これは，相互に対等な者どうしが取り結ぶ，能動的で偶発的な愛を意味し，異性愛に限定されるものではない。既存の枠組みや指針が存在しないなかで，当人たちがたえず関係性の意義を自らに問いかけながら，試行錯誤しつつ維持される関係性である。ギデンズは，コンフルエント・ラブの不安定性を指摘しつつも，それが親密性の民主化を体現したものであり，新たなパートナー関係の理想になりつつあることを肯定的にとらえたのである。

パートナー関係の多様化

婚姻制度に一致することが「標準」であったパートナー関係や家族の様相は現代社会ではさらに大きく変容し，多様化している。ギデンズは，名称はそのままに，すでにその内実が変化し形骸化した婚姻制度を「貝殻制度」と表現するが，現代ではパートナー関係やケア関係が婚姻制度から切り離されつつある（Giddens 1999＝2001）。

1990 年代以降に欧米社会で家族をめぐって生じた最も大きな変化のひとつが婚外同棲カップル（cohabitation）の増加である。婚姻を前提とした同棲だけでなく，婚姻の代替としての同棲が一般化しており，欧米諸国では婚姻制度以外の共同生活を保障するさまざまな制度が確立されてきた。同時に，出産・子育ての婚姻制度からの分離も進行しており，OECD Family Database によれば，2018 年時点の婚外出生率は，日本が 2% 程度であるのに対し，EU 平均，OECD 平均ともに 40% を超える数値となっている。1990 年代後半ごろより，欧米の多くの国で同棲が「結婚の代替」として受容され，法律婚カップルと同等の生活保障を与えられることになった（Ciabattari 2017）。

パートナー関係の多様化を示す最も象徴的な変化としては，同性婚の法制化をあげることができる。1990 年代に欧州各国で同性カップル保護のための登録パートナー法が成立したが，2000 年代に入ると，オランダを皮切りに多くの国で同性婚が法制化され，現在世界 30 以上の国と地域において同性カップルの婚姻が異性カップルとまったく同等の婚姻として認められている。同性パートナー関係による子育ても一般化しており，もはや家族生活の基盤は，異性愛の男女カップルに限定されるものではなくなっている。

多様化するパートナー関係と法規制

家族やパートナー関係が複雑化するなかで法制度をどのように変えていくべきなのか。今後も婚姻制度は必要なのだろうか。今日の家族研究ではこの点についてさまざまな見解が提示されている。

マーサ・A・ファインマン（1943–）は，性的関係にもとづくいかなる特権も廃止すべきだという立場から法的な婚姻制度を廃止し，保障の単位を「性の絆」から「ケアの絆」へ転換すべきだと主張する（Fineman 2004＝2010）。性的関係のみを基準に家族を規定することに合理性はなく，ケアの担い手と依存者からなる養育家族を保護の対象単位にすべきだと主張するのである。

このような婚姻制度廃止の主張に対して，性的関係を含むか否かに関係なく，「成人間」の経済的・精神的なつながりにもとづく絆の重要性を指摘する論者もいる。たとえば，エリザベス・ブレイクは，ファインマンと問題意識を共有しつつも，婚姻制度を廃止するのではなく，依存関係を超えたより広範なケア関係を包摂する新たな婚姻制度としての「最小結婚」論を展開する（Brake 2012＝2019）。婚姻制度が課す制約を「最小限」にとどめ，多様なケア関係を保障すべきだという意味で「最小」という用語が用いられている。ブレイクは，「性的関係」や「恋愛」を家族関係の基礎に置くような法的規制を取り払うことが必要であり，法的対象とすべき支えあいの関係は，非性的・非恋愛的な関係，つまり，友人関係や複数人による関係性までを含むべきとする。同性愛のパートナー関係をこえて，アセクシュアルやアロマンティック，ポリアモリーの当事者などによる，多様な個人が取り結ぶ関係までを射程に入れている点で注目すべき議論といえる。

いずれにせよ，従来の法律婚にもとづくパートナー関係の規制のあり方に疑義が突きつけられており制度的改革が要請されている。現に存在する多様な関係性のニーズを包摂する家族関係の法的規制のあり方が問われているのである。

6 標準家族モデルからの脱却と多様性の包摂へ

現代社会では，家族やその支援において多様性にどう対処するかが鍵となる。ひとり親家庭や事実婚，里親家庭，同性パートナー関係，国際結婚など，今日では「標準」の家族モデルを設定することは不可能に近い。未婚率・離婚率の上昇により家族関係から離れて生活する単身者も増加し，社会的孤立やその貧困が問題となっている。多様性を受け入れ，多様性を活かした社会を形成していくためのしくみを構築していかなければならない。

従来の家族関係が変化したとしても，人びとのつながり方や協力関係はさまざまに存在しえる。歴史的視点，あるいは国際比較の視点でみると，家族関係や共同生活のあり方とその保障はさまざまに変化してきたことがわかる。日本においても，既存の家族やジェンダー規範と紐づいてきたさまざまなケアを国や社会が担い，標準家族の機能や固定観念を見直し，ケアや助け合いを多様なパートナー関係へと開いていなければならない。「かたち」にとらわれない生活の実態に焦点化した法・政策への転換が求められているのである。

Glossary——用語集

1節のキーワード

直系家族制　家族の世代的な継承を重視し，親が跡取りの子ども夫婦と同居する家族形態。

夫婦家族制　夫婦の結婚とともに家族が誕生し，夫婦一代ごとに家族をとらえる家族制度。家族は結婚によって形成され，その夫婦の死亡によって終了するという性格をもつ。

親族　血縁と婚縁のいずれかによって結ばれた関係で，お互いがそのような族縁にあるという認知によって成立する集団。

核家族　1組の夫婦と未婚の子どもから構成される家族，ひとり親と未婚の子で構成される家族，あるいは夫婦のみで構成される家族。

複婚家族　一夫多妻や一妻多夫のように一人の配偶者を共有することで複数の核家族が結びついた家族形態。

単婚家族　一人の配偶者のみを有する一夫一婦制にもとづく家族形態。

拡大家族　二つ以上の核家族が含まれる家族形態。

修正拡大家族　居住形態の単位が核家族であっても親族間の紐帯や交流，依存関係がなお重要であり，別居していても親密な関係を保持している拡大家族。

近代家族　近代以降，産業化とともに社会に普及した家族の形態や規範。多様な意味をもつ概念であるが，日本では戦後の高度経済成長期における性別役割分業を基本とする家族を主に意味する。

構築主義的家族研究　家族を機能や構造，役割といった客観的基準から説明するのではなく，人びとの相互作用を通じて社会的に構築される現象として把握する家族研究のアプローチ。

2〜3節のキーワード

世帯　住居と生計をともにする人びとの集まり。

ライフコース　社会的および歴史的な文脈のなかで定義され，配列される個人の経験や出来事の経路を表わす概念。ライフサイクルへの批判的アプローチとして確立した。

4節のキーワード

3歳児神話　「子どもが3歳になるまでは母親が子どものそばにいて育児に専念すべきだ」という科学的に根拠はないが社会に流布した通念。

シャドウワーク　生活の基盤を維持するうえで不可欠であるにもかかわらず，賃金が支払われないなど社会に正当に評価されない労働。

セカンド・シフト　昼間は仕事，夜は家事・育児――1日にあたかも二つの勤務シフトで働いているかのような共働き女性の多忙ぶりを表す。米国の社会学者ホックシールドが1980年代後半に命名した。

マミー・トラック　子どもをもち働く女性が仕事と子育ての両立はできるものの，昇進や昇格には縁遠いキャリアコースに乗ってしまうこと。

ケアレスマン・モデル　他人のケアに責任をもつことが想定されていない労働者，すなわち家庭内のケア労働を顧みることなく長時間働く男性労働者像。

5節のキーワード

内婚制　個人が所属する集団の外部から配偶者を選択することを禁ずる規範。

外婚制　人が所属する集団の内部で配偶者を選ぶことを禁ずる規範。

ロマンティック・ラブ・イデオロギー　性や愛は結婚と結びつくことで正統とされるという近代社会に普及した観念。

Report Assignment――レポート課題

■現代社会では，同性婚をはじめ，友人同士あるいはシングルマザー同士によるシェア居住など，パートナー関係やケア関係が従来の「家族」像におさまらないものになってきている。このような新しい関係性や共同生活の事例について調べたうえで，あらためて「家族とは何か」についての自分の考えを論じてください。

Reading Guide――読書案内

①岩間暁子・大和礼子・田間泰子著『問いから始める家族社会学――多様化する家族の包摂に向けて〔改訂版〕』有斐閣，2022年

豊富な実証データをもとに，家族の歴史的変化や最新の状況までわかりやすく解説している家族社会学の入門書。ジェンダーや階層，国際比較など多様なアプローチを通して家族について学ぶことができる。

②落合恵美子『近代家族とフェミニズム〔増補新版〕』勁草書房，2022年

今日の家族社会学に最も大きな影響を及ぼした「近代家族」論をはじめて本格的に展開した名著の増補新版。1989年に歴史社会学やフェミニズム研究を取り込みながら家族研究の新時代を切り拓いた著作で，家族社会学を学ぶうえでの基本的視点。

③植村恒一郎・横田祐美子・深海菊絵・岡野八代・志田哲之・阪井裕一郎・久保田裕之『結婚の自由――「最小結婚」から考える』白澤社，2022年

同性婚のみならず，シェア居住やポリアモリー等々，ますます人間関係が多様化する時代において「結婚」はどうなっていくのか。エリザベス・ブレイクが提唱した「最小結婚」の議論を軸に7名の論者が各々に検討した論文集。

Chapter 10　宗　教

Chapter Overview——本章の要約

宗教は，超自然的なものへの想像力にもとづく信念体系といったかたちで定義することができる。社会学は近代化を批判的に検証する学問であり，草創期の社会学者たちにとって，宗教とは消えゆく前近代の秩序を代表するものであった。ヴェーバーの見方は「セクトと社会」であり，デュルケムは「宗教的なものとしての社会」に注目し，マルクスは「社会的紛争の源泉としての宗教」という視点であった。近代化論の帰結として，近代社会はやがて世俗化（非宗教化）してゆくと考えられたが，20 世紀にはそれが見直されたこともあった。日本をはじめとする東アジアの宗教性をどうとらえるかということは，日本の宗教社会学にとっての課題でもあり続けている。大きな流れでいえば，伝統宗教から新宗教へ，新宗教から精神世界へというかたちで，宗教性への個人主義的な関わり方が拡大してきたと考えられているが，21 世紀の現在，先進国については世俗化がさらに進んでいるとの国際比較データもある。戦後の宗教社会学では新宗教運動も多く研究されてきたが，オウム事件以降，新宗教のなかでも，いわゆるカルト問題が注目された。カルト問題に対しては，隔離的な宗教集団の変容という観点からも，宗教社会学は貢献できるだろう。

Learning Objectives——学修目標

・草創期の社会学者たちが，宗教をどのように考えていたのか，整理して理解できる。
・20 世紀において，新宗教などの「布教する宗教」が果たした役割とは何だったのかがわかる。
・現代社会において宗教は拡大しているのか，衰退しているのか，データを用いて意見をまとめることができる。

1 宗教社会学のコアな問い

「社会学は近代化を批判的に検証する学問である」と私は講義でよく説明している。マックス・ヴェーバー，エミール・デュルケム，カール・マルクスら社会学の草創期を創った者たちも，近代化というものをそれぞれのしかたで理解しようとしていたといえる。そして，彼らは，**宗教**についても多くを語っている。

宗教社会学の，いや社会学全般にとっても，多大な影響を与えた最初の研究は，ヴェーバー（1864–1920）による『プロテスタンティズムの倫理と資本主義の精神』(1905)（通称「プロ倫」）であろう。なぜ西ヨーロッパでのみ，世界のほかの地域に先んじて近代化が起こったのか。これが，ヴェーバーにとっての根源的な問いであった。ヴェーバーは，キリスト教，なかでもプロテスタントの禁欲的な労働倫理が，近代資本主義の精神と結びつき（選択的親和性。親和性とは結びつきやすいこと），やがて近代世界の合理化が展開していったと分析した。

そこから導き出されるのがいわゆる**世俗化**（secularization）仮説である。世俗化とは，社会のなかで，宗教の影響力がおとろえてゆくことを指す。近代化は，プロテスタントがさかんな地域でまず始まったが，それに端を発する社会の合理化によって，やがて，社会はキリスト教を必要とせず，独自の勢いを持って進んでゆく。そうなってしまえば，近代社会における宗教の影響力はますます低下してゆくだろう，と考えた。

ヴェーバーとセクト

ヴェーバーの立場は，人間の歴史のなかで，宗教，なかでも**セクト**的な集団が社会に影響を与えてきたプロセスに注目していたといえる。セクトとは，キリスト教の教会のあり方のひとつを指し示す表現のひとつである。

キリスト教文化圏では，歴史があり，社会に認められた宗教集団は**チャーチ**（**教会**）と呼ばれる。チャーチとは，主にキリスト教などで，信者が集い，礼拝をおこなう場所や，あるいはその信者集団そのものを指すこともある。チャーチは，地域共同体の**儀礼**をつかさどり，日曜になると市民が礼拝に参加し，地域のネットワーキングにも寄与するような場である。

ここでいう儀礼とは，宗教的文脈においては，神や霊，祈りなどに関わることがらについて，決まったしきたり，手順を用いて定期的におこなう実践のことである。礼拝だけでなく，読経，祈禱，結婚式，葬儀なども儀礼の一種である。必ずしも宗教に関わらない儀礼も社会には存在する。

チャーチもまた，組織である以上，時間の経過のなかで浮き沈みを経験する。一部の熱心な信者は，形骸化するチャーチに不満を持ち，聖書ほんらいの教えに立ち返れなどと主張して「分派」を形成することがある。こうした分派は，キリスト教では「セクト」と呼ばれる。

セクトは，志を同じくする者たちの集合体でもあり，信仰にさらに熱心で，セクトへの所属（メンバーシップ）は，より厳しいものとなる。セクトは，社会と緊張関係にあり，セクトのメンバーは，信仰に基づいて，生活を禁欲的に律していくようになる。

西洋史において，チャーチの典型例がカトリック教会であり，カトリック教会に反旗を翻して生まれた分派が，プロテスタントの諸セクトということになる。そしてヴェーバーは，人類の歴史において，セクト的な集団が社会変動を引き起こしてゆく可能性に注目した。

さらにいえば，それは，神と人間との絶対的な断絶を説く一神教文化のほうが，ほかの宗教伝統と比べて，社会をより合理的に運営してゆく傾向を促進する，ということでもある。そうした性質は，西洋史においては，古代ユダヤ教に端を発し，イエス・キリストの教えの中で顕在化し，プロテスタントによって再活性化された性質であるといえる。なお，アメリカなどでは，数世代経って，社会とより調和的になったセクトのことをデノミネーション（**教派**）と呼ぶことがある。

セクト論と世俗化論は，宗教社会学的探求にとっての２大テーマだといえるだろう。なおヴェーバー（そしてヴェーバーの影響を受けたエルンスト・トレルチ）は，チャーチ，セクトに次ぐ三つめの宗教類型として「**神秘主義**」の存在も指摘していた。神秘主義とは，瞑想，修行，神秘体験などを通して，より高次の意識状態をめざそうとするいとなみのことである。教会的な宗教性と比べると，神秘主義は，個人主義的な色彩が強く，宗教集団の形成などにはあまり関心を持たないこともある。

デュルケムと「聖と俗」

エミール・デュルケム（1858–1917）は，ヴェーバーとはかなり異なる視点で宗教をとらえようとした。デュルケムにとって，宗教とは，この世を「**聖**」**と**「**俗**」に分けたうえで，聖なるものを崇め，崇拝する営みである。聖と俗の二分法においては，この世界のことがらを，神聖で希少な敬うべきもの（聖なるもの）と，そうではない多くの俗なるものとに分類する。

デュルケムは，人間社会と宗教との関係性を考え抜くには，宗教の最初の形態＝原初形態に注目する必要があると考えた（『宗教生活の原初形態』1912＝2014）。そこでデュルケムは，当時のオーストラリアの原住民（アボリジニ）のトーテミズムという，一種の部族宗教的な現象に注目した（デュルケムはオーストラリアを自身でフィールド調査したわけではなく，当時の文化人類学者の民族誌を用いて解釈した）。デュルケムは，アボリジニのトーテミズムを，人間にとっての宗教の，最も原始的な形態（に近いもの）であると考えたわけである。

アボリジニの各部族を調査すると，その部族の象徴となる「トーテム」と呼ばれる，聖なる動物や，聖なる植物などの観念があることがわかったという。そして，そうしたトーテムがあるからこそ，部族メンバーにとっては，自分はこれこれのトーテムを共有する部族の一員なのだ，という自覚も生まれる。そして突き詰めていけば，祝祭などの「**集合的沸騰**」のなかで，自分がその社会の成員であるという自覚を持つ契機こそが宗教なのである。集合的沸騰とは，踊り，祭り，歌，詠唱などを集団でおこなって，一種の興奮状態となり，そのプロセスのなかで，他者との結びつきを感じることである。

このように考えてゆくと，デュルケムにとっての宗教とは，聖なるシンボルのもとに集団がまとまるということであり，そのシンボルを聖なるものとして崇めるということは，究極には自分の所属する社会を崇拝していることにほかならない。この意味でデュルケムにとって神イコール社会なのである。また，デュルケム的な見方からすれば，国旗，国歌，校歌，家紋などもまた，集団をまとめる聖なるシンボルの一種といえるだろう。デュルケムは，非常に忠誠心の強い集団は，宗教的にみえてくるといった見解も書いている。

ただしデュルケムも，近代社会では宗教はやはり衰退し，そのぶん，社会的分業によって，社会が統合されてゆくようになると考えた（機械的連帯から有機的連帯への移行）。

社会的紛争としての宗教

カール・マルクス（1818–83）は，社会主義を主導した思想家でもあったが，宗教に対しては，非常に否定的な考え方を持っていた。マルクスの有名な言葉に「宗教は民衆のアヘンである」というものがある（マルクス 1844＝2014）。つまり，宗教も，支配層によって作られたまやかし，詐欺のようなものであり，市民にとっては，世のつらい現実から目をそむけさせる機能があるのみだというのである。

ヴェーバー，デュルケム，マルクスの三者は，宗教に対して非常に異なる考え方を持っていたが，消えゆく前近代の秩序の代表格として宗教をとらえていた点，そしてそれゆえに，近代化にとっての宗教の役割を重視していた点は共通している。ヴェーバーの見方は「セクト的宗教と社会」であり，デュルケムは「宗教的なものとしての社会」に注目し，マルクスの場合は「社会的紛争の源泉としての宗教」という視点だと言える。

2 宗教の定義

次に，宗教をどう定義するか，という問題について考えてみたい。

マックス・ヴェーバーは，宗教とは多義的で，文脈によっても表しているものは違うとし，宗教の定義を研究の最初からおこなうことはしない，とも述べている。「宗教の定義をあえておこなわない」というのは，現在でも宗教社会学の流儀のひとつである。

しかし，私は講義中では，宗教を次のように定義することがある。

①神，ホトケ，霊，たましい，前世，来世などの超自然的な観念に基づき，

②「人は死んだらどうなるのか」「人間が生きる意味とは何か」といった究極の問いに解答を与えようとする，③ある程度社会的・組織的・集合的ないとなみ。

これは，宗教の定義が決まっていないと落ち着かない，という一部の学生たちの意見に応えたものでもあるし，授業で扱ってゆく題材の広さにある程度対応したものでもある。

この定義はおおよそ三つの要素でできているので，それを順に解説したい。

超自然性

宗教は，ほとんどの場合，超自然的なものに対する想像力を含んでいるものである。では「超自然」とは何か。もし，物品でも道具でも，ある外在的な「もの」が，今あなたの目の前にあり，触れることができ，その長さや重さを測定したりできるのであれば，それは，自然的に（そこにおのずから）存在しているものである，と言えるだろう。超自然とは，そのような自然物的なあり方を「超えている」様子のことである。つまり，物質の領域というよりは，たましいの領域に関するもの。この世的というよりはあの世的なことがら。人間世界のものというよりは，神などの世界に属しているであろうと考えられるものごと。それが「超自然的である」ということだ。

究極の問い

ある程度の知性と言葉を獲得した人類は，次第に，実存的，哲学的な問いを抱えるようになっていったと考えられる。その問いとはたとえば，「我々はどこから来てどこへ行くのか」「死後の世界はあるのか」「人間が生きる意味とは何か」といったことである。こうした問いは「究極の問い」とも言われる。宗教の多くは，超自然的なものに対する想像力を喚起することによって，こうした究極の問いに，最終的な答えを与えようとする性質を持っている。天国，地獄，来世といった観念は，こうした問いに答えるために生まれてきた観念と言えよう。

社会性

そして，社会学の立場から宗教を扱う場合，まず注目したいのは，超自然性への想像力を用いながらも，ある程度社会的，集団的，集合的な営みであるようなもの，である。ある個人が「私は神からのメッセージを受け取った！」と思っていても，誰にも話さずにひとりで部屋にひきこもり続けるならば，それは社会学的な意味での宗教現象ではない。しかし，その人の家族や友人がそのメッセージを信じ，社会に広げようと活動するならば，それは社会学的な意味での宗教現象なのである。キリスト教には教会が，仏教にはサンガがあるように，信仰を同じくする者たち同士の集団は，宗教にはつきものである。

デュルケムは「**呪術**は教会を構成しない」と述べた。呪術とは，客観的には因果関係が証明できない手段によって，生活上の具体的な効果を得ようとする行為のことである。占い，おまじない，雨乞いの儀礼，願かけなどは呪術の一種とも言える。占い師と顧客との1対1の関係を「完全な宗教」のひとつであるとは，直観的にもあまり思わないだろう。やはり，集団あっての宗教というイメージは存在している。

以上，超自然的な観念に基づいて，究極の問いに解答を与えようとする，集合的な営みが宗教の典型像である，ということをご理解いただけただろうか。また，宗教社会学は，ある宗教が主張することがらの真偽性（本当か嘘か）には必ずしもこだわらず，まずはそのような宗教を信じる人びとの活動に着目するという特徴を持っている。

3 日本人の宗教

次に，日本人の宗教について考えてみたい。

俗に，日本人は無宗教だと言われる。「自分は無宗教です」と表現する日本人もたいへん多い。しかし，初もうでには行き，教会で結婚式を挙げることも多く，仏教式で葬儀をおこなう日本人の行動を，折衷的であるとか，さまざまな宗教に寛容なのだと指摘する声もまた多い。

アニミズムと無宗教

2010年には，植村花菜の「トイレの神様」という歌がヒットした。トイレにも神様がいるので，毎日トイレはきれいに掃除しなければならないと祖母に言われてきた女性の歌である。トイレにも神様がいる，かまどにも神様がいる……といったしかたで，万物に霊が宿るとする考え方を**アニミズム**と呼ぶが，日本人の宗教観には，たしかにアニミズム的な観念があるといえよう。この歌の内容はまた，身の回りをきれいにすることには精神修養的な意味がある，ということの反映でもあるだろう。

自分は生かされているとの思いで，感謝を持って毎日を生きる。自分が受け継いだいのちの流れを止めることなく，大人になれば結婚して家庭をなし，次の世代をもうける。子が生まれれば，親に孫（子）の顔を見せ，七五三となれば，神社でおはらいもしてもらう。お盆が来れば，お寺の敷地内にある墓地でご先祖に向かって手を合わせる（祖先崇拝）。そして自分もいつかは死に，自分の遺骨は○○家の墓に納めてもらう……こうした一連のことがらは，多くの日本人にとっては当たり前の行動であり，特段宗教的だとは意識しないことも多い。

しかし，こうした行動は，海外から見れば，やはりアジア人による充分に宗教的な生活習慣というふうに映るだろう。つまり，「日本人は無宗教かどうか」という問いについては，海外との比較の視点があるかないかによって答えが変わると言える。上記の宗教の定義のように，神や霊などの概念を使って，生き方や習慣を定める信念体系はほぼどんな国・文化・社会にも存在する。それを国際比較する際に，暫定的には「宗教（religion）」と呼ぶしかないだろう。

「日本人の宗教」論は，日本特殊論としても語られやすいが，上記のような日本の生活習慣としての「宗教」は，実は，中国・台湾・韓国などの東アジアではかなり共通している実践だということが，近年の研究や報道でも明らかになってきている。アジアからの留学生に少し聞いてみれば「占いにも行くし，先祖の墓参りもするが，自分では自分のことを無宗教だと思っている」といった意識は，何も日本人にのみ特徴的な意識ではないということがわかってくるだろう。

共産主義の中国は，一時期宗教勢力を弾圧したが，祖先崇拝の慣習は廃れなかったと言われている。民衆の生活を脅かす「危険な組織宗教」は「邪教」（＝**カルト**）とみなされるが，生活習慣としての宗教はむしろ「宗教文化」として大切にする，といったポリシーが今の中国には見受けられるようだ。それもまた，日本人の宗教観，宗教生活に重なって見えてくるだろう。

天皇制と日本人

また，日本には天皇制もある。多くの人は，天皇制を宗教的なシステムであるとはもうほとんど考えないであろうが，天皇は，コメの収穫の祭りである新嘗祭（にいなめさい）をつかさどる存在である。新嘗祭とは，毎年，コメの収穫の時期になると，全国から新穀が皇室に集められ，天皇はそれを神の前に捧げ，天皇もそのコメを食べるという神道の重要な祭祀（さいし）である。

誤解を恐れずにいえば，日本史のなかで，天皇はいわば「世襲制の宗教指導者」と似たような側面を持っていた。このような特徴をふまえ，天皇を「日本のローマ法王」だとか「祭祀王の一種である」と形容する外国の研究者もいる。日本の宗教学者，山折哲雄も次のように述べている。「天皇は神をまつる者であると同時に神としてまつられるもの……天皇は……神主であり，生き神や現人神であり……人間であった」（山折 1990: 15）。

もちろん，戦後の改革で天皇の神格化は否定され，天皇自身が人間宣言をおこない，日本国憲法下では天皇は国民統合の象徴とされた。また現在，新嘗祭が大々的にテレビ中継されるわけでもない。新嘗祭の日は，戦後は勤労感謝の日として位置づけが変えられた。その意味で皇室は戦後，相当程度「世俗化」されてきたが，それでもなお，国民が時代や自分たちの日本人としての生き方を重ねる象徴的存在として，天皇や皇室は存続している。たとえば，日本国のパスポートの表紙にある菊のマークは，天皇家の家紋である。

4　宗教社会学という方法

世俗化

日本でも海外でも，宗教社会学の世界は，宗教に関心を持つ社会学者と，現代宗教に関心を持つ宗教学者などによって構成されている，折衷的な学問分野である。日本では，社会学的宗教社会学，宗教学的宗教社会学という用語まであるほどだ。

社会学の歴史全体で見れば，一貫して宗教への関心が高かったとはいえない。近代社会が世俗化して，宗教の影響力が低下しているのであれば，なぜ社会学者は宗教に関心を持たねばならないのか？　という論理的帰結になったとしても，驚くにはあたらないだろう。1980年代まで，アメリカ社会学会には，宗教部会は存在しなかった。

したがって，宗教社会学は，社会学のなかではマイナーな宗教社会学者と，宗教学・宗教史学のなかではマイナーな現代宗教研究者の2派が集う，こぢんまりとしているが，それゆえに緊密な学問的共同体となっている。

今でも，宗教を専門としない社会学者の多くは，宗教社会学とは，キリスト教などの教えと社会変動との関係を論じ，理論的には世俗化論を基調とした学問分野である，と考えている場合が少なくない。しかし現実の宗教社会学はもっと多様である。

まず第一に，世俗化論はもはや宗教社会学の関心の中心ではなくなってしまった。1970 年代のイスラム革命や，1980 年代以降のキリスト教原理主義などの台頭から，草創期の社会学者が予見したほどには近現代社会は世俗化しなかったのではないか，という見方も出てきた。

新宗教

また，宗教社会学者も含めた現代宗教研究者の多くは，第二次世界大戦後の先進国における「**新宗教**」の拡大に注目し，研究をしてきた。新宗教とは，近代から 1970 年代ぐらいまでのあいだに新たに創始された宗教運動のことである。新宗教は，都市に住む人びとにもアピールし，布教・勧誘に熱心であり，とくにその草創期には社会と緊張関係を生むこともある。日本では創価学会，アメリカではモルモン教（末日聖徒イエス・キリスト教会），エホバの証人などが有名である。新宗教は，布教し，社会に変化をもたらすという意味では，近代化論におけるセクトに近い存在でもあった。新宗教は，宗教社会学という学問分野にとって，宗教史学やキリスト教神学の研究とは差異化しつつ，現代における宗教の意義を研究するための格好のフィールドとなった。

公明党というかたちで，政権与党にまで食い込んだ創価学会の動きも注目するべきであろうが，残念ながら創価学会に関する研究は，21 世紀になるまではそう多くはなかった。

1995 年には，仏教系新宗教でもあったオウム真理教が，自分たちで製造した毒ガス・サリンを東京で運行中の地下鉄車内にまくという事件を起こし，14 人が死亡，約 6300 人が負傷した。地下鉄サリン事件は，社会やマスメディアにおける宗教への関心を一時的に高めたものの，大学に所属する研究者によるオウム研究は，質・量ともに大きなものにはならなかった。

精神世界・スピリチュアリティ・神秘主義

1970 年代以降は，精神世界と呼ばれる現象も，宗教社会学者の注目を集めた。精神世界という用語は，日本の都市の大書店において，宗教の棚に置くのも，哲学の棚に置くのもしっくり来ないが，精神的・霊的な内容を持つ書籍が 1970 年代に増え，それらのために新たに作られたジャンル名である。今では，大書店に行けばたいてい「精神世界」の書棚がある。

精神世界に関心がある人びとは，組織的で拘束的な「宗教」には違和感を覚えるが，自分の「スピリチュアリティ」（霊性）は追求したい，といった表現を用いることが多かった。ホメオパシーなどの代替療法，レイキなどのヒーリング，占星術，チャネリング，インドの聖者などに関心を持つ，雑多な文化的領域が，精神世界を構成している。1960 年代に，ビートルズがインドの精神性に接近したことは，西欧社会にとっての精神世界的な関心の典型例である。ヨガや瞑想なども，精神世界の実践と重なり合っているといえよう。精神世界とほぼ同じ動向が，1980 年代のアメリカではニューエイジ運動と呼ばれ，2000 年代以降の日本ではスピリチュアル・ブームとも呼ばれた。

人はどのように精神世界の探求者となってゆくのだろうか。具体的には，ある個人が，精神世界系の雑誌，書籍などを通じて，こうした世界に触れはじめ，場合によってはさまざまなヒーリング，療法，占いなどを料金を払って受けたりする。さらに関心を深めれば，自分で人を占ったり癒やしたりするようになるかもしれない。

こうした精神世界の流行を，宗教社会学ではどうとらえるべきなのだろうか。精神世界の実践は，ヴェーバーらの類型論でいえば「神秘主義」に近いともいえる。また，精神世界の技法・実践の多くは，1970 年代よりはるか前に発祥したものである。キリスト教文化圏であれば，精神世界の実践とは，非キリスト教的な霊的実践の総体，ともおおよそ言い換えることができるだろう。

伝統宗教→新宗教→精神世界という流れを考えると，宗教的なものに対して，より個人主義的な関わりが可能になってきた，と解釈することもできる。

世俗化論争のいま

世俗化論で始まった宗教社会学であったが，世俗化の実態は現在，どのように考えられるのだろうか。今の日本，今の世界は世俗化の流れの中にあるのか？　それともそうではないのか？　日本人は他国と比べて，どの程度宗教的なのか？　これらは，最終的な決着がついていないからこそ，一考に値する問題である。

21 世紀に入ってから，先進国では，伝統宗教，新宗教ともに信者数が減少してゆく傾向にあり，やはり世俗化は進んでいるとの解釈も台頭している。精神世界は，現代的な宗教性の探求だともいえるが，精神世界もまた，全体的な世俗化をくつがえすほどの勢いは持っていないとの見方も存在する。

第３節で見たような観測もあり,「日本人は無宗教である」という立場を明確にとる宗教社会学者は多くはないが，それでも，複数の国際比較調査で，諸外国と比べ，日本人の宗教性は高くないとする統計データが存在している（渡辺・黒崎・弓山 2011)。

世界価値観調査において，21世紀に入ってからも，先進国は軒並み世俗化の傾向を示している（イングルハート 2021)。中でも日本は,「特定の宗教を信仰している」と答えた人の割合が，14.3%にとどまるなど，この調査のデータに関する限り，世界で最も世俗的な国家であるという結果となっている。

日本の世俗化についての私の解釈はこうである。日本では，組織宗教の信者数の減少，組織宗教に対するより厳しい視線，宗教的葬儀の漸減，宗教的信念への否定的な回答の上昇などが見られており,「日本人は無宗教である」という意識を多くの人が持つのも無理からぬことだと思われる。

5 社会学はカルトをどう考えるか

宗教社会学とカルト問題

長らく，宗教社会学では，新しく誕生した宗教集団などについても，侮蔑的な含みのある「カルト」という用語は使わずに,「新宗教」などと呼んできた。そして，新宗教について，明確には擁護しないとしても，近現代社会におけるその役割・可能性を一定程度評価してきたという歴史があった。

これは，社会学の持つ性質からすれば，当然のことでもある。社会学は，少数者，被差別者，マイノリティ・グループなどに対し，時に共感的に研究をおこなってきた。たとえばネイティブ・アメリカンや，人種的少数者の問題などを考える場合，彼ら／彼女らの苦境を描き，時に政府や主流社会がそうした少数者を抑圧する構造について，批判的に分析してきたといえよう。そうした姿勢を，新宗教という名のマイノリティ集団に対して取ったとしても，驚くにはあたらない（ブロムリー・シュウプ 1986)。今でも，宗教社会学系の海外の学術誌に「カルトによる被害」といった言葉遣いで論文を投稿した場合，掲載される可能性はそう高くないであろう。

しかし，1995年のオウム真理教による地下鉄サリン事件によって，日本社会は「カルト」という形容句を本格的に使うようになった。一部集団による霊感商法の問題などもそれまでに報道がなされていた。特定の宗教集団に属したことで，人生上の多くの事柄を支配されてしまうといったこと自体が問題とされるようになっていった（いわゆる「マインドコントロール」の問題）。

カルトとは，そもそもは「崇拝」という程度の意味であるが，近年は英語でも日本語でも，社会的に問題を起こしている宗教集団を非常に批判的，侮蔑的に表現する際に用いられる用語となっている。なおヨーロッパ諸国では現代のカルト問題のことをセクト問題と呼ぶこともある。

また近年では，親が逸脱した宗教集団の信者であることで，子どもが幼少期から特殊な宗教的価値観のなかで過ごし，大人になってからその宗教を抜けようとする際などに起こるさまざまな適応上の問題（いわゆる「宗教二世」問題）も，注目を集めている。

社会が宗教の専門家にまず期待することといえば，特定の宗教団体に関する正邪の判断である。この集団はカルトなのか。この集団は危険なのか。こうした問いに対して，宗教社会学者が社会の期待に充分に応えてきたとは言えないかもしれない。「宗教の真偽性」について態度保留する宗教社会学の姿勢からは，結果として「カルトの虚偽性」に対して，明瞭には発言しづらかったという背景もある。

宗教が現世を攻撃するとき

しかしながら，オウム事件をきっかけに，日本の宗教社会学者もまた，こうした「カルト」問題に注視せざるをえなくなっていった。信者や教団を調査対象とする際には，いっそうの注意が必要となった。

私は，宗教社会学の立場から「社会問題としての宗教」を考える場合には，次のような発想が必要だと考えている。たとえば，ごく一部の営利企業も，法律に触れるような企業犯罪を冒すが，だからといって，すべての企業が犯罪的であるわけではない。同様に，一部の宗教集団が犯罪をおこなったからといって，すべての新宗教が犯罪的であるとするのも，また誤りである。

しかしながら，「では，どのような条件でなら企業は企業犯罪に手を染めるのか」ということを分析・調査・解明することは可能であり，それとの比較でいえば，「どのような条件でなら宗教集団は犯罪をおこないやすいのか」ということを，宗教社会学のこれまでの知見を活かしながら研究することは充分に可能であろうと思われる。

試論的考察にとどまるが，過去に殺人，テロなどの犯罪行為に及んだ宗教集団の歴史を調べると，次の5つの条件のすべて，またはいくつかを満たしていることが多かったと考えられる。なおこれは，集団が暴力化してゆく一般的プロセスともいえるので，必ずしも宗教団体のみに限った図式ではない。

①政治的野心の失敗　オウム真理教も，主要な事件前に国政選挙に出馬し，惨敗していた。「カルト」にとっての政治的野心とは，宗教的な理念で，この社会のほうを変革したいという志向性がそもそもあったということを意味している。

②コミューン的生活様式　コミューンとは，主に，人里離れた場所などで，自給自足の共同生活を集団でおこなうことを指す。1960～70年代には世界各地の学生運動経験者らによってもコミューン生活が試みられた。コミューン的生活によって，宗教団体は，自分たちの価値観をより強化し，社会から隔離されたライフスタイルを送ることが可能となる。

③カリスマ的指導者による極度の組織コントロール　この要素は，多くのジャーナリズムでも指摘されているところである。カリスマ的指導者は，時にメンバーの生活全般に介入しようとし，メンバーは主体的判断力を失ってゆく可能性がある。

④敵対的な環境　事件化した宗教団体の多くは，それ以前にも，地域住民との衝突や確執を起こしている。「カルト」は，社会から「カルト視」されることによって，さらに「カルト」らしくなってゆく，という皮肉な現実がある。

⑤迫害の意識と，それへの抵抗への準備　以上1～4の経過（集団の隔離化という変容）をたどった上で，迫害（宗教的な意味で主流社会などから弾圧されること）の意識が高まると，それに対し，武器を所有したり，爆発物，毒物を用意・製造したりする場合も，まれに存在する。そうなってくると，それらを使用してしまうまでには，あともう一歩というところまで迫っているといえるだろう。

したがって，将来，危険性が憂慮される宗教集団が現れた場合にも，これらの条件を満たせば満たすほど，危険性は高くなっていると考えられるだろう。

6 宗教をとらえる視点としての宗教社会学

以上，本章では，現代宗教の諸側面を，宗教社会学の視点から概説してきた。ヴェーバー，デュルケム，マルクスそれぞれの視点は，今の宗教社会学にも暗黙のうちに生きている。新宗教の動向はまさに「セクト的宗教と社会」（ヴェーバー的）という問題系であり，宗教だと意識しなくて済むほどに社会に溶け込んだ日本人の宗教性は，デュルケムの「宗教的なものとしての社会」を思い起こさせる。そして，社会におけるカルト論争は，当事者がマルクスに直接言及することは少ないとは言え，「社会的紛争の源泉としての宗教」の再来なのである。現代人が社会と宗教との関係を考える時の三つの方向性が，草創期の社会学ですでに表現されていた，と言えるのかもしれない。

宗教の未来は未知数である。今回は詳細には紹介できなかったが，Qアノンと呼ばれる，2020年前後にインターネットの掲示板から発生した陰謀論を信奉する人びとが，2021年にアメリカ連邦議会議事堂を襲撃する事件なども起きた。これも，現代的な宗教運動のようなものと解釈することもできるだろう。安倍晋三元首相銃撃事件（2022年）では，実行犯の家庭環境と宗教との関係が大きく報道された。

宗教とは，ある時は地域のまとめ役となって，祝祭をおこなったり，人びとに生き方や規範を提供したりする。しかし別の文脈では，社会から危険視され，社会的紛争の源泉にもなりうる。その両面を見ていく必要があると考えられる。

Glossary――用語集

1節のキーワード

宗教　研究者の数ほど宗教の定義はあると言われており，多くの識者が一致する宗教の定義というのは難しい。日本語による定義としては「宗教とは，人間生活の究極的な意味を明らかにし，人間の問題の究極的な解決に関わりをもつと，人々によって信じられている営みを中心とした文化現象である……宗教には，その営みとの関連において，神観念や神聖性を伴う場合が多い」（岸本 1961）などがある。

世俗化　社会の中で，宗教の影響力がおとろえてゆくこと。

セクト　形骸化するチャーチに不満を抱いた信者らが「本来の教えに立ち戻れ」等と主張して新たに形成する「分派」のこと。信仰に熱心で，メンバーシップ（加入）に厳しいという傾向がある。

教会（チャーチ） 主にキリスト教などで，信者が集い，礼拝をおこなう場所。あるいはその信者集団そのもの。

儀礼 宗教的文脈においては，神や霊，祈りなどに関わることがらについて，決まったしきたり，手順を用いて定期的におこなう実践のこと。セレモニー。礼拝，読経，祈禱，結婚式，葬儀なども儀礼の一種である。必ずしも宗教に関わらない儀礼も存在する。

教派 セクトは，社会との緊張関係を特徴とするが，そのセクトであっても，数世代にわたって世代更新を重ねると，ある程度社会と調和的で穏健なものとなることがある。それを，主にアメリカのキリスト教の文脈では教派（デノミネーション）と呼ぶ。

神秘主義 瞑想，修行，神秘体験などを通して，より高次の意識状態を目指そうとするいとなみ。教会的な宗教性と比べると，個人主義的な色彩が強い。

聖と俗 宗教的世界観の中では時に，この世界のことがらを神聖で希少な敬うべきもの（聖なるもの）と，そうではない多くの俗なるものとに分類することがある。

集合的沸騰 踊り，祭り，歌，詠唱などを集団でおこなって，一種の興奮状態となり，そのプロセスの中で，他者との結びつきを感じること。

2節のキーワード

呪術 客観的には因果関係が証明できない手段によって，生活上の具体的な効果を得ようとする行為。おまじない，雨乞いの儀礼，願かけなどは呪術の一種とも言える。19世紀の文化人類学者が，いわゆる無文字社会の文化を侮蔑的に扱った際の用語でもあり，現在ではあまり使われていない。

3節のキーワード

アニミズム 万物に霊が宿るとする考え方のこと。世界各地に見られる。

カルト そもそもは「崇拝」という程度の意味であるが，近年は英語でも日本語でも，社会的に問題を起こしている宗教集団を非常に批判的，侮蔑的に表現する際に用いられる用語となっている。

4節のキーワード

新宗教 近代から1970年代ぐらいまでのあいだに新たに創始された宗教運動。都市に住む人びとにもアピールし，布教・勧誘に熱心であり，とくに草創期には社会と緊張関係を生むこともある。日本では創価学会，アメリカではモルモン教（末日聖徒イエス・キリスト教会）などが有名。

Report Assignment——レポート課題

■あなたが「宗教的」だと思う集団をひとつあげ，その集団の由来，歴史，人数，価値観，活動などをまとめ，どのような点が宗教的なのか，自由に論じなさい。

Reading Guide——読書案内

①メレディス・B・マクガイヤ『宗教社会学』山中弘・伊藤雅之・岡本亮輔訳，明石書店，2008 年

宗教社会学の網羅的な入門書として，比較的近年に刊行された唯一のものといえよう。事例はほぼアメリカが中心であるが，宗教社会学の考え方を学ぶには適切な一冊だ。

②マックス・ウェーバー『プロテスタンティズムの倫理と資本主義の精神』中山元訳，日経 BP，2010 年

原著は 1905 年。宗教社会学のみならず社会学全体の古典である。宗教倫理が近代化にどのような影響を及ぼしたのかを論じている。いくつか翻訳版があるが，できるだけ新しい翻訳を読むことをおすすめしたい。

③岡本亮輔『聖地巡礼——世界遺産からアニメの舞台まで』中公新書，2015 年。

世界的なツーリズムの人気のなかで，伝統宗教の聖地にも，新たな注目が集まっているという。気鋭の宗教社会学者による聖地巡礼の入門書。

Chapter 11 経済と労働

Chapter Overview――本章の要約

社会学は経済を社会のなかに埋め込まれたひとつの制度として捉えてきた。それを前提とすれば経済は現在，資本主義というかたちを取りながら，とくに仕事を中心とするさまざまな社会的活動と関係を結んでいると理解できる。資本主義は，資本家による際限のない利潤の追求を促し，その代わりに労働者を疎外する。そうした疎外された労働はフォーディズムの時代には，一方で集団化され労働運動の活性化を招くとともに，高賃金化によって補われたが，現在のポストフォーディズム的生産方式のもとでは，労働はより個別化され，不安定なものとされている。その最大の例が非正規化である。消費社会のなかで膨らむ多様化したニーズに産業が応えようとするなかで，労働は一時的で，取り替え可能なものとますますされつつある。そのせいで労働運動は力を失い，人びとはみずからの力でスキルアップしていくことを求められている。そのはてに組織に所属せず，労働者のアイデンティティを奪う「ギグ・ワーク」といった労働形態も現れているのである。

Learning Objectives――学修目標

・フォーディズム的生産方式が労働をいかに変えたのか述べることができる。
・消費社会化が資本主義の発達といかに関わってきたかを述べることができる。
・現在，労働環境がいかに変容し，いかなる問題を抱えているかを述べることができる。

1　経済と社会

経済と社会の関係

「経済と社会」はいかなる関わりを結んでいるのだろうか。通常，考えられているのは，経済が外部から社会を支えるという関係である。通俗的なマルクス主義経済学がその典型で，日常生活を支えるさまざまな物質の関係という下部構造によって社会，政治や人間精神のあり方は決まるとされている。だからこそ経済が社会に対して先行して分析されなければならないとされたのである。

ただし社会学は，経済をつねに社会の外にあるとみなしてきたわけではない。逆にしばしば社会学は，経済を社会的なものとみなし，経済を貫く社会的な力についても分析してきた。一例としてゲオルク・ジンメルは，貨幣を価値を表現する透明な媒体というよりも，関係を量的なものに変え，相対的なものへと推し進めるそれ自体社会的な力とみなしている（Simmel 1900）。他方，ニクラス・ルーマンは，貨幣を信頼によってつくられるとともに，経済システムをつくりだす重要なメディアとする（Luhmann 1988）。貨幣による支払いが支払いを生むというかたちで自己生成的につながっていくことで，経済システムはほかの社会のなかのシステムと同様に稼働しているというのである。

経済を支える最小の要素がすでに社会的なものとしてあるとするこうした見方に対し，よりマクロな視点から経済を社会に依存するものとみなした研究もある。たとえばカール・ポランニーによれば前近代的な社会において，市場は，さまざまなルールや規範に縛られ，つまり共同体に埋め込まれて（embedded）いた（Polanyi 1944）。こうしたアイデアをマーク・グラノヴェターは現代社会にまで拡張した（Granovetter 1995）。たとえば転職の際，しばしばより有益な情報は，強いきずながある人よりも，自分と関わりが薄く，それゆえ異なる交友関係や情報を持つ弱いきずなの人によってもたらされる。「弱い紐帯の強さ」と呼ばれるこうした現象を一例として，グラノヴェターは経済活動はなお社会的なネットワークに埋め込まれているとみたのである。

これらの見方を代表として社会学は，ミクロにもマクロにも経済を端的に社会の外にあるというよりも，そのなかに埋め込まれているものとしばしばみなしてきた。それはつまりは経済を社会のなかの制度として捉えたことを意味している。社会学は経済を財やサービスを生産し，流通させ，消費させる制度として理解しつつ，それらがほかの社会的な要素といかなる関係をむすぶのかについて考えてきたのである。

資本主義の発生と展開

もちろん社会はつねに一方的に経済に影響してきたわけではない。社会は経済を規定するが，同時に経済は社会生活に大きな影響を及ぼしてきた。

結果として生じる経済と社会のこうした複雑な関わりのなかでも，現代社会でとくに重要な位置を占めているのが，**資本主義**という独特の社会・経済的システムである。では，資本主義とはなにか。とくに重要になるのが，それが限界のない富の私有を促すことである。資本主義が一般化する以前にも，富の蓄積を目指す者は当然いた。しかし際限のない，それゆえ共同体のルールやそれを支える規範（善や平等）を超えた致富がいつでもよしとされたわけではない。それに対して資本主義は富を際限なく追求することを大衆的な規模で促してきたのである。

こうした独特のシステムとして資本主義は歴史的なものであるといえる。たとえばマックス・ヴェーバーは，資本主義の発生を，歴史的かつ宗教的なものとみなしている。ヴェーバーの見立てによれば，人びとに限りない致富や節制を促す資本主義の倫理（エートス）は，合理的な理性や日常的な生活のなかで自然に育まれたわけではない。ヴェーバーによれば，それは「宗教」という非合理的な要素を媒介としてはじめて説明される。より具体的にはヴェーバーは，16 世紀の宗教改革のなかで発生したカルヴァン派の宗旨に注目した。それは神に救われていることをありがたい恩恵や当然の事実というより，不断に実証されなければならない仮説に変え，だからこそ神の救済にふさわしくあるように，日常生活にまで及ぶ不断の節制と勤労をおこなうことを人びとに求めた。こうしたプロテスタンティズムの倫理を資本主義の成長の核心にみることで，ヴェーバーは資本主義の発生を「宗教的なもの」に関わる特異な歴史的出来事と捉えたのである（Weber 1920）。

ただし非合理で際限のない志向によってだけで，資本主義は可能になったわけではない。そもそも際限のない志向そのものは，美や宗教的な善の追求においてもみられるものである。資本主義を説明するうえで重要になるのは，こうした際限のない志向が，貨幣を媒介として具体的かつ数量的に実現されることである。

資本主義のこうした具体的なあり方についてより構造的に説明したのが，ヴェーバーより時代をさかのぼるが，カール・マルクスだった（Marx 1867）。マルクスは，富は「労働力商品」を資本家が売買（あるいは消費）することによって際限なく増殖すると考えた。より詳細にみれば，あらたな価値（＝剰余価値）は，①労働力商品を資本家が買い，②それを使い（＝生産し），③結果としてつくられた商品を販売するというプロセスによって実現される。最終的に商品を販売し得られる貨幣の総量が，労働力商品（とさらには材料費や設備のために費やされた費用など）にあらかじめ支払われた貨幣の総量を上回ることで利潤があがるとされるのだが，この場合重要になるのは，買った商品（＝労働力）を使用する権利が社会的に正当なものとして保障されていることである。資本家は詐欺や詐術を働いているわけではなく，だからこそこうした過程は誰によっても合法的にくりかえすことができ，それゆえ価値は際限なく増殖されるとマルクスはみたのである。

もちろんいかなる場合でも価値の増殖が可能というわけではない。このプロセスは，①具体的には人間の労働を媒介して実行されるうえに，価値を際限なく増殖するためには，②無際限の消費の拡大や，さらには，③生産を可能にする資源の搾取が必要となる。

資本主義の再生産を可能にするこれらの具体的な条件についてはこれから検討するとして，ここではまずマルクスが資本主義といういまなお現代社会を動かす力を分析するうえでかなり有力な枠組みを提供してくれていることを確認しておこう。

たしかにマルクス自身は，資本主義を統制し，生産と配分をコントロールする**社会主義**，さらにはそれを通して配分を平等におこなう共産主義の実現を夢みた。ただし20世紀の歴史はそれが困難であったと教える。一度は社会主義革命は成功したかのようにみえたものの，経済学者のブランコ・ミラノヴィッチが，社会主義国家は中国のように国家の力で資本主義化を推し進める体制へと移行したというように（Milanovic 2019），いまではむしろ資本主義は複数の形態を取りながら，グローバルな拡がりをみせている。そうして資本主義が現代の支配的な社会関係にとどまることで，皮肉にもマルクスの資本主義に対する分析はその有用性をいまなお失っていないのである。

2 産業化と労働の疎外

資本主義における労働

マルクスは以上のように，資本主義の価値増殖には「労働力商品」の売買が欠かせないとみなした。これは労働価値説といわれ，商品の価値はその商品を生産する労働（量）によって決まるとみるアダム・スミスやデヴィッド・リカードの流れのなかにある見方だが，マルクスはとくに『資本論』では，資本の変化のプロセス（変態過程）における労働力商品の特殊な位置に注目している。近代において農村から追い出され都会にやってきた労働者（＝プロレタリアート）は生活のための糧を持たず，生きていくために自分自身を労働力として日々売り続けていくしかない。そのため他の労働者と競争のなかで自分の労働力の価格を切り下げ販売せざるをえないが，それを利用して資本家は労働力商品が作り出す商品の相場からみれば安価な価格で労働力を買い，利潤を手にしているのである。

この意味で資本主義の構造には，本質的に労働の**疎外**が含まれているといえる。疎外とは自分自身が自分の運命を支配できず，無力なものとされることだが，マルクスがその初期の『経済学・哲学草稿』（Marx 1844）であきらかにしたように，資本主義下でみずから生産手段を持たない者としての労働者は働かねば生きていけず，だからこそ労働力として資本家にみずからを販売することが求められる。結果として，労働に際し自分に対する命令権を売り渡すことが強制されるのであり，さらには自分でつくったものを自分で支配できないという意味で，労働者は幾重にもみずからの本質を奪われ，つまり疎外されているのである。

逆に資本家からみれば，この疎外された労働こそ利益の源泉となる。だとすれば利益を拡大するためには，より多くの労働力を購売し，利潤を拡大するとともに，その利潤を再投資することで生産を大規模化すればよい。これは労働者にとってみればみずからの生産物によってさらなる支配が生まれ，疎外が進むことを意味している。そうした矛盾を含みつつ，18 世紀なかばの産業革命以降，工場生産を前提とした**工業化**が進むことで，資本主義的経済は膨張してきたのである。

こうした工業化の 20 世紀的形態として**フォーディズム**的生産方式も生まれた。フォーディズムとは，自動車会社のフォードから名付けられたやり方のことだが，大量の労働者をベルトコンベヤに張付け，自動車を大量生産していくことで，多くの利潤を資本家は手にできるようになったのである。

しかし一方で，それは大規模化し機械化した生産設備に労働者を縛り付け，労働を分断化することを意味していた。チャップリンの映画『モダン・タイムス』（1936 年）が冒頭の工場のシーンでよく描き出していたように，工場での労働はベルトコンベヤでやってくる部品に対処する，機械に従属する流れ作業へと変わっていく。結果，労働者は職人のように自分で計画と実行を一元的に管理することはできなくなり，創造性を伴わない単調な作業へとますます追い込まれていくのである（Braverman 1974)。

フォーディズムの拡大

労働の変化は，現場で働くいわゆるブルーカラーの労働者だけのものにとどまらなかった。多数の労働者を管理するために企業が巨大化していくなかで，ウィリアム・H・ホワイトがオーガニゼイション・マンと呼び（Whyte 1956)，デイヴィッド・リースマンが他人指向型の人びとに適合するとみたように（Riesman 1950)，企業に従属しその細々とした命令に従う労働者も増加していく。

ブルーカラー層においても，ホワイトカラー層においても，労働に関わる個人の裁量はこうして小さくなっていくが，ただしフォーディズムの拡大は，労働者にとってもメリットがなかったわけではない。まずそれは高賃金化を促した。たとえばフォードの工場では，機械に従属した単調な労働が嫌われ，退職が続いたとされるが（Braverman 1974)，それを防ぐために賃金を上げ雇用を維持することが狙われた。生産性の向上を背景として 1 日に 5 ドルという当時としては高い賃金が支払われることで，労働の味気なさは一定程度償われていったのである。

フォードの工場だけではない。フランスの経済学者トマ・ピケティは，資本主義によってつくりだされた財が長期的に誰に還元されたかを調査している（Piketty 2013）。それによれば先進国では，20 世紀の最初の四半世紀を過ぎたころから第二次世界大戦をはさみつつ大衆へとより多くの財が還元されるようになった。ピケティ自身は不況や戦争によって資本家の富が破壊されたことを原因として重視するが，20 世紀のなかばに多くの財をまがりなりにも労働者により多く還元される傾向がみられたことも見逃せない。フォーディズム的生産方式が広がり，労働がますます味気ない作業とされる一方で，一定の財を労働者へ還元するしくみがたしかに働いたのである。

もちろん資本家の温情によってだけで，賃金は上がったわけではない。労働者の待遇改善には，**労働組合**を中心とした労働者の集団的な働きかけも貢献した。アメリカでは 1935 年にワグナー法が成立することで労働組合の力が増加し，自動車産業をはじめとして労働環境を改善する大きな力になった。また日本でも第二次世界大戦後，企業を単位とした労働組合の形成が進み，1970 年代まで高い組織率が維持された。そうした労働組合が一定の圧力をかけることで，賃金の持続的な成長がみられたのである。

その意味でフォーディズムは仕事をつまらなくしただけではなく，独自の労働文化を育む母体になった。デュルケムが指摘していたように複雑化した近代社会では，膨らみゆくさまざまなニーズに応えるために**分業**が進む。その極限的なかたちとしてフォーディズムは労働を分解し単純な作業を労働者に割り当てることで，人びとを切り離した。しかしそれが労働者が連帯する基盤を拡大していったことも忘れてはならない。巨大な企業のなかで単調な作業を大量の人びとが一律におこなうことを求めるフォーディズムは，労働組合を展開するための連帯の母体も育て，それが労働者の待遇の改善にたしかに貢献したのである。

消費社会化

フォーディズムは，労働とは別の水準でも，労働者の疎外を弱める場を拡大していった。フォーディズムは労働者の高賃金化を促進したが，それはひとつに労働者を自社の顧客として取り込むためだった。労働者に高い賃金を与え，それによって自社の商品を旺盛に消費してもらうことが企図されたのである。

その累積的な効果として，20 世紀なかばには**消費社会**が出現する。たとえばジャン・ボードリヤールによれば 19 世紀には人びとを労働者に変えるシステムが発達したのに対し，20 世紀には析出される労働者をさらに「消費者」に変えるシステムが一般化していく（Baudrillard 1970）。結果として，商品を人びとが争って消費し，そうした活動を生活の中心に据える消費社会がつくられる。そこでは，次から次へと商品が送りだされることを前提に，個々の商品はたがいの差異を価値の内容とする記号へと再編される。その記号を用いた集団的なコミュニケーションとして 20 世紀後半には消費がはてしなくおこなわれているとボードリヤールは分析したのである。

こうした消費社会の繁栄が，資本主義の限界も補った。まず価値が際限なく増殖するためには，商品が終わりなく買われていくことが不可欠となる。まがりなりにもそれを可能にしたのが，消費社会化だった。消費社会は，消費を他者とのコミュニケーションの手段とすることで，「自然」な必要性を限界としないはてしない消費を人びとに促し，それが資本主義の再生産を支えたのである。

同時に消費社会化は労働者の疎外も一定のしかたで償った。資本主義のシステムは労働から自律性を奪うことを前提に価値増殖を実現する。しかし消費社会では消費は，他者との駆け引きをおこなう一定の能動的なコミュニケーションへと変わる。それが労働の味気なさと孤立を償ったという意味で，消費社会の成立をフォーディズムのある種の達成とみなすことができる。フォーディズムは人びとを労働者としてだけではなく消費者として仕立て上げ，それによって労働の疎外を一定程度，代償したのである。

3 脱工業化と労働の変容

フォーディズムのあとに

ただし消費社会は，たんにフォーディズムを補っただけではない。それは他方でフォーディズムを変調させ覆す力にもなった。消費社会のなかで商品はコミュニケーションのための記号としてしばしばモード的に消費され，簡単に陳腐化される。そうした消費への嗜好（しこう）は，大量生産を前提としたフォーディズムを次第に解体していくのである。

結果として現れた資本主義の体制をフランスのレギュラシオン学派は，**ポス**

トフォーディズムと呼んでいる。このポストフォーディズム体制の特徴は，第一に消費社会の膨張に合わせさまざまなニーズに合った多品種少量の商品が生産されていくことである。70 年代以降あきらかになった先進国の経済停滞の限界を超えるために，画一的ではない商品をつくり売ることが模索される。

第二にそれを可能にするための情報産業や金融産業の興隆もみられたことも重要になる。情報は付加価値として直接消費されるだけではなく，ニーズに合った商品を生産し供給するために欠かせない資源になる。それに並行し，生産をタイミングよく可能にするものとして金融が発達し，結果として工業を中心とした第二次産業がサービス業や金融を中心とする第三次産業の動向に次第に支配される，いわゆる**脱工業化**も進められる。

さらにこうした展開が，グローバルな規模でみられたこともポストフォーディズム的体制の第三の特徴になる。巨大で動かしがたいインフラと大量の労働者を必要とするフォーディズムと異なり，情報や金融産業を中心とするポストフォーディズムでは，生産機構はグローバルに点在可能で，またはフレキシブルな移動も容易になる。たとえば現在ではアメリカのシリコンバレーを中心に展開される GAFA（Google, Amazon, Facebook〔現・Meta〕, Apple）と呼ばれる企業群が世界的な影響力を誇ると同時に，ローカルかつグローバルな需要に応える多くのスタートアップ企業がヨーロッパ各地やアジアの諸都市に興隆しているのである。

ポストフォーディズムは，それによってこれまで以上に**グローバル化された経済**を実現する。そもそもフォーディズムがうまくいった原因のひとつには，労働力や資本を国内にとどめる国民国家的体制が発達したことがある。大量生産の拡大は，国内における労働力の逼迫とそれゆえ労働力商品の高騰を招き，そのおかげで自社の製品を含む旺盛な消費も引き起こされた。しかしグローバル経済は，こうしたフォーディズム的な水槽に穴を開ける。国外から大量かつ安価な労働力が流れ込むことで高賃金化が抑制されるだけではなく，一部に支払われる高い収入がグローバルに流通する商品の消費に回されるためである。

結果，経済も国の統制の網を破り膨張していく。たとえばサスキア・サッセンは，グローバル化の進展とともに，国の経済統計からは捉えがたい**インフォーマルな経済**が拡大していくと分析している（Sassen 1998）。このインフォーマルな経済には，移民による自国内での違法，脱法的な生産活動はもちろん，より有利な条件を求めて他の国でおこなわれるオフショアな生産も含まれている。ポストフォーディズム的な経済の展開は，国の枠組みを超えた生産活動を促すことで，生産，消費，そして金融に関わる経済活動を，一国では統制しがたい高い流動性を持った営みに変えていったのである。

労働の変容

最後にポストフォーディズムの重要な特徴として，労働のあり方を大きく変化させたことが見逃せない。この点で最初に注目されたのが，20 世紀後半の日本の経済成長の一つの要になった**トヨタ生産方式**だった。①下請け工場を活用し柔軟に生産規模を調整する「ジャスト・イン・タイム」の生産方式に加え，②労働者が班をつくり創意工夫をしながら積極的に生産に参加するカイゼンの要請，③労働者にラインを止める権利を与えつまりは作業の決定権を持たせるアンドン本式，さらに，④複数の機械を操作する技能を持った多能工の養成などによって，あらたな生産方式が生まれたと主張される。組立ラインそのものを解体し労働者のさらなる積極的な参加を求めるボルボイズムといった他の生産方式も含め，フォーディズムで問題になった労働の退屈さの増大は，賃金の増加ではなく，（一部の）労働者に献身的な参加を求めることで補われていったのである。

たしかにこうしたやり方は，自動車を大量生産する大規模な工場の手法を前提としていたという意味で，フォーディズムを完全に乗り越えたものではないと批判されることもある。その見方はある意味で妥当だが，ただし製造業以外にも目を向ければ，情報産業やサービス業などで，より一時的で，多様なニーズに応えるあらたな労働の場が徐々に膨らんでいったことも否定できない。

たとえば日本では 20 世紀末以降，女性や高齢者などを含め，多様な労働者が「参画」するあらたな労働市場が拡大している。少子高齢化の影響のもと 15〜64 歳の人口は 1984 年から 2022 年かけて 500 万人以人減っているにもかかわらず，就業者人口は同時期に 5553 万人から 6653 万人へと 1000 万人以上増加した。ただしそれはおもに非正規労働者の増加によって引きおこされたもので，実際，同期間に非正規の職員・従業員は 604 万人から 2073 万人まで 3 倍以上に増大し，雇用者における非正規率も 15.3% から 36.7% にまで上昇している（**図 11–1**）。

こうした労働者集団の拡張には，消費社会的・ポストフォーディズム的資本

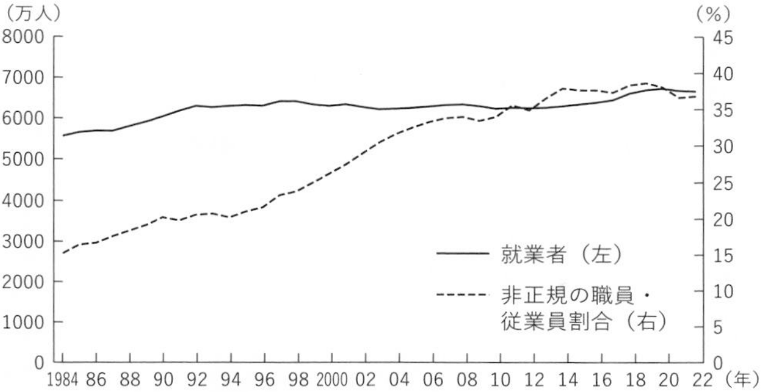

（出所）「労働力調査 長期時系列データ」。2001年以前は2月，以降は1〜3月の平均。労使関係総合調査（労働組合基礎調査）より。

図 11-1　就業者人口と非正規職員・従業者の割合

主義が拡大していくなかで生まれた消費者の多様なニーズが大きく作用していると考えられる。モード化されたモノをタイミング良くつくり出していくことを目的として，流動的な雇用が求められていくとともに，時と場に応じたサービス需要に応えるために，短時間または不定期で働く労働者が必要とされたのである。

問題はこうして多様化し増大していく労働者に対して，以前のようには高賃金化で応えることがむずかしくなっていくことである。消費者がより安価な商品を求めるとともに，ポストフォーディズムがグローバルに展開されていくなかで競争のためにコスト削減が要請される。結果として企業は非正規の雇用者を経費の削減と雇用の調整のために利用し始める。たとえばコロナ禍の日本では，正規労働者はむしろ増加を示したのに対し，非正規労働者の減少が目立ったのである（厚生労働省『令和3年版 労働経済の分析』111ページ）。

こうした正規から非正規への切り替えによって労働者の生活はより不安定なものとなる。賃金が低下するからだけではない。フォーディズムの体制では画一的な労働の場がまがりなりにも労働者の連帯を可能にし，それが労働の疎外を補っていた。しかしポストフォーディズムな体制では多種多様な仕事が人びとに求められる結果，労働はより孤立した個人的な営みに変わっていった。結果として労働組合も力を失った。他の先進国同様，日本でも70年代末以降一貫して労働組合の組織率が減少している（図11-2）。とくに日本の労働組合は

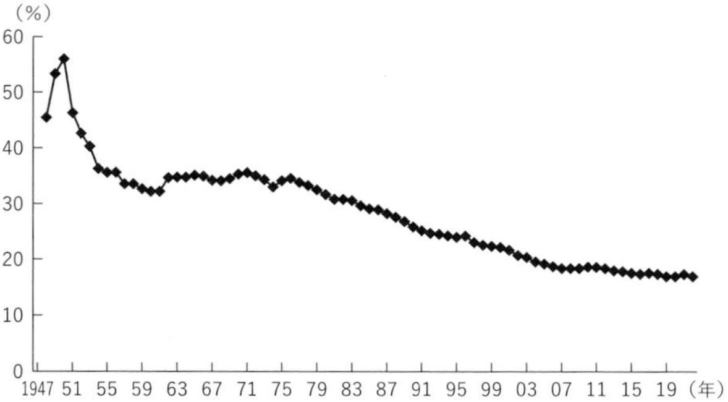

（出所） 労使関係総合調査（労働組合基礎調査）。

図 11-2　労働組合推定組織率

産業や職種ではなく企業ごとに組合をつくる企業別労働組合が一般的だが，非正規の労働者の多くがそこからこぼれ落ちることを一因として，ポストフォーディズムのもとでは労働のアトム化と自己責任化が進み，労働組合の存在意義そのものが揺らいでいったのである。

格差の再編

賃金の低下と連帯の欠如によって特徴づけられるこうした労働環境の変化をみるうえで注意しなければならないのは，そのゆがみが一律にではなく，もともと社会で不利な待遇を受けやすかった集団に集中したということである。たとえばジェンダーの観点からみれば，日本では女性において非正規労働者が多いことに加え（2021 年で男性 21.8% に対し女性 53.6%），若干改善の傾向がみられるとはいえ短時間労働者を除く常用の女性労働者でも 2021 年で男性の給与水準の 75.2% を稼いでいるにすぎない（内閣府男女共同参画局『令和 4 年版 男女共同参画白書』）。山口一男によれば，それは①高賃金が見込める職に男性雇用者が多く，②さらにそうした職でも女性に昇格の遅れがみられるからである（山口 2017）。その背後にあるのは，男性稼ぎ手を中心とする家父長制的な構造で，そのなかで女性の労働は補助的なものとされ，賃金が抑えられる。さらにそのせいで女性が男性に依存せず生きていくことがむずかしくなり，家父長制的体制は再生産されていくのである。

こうした女性の不遇を一例として，学歴や年齢，地域差などさまざまな社会的な差異にもとづき不利を被る集団が現代社会には存在し，それを中心に貧困の問題が大きくなっている。そもそも正規労働者を中心とした以前の労働環境は成人男性を中心としていたが，その枠組みを外れる多様な労働力が非正規というかたちで充分に報われることないまま「活用」されているのである。それを前提に2000年代以降，たとえば働いても満足に稼げないワーキングプアや，そもそも働くことを望まないニート的な生活を選ぶ人びとが大きな社会問題として取り上げられた。

もちろんその一方で，高収入の恵まれた人がいることも事実である。サスキア・サッセンは，グローバルな経済が拡大していくなかで都市には，金融業界等で専門的な職を務め高い賃金を獲得する人びとと，彼・彼女らの娯楽や生活維持のためにサービス業で安価で働く人びとの二極化が生じていると分析している（Sassen 1998）。それがたとえば2011年のウォールストリートの占拠をはじめとした世界的な反金融運動にもつながったのである。

日本ではそこまではっきりとした分裂はなお進んでいないとみる者もいるかもしれない。とはいえ2000年代に始まる超高層マンションの林立は都市の中心部に高い所得を稼ぐ人びとが少なくとも一定数集まっていることを否定しがたいかたちで示している。その需要を支えるのはグローバル企業に仕え高収入を得る層に加え，フリーランス的なしかたで富を稼ぎ出す専門家的人びとである。ポストフォーディズム的な不安定な雇用状況においては，会社に雇用されるのではなく，身につけた技術によって，一時的な契約を結び自由に働く生き方が人気を集めているのである。

だがそのなかで成功するのは，あくまで一部の人びとにすぎない。YouTuberを極端な代表として個人で巨万の富を稼ぐ人も現れている一方で，多くの人は働いても自分の生活を維持することさえむずかしくなりつつある。先にみたようにポストフォーディズムは，インフォーマルな経済を拡大する。その一例として，ウーバーイーツの流行が代表とするような一定時間に限られた契約で働く「ギグエコノミー」の出現，またはメルカリ等のオークションアプリを用いた転売の興隆が示しているように，組織に帰属せず，その場その場の需要にゲリラ的に稼ぐ人びとも現れ始めているのである。

しかしそれによって生計を安定させるだけの報酬が得られないとすれば，それは本当に「労働」と呼べるのだろうか。労働はいまでは一定数の者にとって，とんでもない幸運によって巨万の富を稼げるか，さもなければ報酬の不安定な作業か，という状況にまで切り詰められている。そうした「労働」をおこなう者は，どこまで自分を「労働者」とみなすのだろうか。ポストフォーディズムの進展とともに，資本主義はこうして従来の枠組みからはみ出すより流動的で，断片的なものにまで労働を変質させているのである。

Glossary——用語集

1節のキーワード

経済　人びとの生活に必要とされる財や制度を生産し，流通させ，分配する制度。社会学はそれを社会によって規定され，そのなかに埋め込まれたものとして捉えることが多い。

資本主義　利益追求が無際限に肯定される経済的体制。資本家の生産手段の私有化を前提とする。

社会主義　生産手段を共同管理することを前提に生産と分配を計画的におこなう経済体制。

2節のキーワード

疎外　自分自身の運命の統制に無力である状態。マルクスによれば，資本主義下では労働者は労働力商品としてみずからを売らざるをえない結果として，自分が生産した成果を自分で享受できず，それが資本として逆に自分を支配するものへと転化するなど，幾重も疎外を経験する。

工業化　製造業が成長を遂げ，産業構造のなかでますます大きな意味を担っていく状態。18 世紀のイギリスにおける産業革命を嚆矢とする。

フォーディズム　アメリカの自動車会社フォードによって 20 世紀前半に実現され，その後世界的に拡がった生産方式。分業によって労働者を厳しく管理するとともに，高賃金化によってそれに報いる。

労働組合　労働条件や改善を目的に，集団としての労働者が自主的に組織した団体。

分業　複雑化する社会に応じて労働や職業が分離，多様化すること。それは人びとの分断を招く一方で，デュルケムによれば，異質なものが関係する社会的連帯の基礎にもなる。

消費社会　コミュニケーションを目的とした消費が繰り返される資本主義的システムが稼働している社会。

3節のキーワード

ポストフォーディズム　1970 年頃よりグローバルに拡がったとされる生産方式。多様なニーズに応えるために少量多品種生産を目指し，また雇用のフレキシブル化を進める。

脱工業化　工業化を経て，サービス産業や金融業を主力とする第三次産業が産業機構のなかでより支配的な力を獲得していく状態。

グローバル経済　ナショナルな制度や人びとの実践の枠を超えて商品の生産・流通・消費，また投資活動が活発化した経済のこと。

インフォーマル経済　国家の法制度による管理や規定を充分に受けず，統計上からも把握しがたい経済分野。とくに発展途上国に大きく広がる。
トヨタ生産方式　下請けを活用した生産の流動性の確保と，労働者の生産への積極的参加を求める日本で実現された生産体制。ポストフォーディズムの嚆矢として議論されている。

Report Assignment——レポート課題

■あなたは，高賃金だが忙しくまたやりがいのない仕事を望みますか。または低賃金だが自由な時間とやりがいのある仕事を望みますか。あるいは同じ企業で長期間働く生き方と，フリーランス的に働く生き方のどちらを好みますか。これらの問いについて考え，またまわりの人にもどうしてそう思うのかインタビューしてみましょう。さらにそうした人びとの考えと現代における資本主義のあり方と結びつけて考察してみましょう。

Reading Guide——読書案内

①佐藤博樹・佐藤厚編『仕事の社会学——変貌する働き方〔改訂版〕』有斐閣，2012 年

現代日本における労働のあり方を，とくに「雇用社会」や「企業社会」という観点から，データをあげ多面的に論じている。現代社会における労働のあり方を考える上ではまず一読をお勧めする。

②デヴィッド・ハーヴェイ『ポストモダニティの条件』吉原直樹・和泉浩・大塚彩美訳，筑摩書房，2022 年

原著は 1989 年に出版されたが，現代の資本主義について考えるためのすでに古典となっている。フォーディズム的な蓄積体制がいかによりフレキシブルな蓄積体制に移行し，それが「空間と時間」を圧縮することによって，生産方式や労働のみならず，都市や文化のかたち，芸術やわたしたちの暮らしをいかに変えているのかを説く。

③ダニエル・ミラー『消費は何を変えるのか——環境主義と政治主義を越えて』貞包英之訳，法政大学出版局，2022 年

消費とは何か。ボードリヤールやブルデューなどの理論を検討しつつ，消費がそれ自体分析に値する固有の対象であることをあきらかにするとともに，それを前提に，では格差や気候温暖化に対していかなる対処が可能であるかを多面的に分析する。

Chapter 12 政治と社会運動

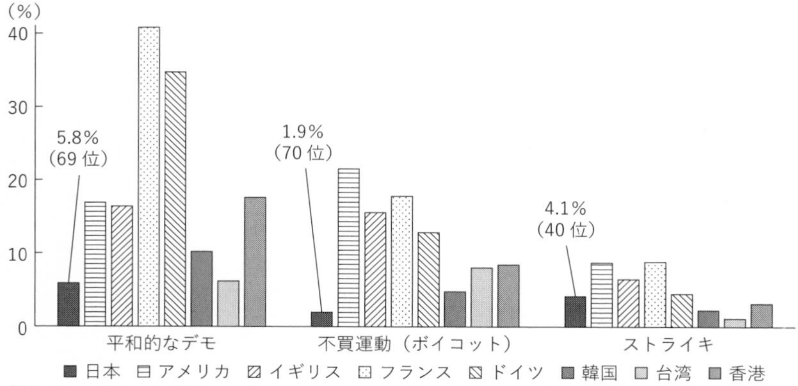

（注）％は「やった（参加した）ことがある」と回答した人の割合（日本のみラベルを付した），かっこ内は77カ国のなかでの日本の順位。
（出所）電通総研・同志社大学「第7回『世界価値観調査』レポート」から作成（https://institute.dentsu.com/articles/1706/）。元データは第7回世界価値観調査（World Value Survey Wave 7, 2017〜21年実施）による。

図12-1　政治的行動の参加経験率（国別）

Chapter Overview——本章の要約

街頭で主張を掲げて行進する「デモ」。好ましくない企業の商品を買わない「不買運動（ボイコット）」。仕事を放棄することで経営者に異議を訴える「ストライキ」。

これらは政治や社会のありように異議を唱える方法だが，ある調査によると，日本でこれらに参加したことがある人は多くない。欧米の主要各国ではいずれも一定の割合の人が参加したことがあり，東アジアでも韓国，台湾，香港では日本より多くの人がデモやボイコットを経験している。このような行動は世界的にみるとそれほど珍しいものではない。

人びとはなぜ異議を唱えるのか。その異議は何に向けられたものなのか。そもそも私たちの政治や社会のありようは，誰がどのように決めているのか。

社会学者たちは古くから，政治や社会運動という現象に関心をもってきた。本章では，「支配するのは誰か」「抗うのはなぜか」という二つの問いから，政治と社会運動に関する社会学の基本となる見方や考え方をみていこう。

Learning Objectives——学修目標

・権力，支配，国家，民主制など，政治社会学の基礎的な概念を理解する。また，支配はどのようにしてなされるのか，民主制にはどのような特徴があるのかを，具体例とともに理解する。

・社会運動とはどのようなものか，他の集合行動と何が異なるのかを理解する。また，社会運動はなぜ発生するのかを，剝奪理論，集合行動論，資源動員論，新しい社会運動論など，社会運動論の主要な理論に即して理解する。

1 政　治

私たちと政治

政治と聞いて，何を想像するだろうか。「選挙」「国会で国会議員たちが話し合いをしているイメージ」「国を動かすこと。運営すること」「具体的に何をしているかよくわからない」「難しい，遠い」……（ある大学の授業でのアンケートの回答から）。

たしかにふだん「政治」を意識することは少ないかもしれない。テレビで見かける国会の様子や政治家たちを思い浮かべても，身近なものといいがたいという人が多いだろう。

それでも，政治が私たちの暮らしと密接に関わっていることは，多くの人が知っている。たとえば，新型コロナウイルス感染症の感染拡大（コロナ禍）は，そのことを思い出させてくれる出来事だった。

2020 年春，日本中の学校が一斉に休校になった。これは当時の総理大臣が，「多くの子どもたちや教員が日常的に長時間集まることによる大規模な感染リスクにあらかじめ備える」として休校を要請したためだった。政府のトップの要請ひとつで，全国の学校がある日突然，休校になる。それほどの「力」が私たちの社会にはたしかに存在しているのだ。

コロナ禍のなかで，飲食店をはじめ多くの店や施設が休業や時短営業を余儀なくされたことも覚えているだろう。これは法律（新型インフルエンザ等特別措置法）にもとづいて政府が緊急事態宣言やまん延防止等重点措置を発令したためだった。そうした店や企業で働く人たちにとっては，休業や時短営業は，感染と並んで命や生活に関わることだったが，元をたどれば，こうした力をもつ法律をつくったのは国会議員たちであり，その国会議員たちを選んだのは，ほかならぬ私たち有権者だった。

政治とは，政府の活動や運営に関して，何かを決めたり，決めたことに人びとを従わせたりすることをいう。もう少し広くとらえると，「一つの集団や社会において，成員全体を拘束する決定を創出し維持するという働き」（高畠 1994: 524）をいう。人びとがともに暮らす社会では，ルールを決めて，みんなで従わなければならないことがある。「成員全体を拘束する決定」というのはそんなイメージだ。

この定義の著者は，次のようにも言っている。政治とは「自由独立な人間の集団のなかで，相互の自由なる合意によって秩序を創出する機能」（高畠 2009: 30）である，と。人びとにはそれぞれ異なる立場や意見がある。そこで，何かを決めるとき，お互いの自由と独立を前提に，暴力によるのでなく，話しあって合意と決定をめざす。それが政治というわけだ。

権力と支配

先の「政治」の定義に「成員全体を拘束する決定」とあった。決まったことにみんなで従う，ということだが，政治には「拘束」という力がともなっているということがわかる。こうした力は**権力**と呼ばれる。

19 世紀末から 20 世紀はじめのドイツの社会学者マックス・ヴェーバーは，権力とは「或る社会的関係の内部で抵抗を排してまで自己の意志を貫徹するすべての可能性」（Weber 1922＝1972: 86）と定義した。他人が嫌がって抵抗しても自分の意志を突き通せること，それが権力というわけだ。

権力に人びとが従うことを，ヴェーバーは**支配**と呼んだ。正確にいえば，支配とは「或る内容の命令を下した場合，特定の人びとの服従が得られる可能性」をいう（Weber 1922＝1972: 86）。

ここで重要なのは，支配する人（支配者）が支配される人（被支配者）に対して，一方的に権力を行使しても，それだけでは「支配」したことにならないということだ。つまり，支配される人から「服従が得られる」こと，いいかえれば，支配される人が，支配しようとする人に対して服従しようという意思や意欲がなければ，支配したことにならないとヴェーバーは言っている。かりに暴力で無理やり支配しようとしても長続きしない。少なくとも安定的に支配するには，支配される人がその支配を正当だと信じて服従することが欠かせないとヴェーバーは考えた。

では，どうすれば正当な支配として受け入れられるのだろうか。ヴェーバーは，正当な支配だと信じられる際の方法，つまり正当性に着目して，支配には三つのタイプ（類型）があると論じた。「支配の３類型」として知られてきた議論である（Weber 1925＝2012）。

ひとつめの類型は法にもとづく支配で，**合法的支配**と呼ばれる。私たちの多くは今，政府が支配することを正当なものとして受け入れている。それは政府の支配が，選挙という正当な手続きで選ばれた人たちによって，正当な手続きでつくられた法律に従ってなされていることを知っているからだ。逆にいえば，人びとが正当だと思えないかたちで政府が運営されれば，そのことを知った人びとは反発するだろう。時には，その政府による支配を認めず別の政府に変えようとする（究極的には革命を起こす）かもしれない。

もうひとつの類型は**伝統的支配**である。これは，昔から続いてきたものを人びとが正しいと信じ，それによって成り立つ支配のことである。たとえば，前近代の王や大名による支配がこれにあたる。ある領地を支配する王は，古くから代々支配しているがゆえに，領民たちはその支配を受け入れてきた。古くから続いていることが，ここでの正当性の理由となる。

最後の類型は**カリスマ的支配**である。カリスマとは，人びとがこの人に従おうと思うような才能や魅力，あるいは呪術や魔力などの超自然的な力を備えた人のことである。そういう支配者個人のもつカリスマ性が支配の正当性の根拠になるのがカリスマ的支配である。宗教的な預言者，軍事的な英雄，民衆を熱狂させる演説や行動をする扇動的な政治家（デマゴーグ）による支配を，ヴェーバーはこの例に挙げている。

国　家

権力をもつ組織の代表例が国家である。私たちは，ふだん国家を意識することはあまりないかもしれない。しかし，私たちは国家に税金を払い，国家の定めた法律に従い，法を犯せば国家によって罰せられる。国家はいやおうなく私たちの生活や人生に関わっている。

そもそも国家とは何だろうか。ヴェーバーは次のように述べている。「国家とは，ある一定の領域の内部で……正当な物理的暴力行使の独占を（実効的に）要求する人間共同体である」（ウェーバー 1980: 9），と。

たしかに私たちの社会で，暴力の行使が許されるのは国家だけである。警察官には銃の使用が認められている。軍隊は敵を殺傷できる武器をもつことができる。国家以外の個人や集団（たとえば暴力団）が銃を使用したり，殺傷能力のある武器を所持したりすれば，違法行為として処罰される。

たとえ政治的な主張をもっていようとも，国家以外の個人や集団が暴力を用いることは認められない。暴力で人びとに恐怖を与え，政治的な目的を果たそうとする行為は，**テロリズム**と呼ばれる。

このように国家は「物理的暴力行使」を「独占」している。いいかえれば，社会に暴力をはびこらせないために，必要最低限の暴力を行使することを，私たちは国家だけに委ねているのである。

こんにちの国家には，物理的な暴力の独占という役割上の特徴とともに，もうひとつ，社会集団としての特徴がある。それは「国民国家（ネーション・ステイト）」という特徴である。前近代の国家では，民族（ネーション）と国家（ステイト）が一致しないこともしばしばあった。多数の民族からなるローマ帝国や中国の歴代王朝を思い浮かべるとよい。それに対して，近代の国家は，国家の成員である国民（ネーション）は共通の文化や歴史をもつとされている。実際にはそうでなくても，そういうものだと信じられている。このような「政治的単位とネーションの単位が一致すべきであるとする政治原理」（Gellner 1983＝2000: 1）は**ナショナリズム**と呼ばれる。ナショナリズムにもとづく集団，これが近代国民国家の大きな特徴である。

民主制

こんにちの国家の多くは**民主制**というしくみで運営されている。民主制（democracy）は，「人びと」を意味するギリシャ語の demos と「支配」を意味する kratos からできた語である。つまり民主制とは「人びとによる支配」を意味する。

アメリカのシンクタンクの調査によると，2017 年末の時点で，人口 50 万人以上の 167 カ国のうち 96 カ国（57%）が民主制の国家である。1970 年代末に民主制の国家は 25% にすぎなかったから，この半世紀ほどの間に民主制の国家は着実に増えた（DeSilver 2019）。

民主制が広がる以前にしばしばみられたのは，**君主制**や寡頭制だった。君主制（monarchy）の語源は，ギリシャ語の「一人の支配」である。つまり，一人の君主が支配するということである。一般的に，君主は血統が重視され，ひとつの家族で代々世襲される。それに対して寡頭制とは，一人ではなく複数の貴族や武士など特定の少数の人びとが支配する政治のしくみをいう。

このような一人ないし特定少数が支配する君主制や寡頭制に代わって，多数の人びとによる支配である民主制が広がったのは16世紀以降である。その時代のヨーロッパでは，商業が発展して，力をもつ人びとが登場してきた。そうした人びとは，絶対的な権力をもつ君主（絶対君主）からの自由を求めて，君主の権力を制限することを要求するようになった。そこから少しずつ民主制が確立されていった。

もっとも，民主制の歴史を概観したイギリスの政治学者デヴィッド・ヘルドは，一口に民主制といっても歴史のなかでその形やとらえ方は大きく異なってきたと指摘している（Held 1996＝1998: 4）。

たとえば，「人びとによる支配」といっても「誰が『人びと』とみなされるべきなのか」は一様でなかったとヘルドはいう。民主制をはじめて実践したとされる古代ギリシャの都市国家アテナイでは，政治に参加する権利を有していたのは市民全員であった。しかし，そこでいう市民とは成人男性だった。奴隷や女性は含まれていなかった。16世紀以降のヨーロッパでも，「人びと」に含まれていたのは，長らく男性に限られていた。しかも当初は，富と教養をもつという限定が付いていた。日本でも，近代国家が生まれた明治期に選挙権が与えられたのは富裕な男性だけだった。財産による選挙権の制限がなくなったのは1920年代，男性だけでなく女性も選挙に参加できるようになったのは1940年代のことだ。

人びとがどのように支配するかも，時代や地域によって異なっていた。古代ギリシャの民主制では，市民全員がひとつのところに集まって議論し物事を決めていたとされる。いわゆる直接（参加）民主制である。しかし人口の多い社会では，全員が一カ所に集まって議論するのは無理だ。そこで代表者を選んで，その人たちが集まって議論して物事を決める。これは間接（代表）民主制と呼ばれ，私たちにも親しいものである。

さらに，人びとの立場や考えを政治に反映させる方法は，選挙だけに限られない。たとえば，人びとが参加する集団を通じて自分たちの立場や考えを政治の場に伝えるという方法がある。たとえば労働組合，業界団体，地域コミュニティの組織，女性団体やマイノリティの集団，宗教団体は，自分たちの思いを広めたり利益を実現させたりすることをめざして活動している。このように，ある利害，関心，欲求，価値を主張し実現するための集団は**利益集団**と呼ばれる。こうした集団が政治に力を及ぼそうとするとき，とくに「圧力団体」と呼ばれることもある。現実の民主制は，選挙で代表者を選ぶルートに加えて，このような利益集団の活動を通じて政治に人びとの意見や利害を反映させている。

支配するのは誰か

「人びとによる支配」という語源をもつ民主制であるが，実際に「人びとによる支配」は実現されているのだろうか。現実には，特定の個人や集団に権力が集中していて，一部の個人や集団が支配しているのではないか。こうした疑問をめぐって，20 世紀半ばにアメリカで起こった論争があった。「地域権力構造論争」と呼ばれるこの論争は，権力や支配の実際を理解するうえでも，またそれを研究するうえでも，多くの示唆に富んでいる。少しだけのぞいてみよう。

ある政策を決めるのは誰か。いいかえれば，権力を握っているのは誰か。この問いに対して，アメリカの政治学者フロイド・ハンターは，ある都市で意思決定に影響をもっていそうな人たちを対象に，「誰が影響力をもっているか」と尋ねる調査をした。その結果，大企業の経営者など一部の人たちが権力を握っているとの結論を得た（Hunter 1953）。同じころ，社会学者のチャールズ・ライト・ミルズ（1919–62）も，アメリカでは富と権力と威信をもった少数の権力エリートたちが経済・政治・軍事の三つの分野で物事の決定を独占していると論じた（Mills 1956）。

それらに対して，同じアメリカの政治学者ロバート・ダールは，自分の住む小都市で，再開発や教育といった重要な政策をそれぞれ「誰が決めているか」を調査した。その結果，どの分野の政策にも共通して影響力をもっている有力者はほとんどいなかった。このことからダールは，権力は特定の個人に集中しているわけではなく，分散していると結論づけた（Dahl 1961）。

ハンターやミルズのように，特定少数の個人が権力を握っているとの見方は「エリート主義」的な権力観と呼ばれる。それに対してダールのように，権力は分散しているとみる権力観は「多元主義」と呼ばれる。

この論争では，エリート主義か多元主義かにとどまらず，権力をどのように理解すればよいかをめぐる重要な提案もなされた。たとえば，ハンターもダールも，ある政策を「決める」ことが権力をもっていることだというが，はたしてそうなのか。大事なことをあえて決めないことも，ひとつの「権力」ではないのかという問題提起はそのひとつである（Bachrach and Baratz 1962）。

また，一人ないし複数の個人が「決める」こと以上に，「決める」しくみがどうなっているか，つまり個人でなくシステムこそ権力をもっているのではないかという問題提起も，権力を考えるうえで重要である（Lukes 1974）。個人ではなく社会のしくみやしかけに権力の秘密があるのではないかという着想は，のちにフランスの哲学者ミシェル・フーコー（1926–84）によって展開された権力論（Foucault 1975）にも通じるものである。

私たちの社会における政治や権力・支配をどのように理解するか。現実の民主制は，どこまで「人びとによる支配」を実現できているか。これらは，今なお政治の社会学に突きつけられた重要な問いである。

人びとは権力や支配に対して服従するだけではない。時に異議を唱えて立ち上がることもある。私たちの社会の政治や権力・支配を理解するには，こうした行動にも視野を広げることが欠かせない。そのことを次節でみていくことにしよう。

2 社会運動

社会運動とは何か

社会や政治に不満があるとき，あなたはどうするだろうか。ある調査で，「仮りに，あなたが社会に対して不満があるとします。その場合，あなたはどのような態度をとりますか？」という質問をしたところ，「選挙で投票するときに，考慮する」49%，「合法的な陳情，署名あつめ，デモ，ストライキなどをする」4%，「場合によっては，非合法の手段をとることもありうる」4%，「たとえ不満があっても，別になにもしない」39% という結果だった（統計数理研究所「第 14 次日本人の国民性調査」，2018 年実施，同研究所ウェブサイトによる）。この調査は 5 年ごとに同じ質問をしているが，「合法的な陳情，署名あつめ，デモ，ストライキなどをする」と答えた人の割合は，2003 年の 12% をピー

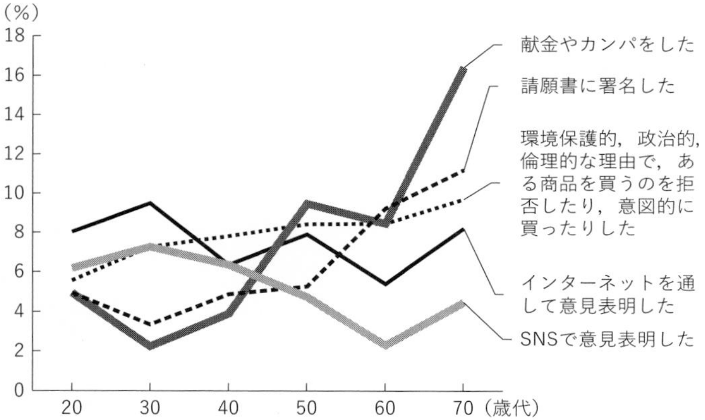

（注）「この5年間に経験した」と回答した人の割合。
（出所） 東京都内在住の20〜79歳の男女1000人を対象に，2022年8月に実施したウェブ調査の結果から作成。

図12-2　政治的行動の参加経験率（年代別）

クに下がっている（同サイトによる）。

しかし，「合法的な陳情，署名あつめ，デモ，ストライキ」以外の，たとえばネットやSNSを活用して意見を発信することは，若い世代を中心に広がっているようだ。別の調査で「この5年間に経験したこと」を選んでもらった結果をみると，「献金やカンパをした」や「請願書に署名した」は，年代が下がるほど経験率も下がる傾向にある。それに対して「SNSで意見表明した」は，おおむね若い世代のほうが経験率が高いという傾向がみられる。「インターネットを通して意見表明した」も，やや上下はあるものの，若い世代にも一定の経験者がいることがわかる（図12-2）。

「陳情，署名あつめ，デモ，ストライキ」も「ネットやSNSでの意見表明」も，ある目標や利害を掲げて意見を表明したり，集合的に行動したりするものである。これらは**社会運動**と呼ばれる。

社会運動は**集合行動**の一種である。集合行動とは，文字どおり，人びとが集合して行動することをいうが，そこには群衆や暴動，パニック，流行現象なども含まれる。集合行動のなかでも，社会運動は，群衆や暴動と違って，人びとが意図して行動するものであり，時間的にも，そのほかの集合行動より長く継続するものである。

社会運動には，今ある制度，たとえば法律の枠内でおこなわれるものもあれば，法律すれすれに，時には法を犯すものもある。法を犯すことが問題かといえば，そう単純な話ではない。労働者が賃上げや待遇改善を求めてあえて仕事を放棄する「ストライキ」は，かつては違法だったが，今では多くの国で労働者の権利として認められている。社会運動によって政策や法律が変わることは，歴史的にみるとめずらしいことではない。

社会運動が人びとの意識や価値観を変えるきっかけになることもある。ゲイやレズビアンの権利を求める運動は，異性愛を当然とする社会に疑問を呈してきた。その結果，多くの国々で同性愛の人びとの権利が広がってきた。日本でもここ数年，同性愛のカップルを認める自治体は増えている。

抗うのはなぜか①——剝奪理論と集合行動論

なぜ社会運動は起こるのだろうか。一見簡単そうなこの問いに対して，これまでさまざまな説明が試みられてきた。代表的な議論をいくつかみてみよう。

まず，剝奪理論と呼ばれる説明をとりあげよう。この理論によると，社会運動を起こすのは，収入や仕事，権利，人間としての尊厳などを剝奪されていると感じる人びとだとされる。そうした人びとが社会の変化を求めて社会運動を起こす，というわけだ。

たとえば19世紀ドイツの経済学者カール・マルクスの階級闘争論はよく知られている。マルクスの説明はこうだ。資本制の社会では，資本家は利潤を追求するから労働者の賃金をできるだけ抑えようとする。それに対して労働者たちは少しでも多くの賃金を望む。このような資本家と労働者の間の対立は，資本制の社会である限りなくならないし，むしろ対立は次第に深くなる。そうなると，労働者たちは資本家の支配する社会を変えようと立ち上がることになる。そこで革命に向けた社会運動が起こるというわけだ（Marx and Engels 1848）。

これと似ていながら少し異なる説明もある。ロシア革命をはじめ，実際の革命の多くは，たんに貧しい社会で起こるのではなく，経済の発展が止まって急に悪化するときに起こるという事実がある。それはいったいなぜか。経済発展は人びとを豊かにするが，そこで急に発展が止まると，人びとの欲求は満たされなくなってしまう。一度豊かさを味わうと，人びとの欲求は高まり，そのぶん不満も大きくなる。その不満が革命の火種になるというわけだ。いいかえれば，革命への社会運動を引き起こす原因は，客観的な貧しさにあるのではなく，人びとの欲求の水準と実際にそれが満たされるかどうかの落差にあるということになる（Davies 1962）。

欲求水準と現実の充足水準の落差が大きいほど剝奪感は強くなる。このことを20世紀アメリカの社会学者ロバート・K・マートンは**相対的剝奪**と呼んだ（Merton 1957）。単純な「剝奪」ではなく「相対的剝奪」こそが社会運動を引き起こす，というのが，剝奪理論によるもうひとつの説明である。

剝奪感のような不満こそが社会運動を引き起こす，という説明は，1920年代のシカゴ学派社会学の始祖であるロバート・パーク（1864–1944）にも共通している。パークは，「集合行動とは，共通の集合的な衝動，つまり社会的相互行為の結果としてある衝動に影響された人びとの行動である」（Park and Burgess 1921: 865）と述べている。

シカゴ学派の後継者の一人であるハーバート・ブルーマーも，パークの集合行動論を受け継いで，社会運動が人びとの不満という衝動から発生すると説明した。ブルーマーによれば，社会運動には四つの段階がある。まず，人びとが不満をもっている状態がある。あるとき人びとが不満の原因に気づく。そして，人びとは不満の解消をめざして組織をつくる。最後に，この組織の主張が社会や政治に受け入れられて，不満が解消される（Blumer 1969）。

ブルーマーより一世代若いアメリカの社会学者ニール・スメルサー（1930–2017）は，シカゴ学派と異なる立場から，集合行動を体系的に説明した。スメルサーは，タルコット・パーソンズの構造機能主義の立場によって，「価値付加モデル」という集合行動の展開モデルを考えた。

それはこんな説明である。人びとは，期待と現実が隔たっている「構造的緊張（ストレーン）」の状態にあるとき，欲求不満になる。そして，どうにかして不満を解消しようとする。そのとき，構造的緊張の原因が人びとに共有されていると，人びとは社会運動に加わる。そういう原因のことを「一般化された信念」という。そこに，構造的緊張がみえやすくなるような出来事が起きると，運動の潜在的な支援者は増える。運動参加者と潜在的支援者がうまくコミュニケーションをすれば，社会運動はますます大きくなる。また，政府が運動をうまくコントロールできなければ，運動はさらに大きくなる（Smelser 1962）。

このモデルは，社会運動の発生と展開をひとつの要因に限定することなく，さまざまな要因から説明できると評価された。しかしその一方で，批判にもさらされた。人びとは欲求不満という非合理的な理由から社会運動を起こすのだろうか。衝動的な集合行動がうまく支援者を獲得できるのだろうか。つまり，社会運動が不満や衝動にもとづく個人の非合理的な行為だというのは本当に正しいのか，という批判である。

この批判はシカゴ学派の集合行動論にもあてはまるものだった。ブルーマーとスメルサーの社会運動論は，出自も内容も異なる。しかし，どちらも社会運動に関わる人びとを合理的な存在とみていないという点でよく似ていた。

抗うのはなぜか②――資源動員論と新しい社会運動論

あなたが何らかの主張をもっていて，それを社会に訴えたいと思ったとしよう。そのときあなたは，熱い思いとは別に，こんな冷静な計算もするのではないか。「割に合うのか？」と。つまり，仲間を集めたり，チラシをまいて呼びかけたり，SNSで発信したりするには，時間や費用がかかる。しかも，時間や費用を投じても，訴えが通じるか，主張が実現するかどうかはわからない。

要するに，コストと利益の計算だ。1960年代末から70年代にかけてアメリカで登場した**資源動員論**と呼ばれる社会運動の理論は，社会運動をコストと利益の計算から，つまり人びとの合理的な行為として説明した。それは，社会運動が不満や衝動によって起こると説明したブルーマーやスメルサーに対する強力な批判となった。

資源動員論の代表的な論者の一人であるアメリカの社会学者チャールズ・ティリーの説明はこうだ。社会運動や革命のように，今ある社会の秩序に抗う集合行為には四つの要素が重要である。一つは「利害」。ある集団にとって，何が共通の利益で，何を損失とみるか，ということだ。二つめは「組織」。ある集団が動くとき，メンバーがどう関わり，役割分担がどうなっているのかは重要である。三つめは「動員」。集団が何かをするには，さまざまな「資源」が必要だ。たとえば，メンバーが集まる会場，訴えを広げるためのチラシやポスター。SNSで呼びかければ費用はかからないが，多くの人に注目してもらうにはスキルが必要だ。ウェブサイトの作成にも技術がいる。このようにお金や物だけでなく知識も「資源」だし，人手，時間，エネルギーなど，社会運動にはさまざまな「資源」がいる。そうした「資源」を「動員」できるかどうかが運動にとって重要である。そして最後が「機会」。利害がはっきりしていて，組織がしっかりできて，資源を十分に動員できたとしても，その訴えを実現する機会，たとえば政府に要求を伝える場がなければ，訴えは成功しないだろう（Tilly 1978）。

このように資源動員論は，人びとの不満や衝動があっても，それだけでは社会運動は発生しないし，うまくいかないと説明した。ティリーがいうように，利害，組織，動員，機会がうまく組み合わされてはじめて社会運動は成功する。いいかえれば，社会運動には合理的な計算と判断によるものという側面がある。資源動員論は，それまで非合理的な欲求不満の産物とされてきた社会運動の理解を大きく書き換えることに成功した。

アメリカで資源動員論が登場したのと同じころ，ヨーロッパでは，もうひとつの新たな社会運動の理論があらわれた。それは「**新しい社会運動**」論と呼ばれる。

背景にあったのは，当時の世界的な社会運動の盛り上がりである。1960 年代後半，日本を含む先進諸国を中心に，学生たちが大学や社会のあり方に異議を申し立てる学生運動が活発になった。さらに 1970 年代以降，女性の権利を求める運動，環境保護を訴える運動，核兵器の廃絶を求める運動など，さまざまな社会運動が世界各地で起こった。新しい社会運動論は，こうした社会運動の「新しさ」をとらえることをめざすものだった（Touraine 1969）。

ではいったい何が新しかったのか。一つは運動の争点である。それまでの社会運動の代表は労働運動だった。この「古い」社会運動は，賃金や待遇改善を求めて資本家たちと闘ってきた。賃上げのためには，会社や産業の成長は不可欠だった。だから労働運動が，経済成長をめざす企業や社会を批判するのは一般的でなかった。それに対して，1960 年代末から登場した新しい社会運動は，経済成長がもたらす環境被害を告発したり，「会社人間」の生き方に疑問を突きつけたりして，経済成長やそれを当然とする企業や社会を根底から批判した。

新しさの二つめは運動の組織である。労働運動の組織といえば，トップがいて，現場のリーダーがいて，一番下に組合員がいるというピラミッド状が一般的だった。命令は上から降りてきて，全体が一斉に動く。それに対して，新しい社会運動の組織は，メンバーがネットワーク状につながって連絡をとりあい行動する，というように，ピラミッド状でないことが多かった。

三つめは支持者である。労働運動は労働者階級を中心とする運動だった。それに対して新しい社会運動は，戦後の経済成長によって増加してきた新しい中間階級が中核的な支持者だった。また労働運動は，工場で働く労働者たちによって担われたが，新しい社会運動は，脱工業社会の担い手である第三次（サービス）産業の労働者が中核的な支持者だった。

このように新しい社会運動論は，1960年代以降にみられるようになった社会運動の特徴を，従来の労働運動との対比でとらえ，その意義を明らかにした。同時代の資源動員論が「どのように」社会運動が起こるのかを説明する理論をめざしたのに対して，新しい社会運動論は「なぜ」社会運動が起こるのかを説明することに主要な関心があったといわれる（Melucci 1989）。

社会運動の現在

資源動員論や新しい社会運動論が社会運動の社会学を大きく発展させてから半世紀が経つ。この間，現実の社会運動はさらに新しい姿をみせるようになってきた。ここでは，日本の社会運動を念頭に，その変化を四つ挙げよう。

一つは争点の多様化である。政府や企業に異議を申し立てる運動だけでなく，社会や自分たちの生活を問いなおす運動や，身近な政治を変えるために議会に代表者を送ることをめざす運動がみられるようになった。代案となる政策を提言する（アドボカシー）運動も増えてきた。

二つめは，運動の組織の多様化である。たとえば，1990年代末の特定非営利活動法人（NPO）法の制定や2000年代の公益法人制度改革によって，社会運動の組織が法人格を取得できるようになった。法人格を取得することで，法律上の位置づけのない任意団体のままでいるよりも，運動は継続して活動しやすくなる。福祉を充実させたり，環境問題に取り組んだり，公益的な活動を通じて社会を変えようとする運動にとって，こうした組織の制度化は追い風になった。

三つめは，グローバル化との関わりである。国境を越える人びとをめぐる問題に取り組む運動，たとえば外国人労働者を支援する運動は大きな広がりをみせるようになった。国際的に活動を展開させるNGO（非政府組織），海外の運動との連帯など，社会運動そのものが国境を越えることも盛んになった。

最後に，インターネットやソーシャル・メディアの影響力を挙げよう。ウェブやSNSの普及は，抗議の呼びかけや支援者へのアピールにおける動員のコストを下げただけでなく，社会運動の世界そのものを変えつつある。こんにちでは，ネットやSNSを抜きにした運動は考えにくくなっている。

既存の政治だけで物事を変えられない社会に対して，社会運動が先んじて動き，変えるきっかけをつくる。地球環境問題をはじめ，私たちが生き延びていくために，今の政治や社会の何をどのように変えればよいのか。切迫した課題に直面するなかで，社会運動からますます目が離せない時代が到来している。

Glossary――用語集

1節のキーワード

政治　政府の運営をめぐって権力を用いたり，権力を争ったりすることをいう。政府に限らず，人びとの間のあらゆる権力関係という広い理解もある。古来さまざまな政治の定義があるが，多くに共通するのが「一つの集団や社会において，成員全体を拘束する決定を創出し維持するという働き」だという指摘（高畠通敏）は，政治の本質を理解する手がかりになる。

権力　ヴェーバーの定義では，権力は「或る社会的関係の内部で抵抗を排してまで自己の意志を貫徹するすべての可能性」とされる。つまり，ある個人や集団がなんらかの方法で別の個人や集団に影響を与えうる機会のことである。フーコーのように，特定の個人や集団でなく物理環境や社会制度に権力の発生や行使をみるとらえ方もある。

支配　ヴェーバーは，支配は権力の特殊な事例のひとつであるとして，「或る内容の命令を下した場合，特定の人びとの服従が得られる可能性」と定義している。これによると，命令する人（支配者）が一方的に権力を行使するだけでは，支配は成り立たない。命令される人（被支配者）がその支配が正当なものだと受け入れて服従して，はじめて支配が成立する。

合法的支配，伝統的支配，カリスマ的支配　ヴェーバーは，何をもって支配が正当なものとみなされるのか（正当性）に注目して，支配には三つの類型があると論じた。すなわち，形式的に正しい手続きで制定された規則（法）にもとづく「合法的支配」，昔から続いてきた伝統によって支配が正当なものとみなされる「伝統的支配」，支配者のもつ神聖性や英雄性にもとづく「カリスマ的支配」という３類型である。

テロリズム　暴力を用いて人びとに恐怖を与えることで政治的な目的を達成しようとする思想や行動をいう。古くから政府要人の暗殺・暴行・拉致・監禁，市民を巻き添えにした無差別殺人，公共施設や象徴的な建物の破壊などがあり，近年では航空機のハイジャックもしばしばみられる。最近ではサイバー空間を標的とするものも増えている。

ナショナリズム　ネーションは民族や国民と訳されるが，ネーションが一体のもので，共通の文化や歴史をもっていて，その共同体を信じる感情や信念，政治思想，運動をナショナリズムという。近代の国民国家（ネーション・ステイト）では，ネーションの単位と政治の単位とが一致すべきだというナショナリズムが重要な役割を果たした。

民主制　「人びと（デモス）」の「支配（クラトス）」を意味する「デモクラティア」を語源とする。一人ないし少数者でなく，人びとの全体が権力を握り支配する政治のしくみをいう。全員で意思決定する「直接民主制」と，全員で選んだ代表者が意思決定する「間接民主制」とがある。政治の単位が大きくなった近代以降は後者が一般的になった。

君主制　一人の人間によって支配される政治のしくみをいう。一般的には，その支配者の地位は血統によって世襲される。つまり，ひとつの家族によって，世代を越えて権力が引き継がれる。支配者が一人であるという点で，貴族や武士など特定の少数の人びとによって支配される寡頭制や，多数の人びとによって支配される民主制と区別される。

利益集団　ある利害や関心，欲求，価値の実現をめざして，政府による政策の形成に影響を与えようとする集団をいう。政策の実現を求めて政府や政治家に圧力をかけるとき，とくに圧力団体ともいう。代表的な利益集団として，労働組合，業界団体，地域コミュニティの組織，女性団体やマイノリティの集団，宗教団体などがある。

2節のキーワード

社会運動　人びとがある共通の利益や価値，目標の実現を求めて集合的に行動することをいう。かつては，人びとの不満や剝奪感から衝動的に生じると考えられた。しかしその後，目標に向けて必要な資源を動員する合理的な行動であるという見方や，今ある社会とは異なる未来を提唱したり社会の変化を先取りしたりするものであるとの見方が一般的になった。

集合行動　あるきっかけによって多数の人びとが同時におこなう行動をいう。狭くとらえると，群衆や暴動，パニックや流行現象のように，自然発生的で非組織的な行動をさす。広義の用法では，そうした非組織的な行動に加えて，意図にもとづいて組織された社会運動も含む。こんにちでは広義の用法のほうが一般的である。

相対的剝奪　人びとが抱く剝奪の感覚は，絶対的な基準で生じるものでも，その人の境遇の客観的なひどさに起因するものでもなく，他者の境遇や自分の期待・理想と比べて劣っていると思うことで生じる相対的なものだという考え方をいう。マートンは「期待水準と達成水準（もしくは機会可能性）との間に知覚された格差」と定義した。

資源動員論　1960 年代末から 70 年代にかけてアメリカの社会運動研究で登場した，社会運動の発生や展開を説明する理論。ティリー，マッカーシー，ゾールドらは，それまで社会運動が不満による衝動的な集合行動と説明されてきたことを批判し，代わりに，社会運動の組織が目標に向かって必要な資源を動員する合理性や戦略性のある行動だと説明した。

新しい社会運動 1960 年代以降，西欧や北米をはじめ世界各地で，学生運動，フェミニズム，環境運動，反核運動など，従来の労働運動とは異なる社会運動が登場した。それらは環境やアイデンティティに関する争点を掲げ，ネットワーク状に組織され，新中間階級に支持されるなどの特徴から，トゥレーヌ，ハーバーマス，オッフェらは「新しい社会運動」と呼んだ。

Report Assignment――レポート課題

■大学や図書館の新聞記事データベースで，国内外で最近起きた社会運動の記事を探し，①運動の主張，②闘う相手，③組織，④支持の広げ方，⑤結果を調べよう。記事でわからなければウェブや SNS で調べてもよい。

Reading Guide――読書案内

①佐藤成基『国家の社会学』青弓社，2014 年。

ヴェーバーの国家社会学を軸に，官僚制やナショナリズムからグローバル化まで，国家の社会学的な議論を整理した入門書。ティリー，スコッチポル，マンなどアメリカの政治社会学の成果をていねいに紹介しているのも魅力。

②マックス・ヴェーバー『権力と支配』濱嶋朗訳，講談社学術文庫，2012 年。

ヴェーバーの大著『経済と社会』から，支配の諸類型や官僚制論など政治社会学に関わる部分を抜粋した訳書。『職業としての政治』（脇圭平訳，岩波文庫）もあわせて読むと，緻密な議論の背後にあるヴェーバーの政治観が理解できるだろう。

③樋口直人・松谷満編『3・11 後の社会運動――8 万人のデータから分かったこと』筑摩書房，2020 年

100 万人が参加する反原発デモはなぜ起きたのか。最新の調査法や理論で立ち向かう本書は，『脱原発をめざす市民活動――3・11 社会運動の社会学』（町村敬志・佐藤圭一編，新曜社，2016 年）とともに，社会運動や政治の社会学の醍醐味を教えてくれる。

Column ③——健康と不平等

1　健康の社会的決定要因

健康（health）とはいったい何だろうか。WHO（世界保健機関）は，1948年に発表された憲章において，健康とは「身体的，精神的，社会的に完全に良好な状態であり，単に疾病がないとか虚弱でないということではない」と定義している。そして，人種，宗教，政治信条や経済的・社会的条件によって差別されることなく，健康に恵まれることは，あらゆる人びとにとって基本的人権のひとつであると明記されている。

この理念は半世紀以上にわたって引き継がれ，医学の進歩や健康増進や感染症対策に関する公衆衛生の進展にともない，先進諸国の平均寿命は大幅に伸びた。しかし，こうした平均的な健康のなかにも，不平等が隠されている。実際に，ある社会集団はほかの集団よりもはるかに健康を享受しており，健康の不平等は社会経済的なパターンと関連しているのである。

健康は，遺伝子や生活習慣だけでなく，人びとの社会経済的地位をはじめとする社会的要因によっても決定されている。この「**健康の社会的決定要因**（Social Determinants of Health; SDH）」に関する議論は，国際的にも社会疫学を中心に高まっており，WHOは2005年に「健康の社会的決定要因に関する委員会」を設置した。日本でも直面している公衆衛生上の問題において，この視点が重要であり，社会学をはじめとする社会科学と健康科学が交差する形で，健康と社会的不平等に関する研究が進められている。とくに，健康格差におけるライフコースの重要性や，ソーシャル・キャピタル（社会関係資本）などの社会環境のあり方も健康に大きく関連することが明らかにされつつある（近藤編 2013）。

2　社会階層と健康

日本の社会学では，学歴・職業・所得などの階層構造と社会移動（世代間移動と世代内移動）に関する研究が，SSM調査などを用いて蓄積されてきた。しかし近年まで，健康をアウトカムとする階層研究は乏しかった。一方，公衆衛生学や社会疫学では，まさに学歴・職業・所得などの階層的地位が健康格差にどのように影響しているのかに関心を寄せてきたのである。

社会階層による健康格差の発生については，①唯物論的メカニズム，②行動学的メカニズム，③心理認知的メカニズムなどが提示されている（橋本・盛山 2015）。唯物論的メカニズムは，平和的な繁栄と再分配政策が進んだのにもかかわらず，物的資源や医療へのアクセスにおける不平等が存在し，今でも健康格差をもたらしている点を強調する。行動学的メカニズムは，階層によって生活習慣や健康行動が異なり，それが疾病パターン，ひいては健康格差につながるという見方である。学歴や所得が高い者ほど健康に望ましい運動習慣をもち，栄養バランスの良い食事をとっていると考えられる。また喫煙や飲酒など，階層による生活嗜好や文化の違いも存在するだろう。心理認知的メカニズムは，階層による心理的ストレスの多寡が健康に影響するという見方である。たとえば裁量度が低く要求度が高い仕事の者ほど職場ストレスが高く，健康を悪化させやすい。また主観的な期待水準と現実の達成水準との格差である「相対的剝奪」が心理的ストレスの原因となり健康に影響を及ぼすといわれる。

3　ライフコースと健康

社会階層が健康格差に関連しているだけでなく，幼少期から高齢期に至るまでの社会階層の軌跡が健康に影響するというライフコース・アプローチが注目されている。

たとえば社会階層の軌跡が高齢期の健康に影響するモデルについては，①即時効果モデル，②経路効果モデル，③蓄積効果モデル，④潜在効果モデルなどが示されている（杉澤 2021）。即時効果モデルは，直近の社会階層が高齢期の健康に影響するという見方である。経路効果モデルは，幼少期の社会階層が成年前期や中年期の階層や生活習慣に次々と影響し，高齢期の健康にまで影響すると考える。たとえば幼少期の貧困が教育へのアクセスを低下させ，それによって成人後の貧困の可能性を高め，晩年の健康リスクを高めるかもしれない。蓄積効果モデルは，高齢期までに低い階層に属する期間が長いほど（回数が多いほど）高齢期における健康度が低くなるという見方である。たとえば特定のタイミングではなく，幼少期・成年前期・中年期を通じて累積的に貧困状態にあった者ほど高齢期の健康状態が悪い可能性がある。潜在効果モデルは，特定のタイミングに低い階層に属することが高齢期の健康に影響を及ぼすと考える。このモデルは，幼少期の疾患や，晩年になって改善することが困難な人生の初期経験などに焦点をあてる。

4　社会的凝集性と健康

健康の社会的決定要因の解明において，社会学のみならず健康科学の多くの研究者が社会的凝集性（social cohesion）に注目した。エミール・デュルケムの『自殺論』に代表されるように社会的凝集性は社会学の鍵概念のひとつである。かれは，社会の中に十分に統合されている個人や集団は，そうでない個人や集団に比べて自殺する可能性が低いことを見出したのである。

今世紀に入り，国内でも社会的孤立や孤独に対する関心の高まりとも相まって，**ソーシャル・キャピタル**（social capital）という概念が脚光を集めた。ソーシャル・キャピタルとは，人びとの協調行動を容易にさせる地域における信頼・互酬性の規範・ネットワークのことをさす。この概念が広く知られるようになったきっかけの一つは，ロバート・パットナムの『孤独なボウリング——米国コミュニティの崩壊と再生』である（Putnam, 2000＝2006）。

ソーシャル・キャピタルは，構造的ソーシャル・キャピタルと認知的ソーシャル・キャピタルを区別して検討されることが多い。構造的なソーシャル・キャピタルは，客観的に把握できる人びとの行動をさし，趣味・スポーツ・政治・宗教・ボランティアなどの集団参加や，近所づきあいの多寡などによって測定される。一方，認知的なソーシャル・キャピタルは，主観的な人びとの認識をさし，地域の人びとへの信頼や，隣人同士がお互い助け合っているかという互酬性など，まさに社会的凝集性の程度によって測定される。

ソーシャル・キャピタルは，とくに格差社会がもたらす諸問題に対する処方箋として検討されてきた。具体的にいえば，社会が不平等であるほど暴力犯罪の発生率が高く，人びとは互いに敵意を抱き，地域の集団活動に参加することも互いに信頼することも少なくなる。つまり，格差社会はソーシャル・キャピタルを毀損し，結果として人びとの健康水準を低下させると考えられる。こうした議論は住民の参加を重視するヘルスプロモーションをはじめとする公衆衛生活動に重要な示唆を与えた（Kawachi et al. eds., 2008＝2008; Wilkinson 2005＝2009）。

5　パンデミックと健康格差

そして世界的に流行した新型コロナウイルス感染症（COVID-19）は，健康の不平等を浮き彫りにした。とくに欧米では，社会経済的に恵まれない人びとは，食料をはじめとする生活必需品や医療へのアクセスの困難に直面した。そして低賃金のサービス業従事者は（その多くはリモートワークが不可能なので），欠勤するわけにもいかず，公共交通機関を利用し，常に感染リスクにさらされた。さらにこうした労働者たちは，慢性閉塞性肺疾患・腎臓病・糖尿病といったコロナ感染による死亡リスクを高めるような持病をもっている可能性が高い。さらに低階層の人びとは，質の悪い住宅や過密状態のエリアに居住し，社会的サポートも欠如しがちな生活環境におかれている。こうした社会的要因が累積し，相互作用することによって，パンデミックによる健康格差が顕在化したといえるだろう。

Glossary——用語集

健康　WHO（世界保健機関）の憲章によれば，健康とは，身体的，精神的，社会的に完全に良好な状態であり，単に疾病がないとか虚弱でないということではない。健康は基本的人権のひとつとして位置づけられている。

健康の社会的決定要因　健康における個人差や集団差に影響を与える社会経済的条件。遺伝子や個人の生活習慣ではなく，学歴・職業・所得などの社会階層やライフコース，ソーシャル・キャピタルなどの社会環境に注目する。

ソーシャル・キャピタル　人びとの協調行動を容易にさせる地域における信頼・互酬性の規範・ネットワーク。経済格差の拡大は，ソーシャル・キャピタルを毀損し，結果として人びとの健康水準などを低下させると考えられる。

IV

社会変動

Sociology
Basics

Chapter 13　共同体と都市

Chapter Overview——本章の要約

本章では，人口動向を起点として都市と地域社会をとらえる視点と方法をみていく。最初に人口動向をとらえるための基本的な用語を確認したのちに人口動向と社会変動の関係を検討する。この視点をふまえて 19 世紀後半から 20 世紀前半のシカゴの都市化を検討するとともに，この状況のなかで生み出されたシカゴ学派都市社会学の動向をまとめる。その後に 20 世紀後半以降の人口動向や産業構造の変化，さらにはグローバル化の進展などによる社会変動のなかで変容する都市や地域をとらえるための視座を，都市圏の発展段階モデルを参考にしながら学修していく。

Learning Objectives——学修目標

・人口動向を起点として社会変動をとらえる視点を学ぶ。
・人口動向を生み出す社会構造の変化をとらえる。
・人口動向の変化により生み出される地域社会の変化を考える。

1 人口動態と都市

人口からとらえる社会変動

都市や村落社会など地域社会の変動をとらえようとするとき，重要な指標のひとつとなるのが，人口である。ある地域の人口が増えれば，そこにはなんらかの意味での発展や成長を見出すことができるし，減少すれば衰退や退行をみることができる。本章では，人口への着目を起点として地域社会の変化をとらえる視点を検討する。

まずは人口状況をとらえるための基本的な視座を整理しておこう（河野 2007）。ある社会の人口の増減を人口動態と呼ぶが，これは出生，死亡，移動（転出，転入）の三つの要素の組み合わせで決まる。このうち出生と死亡によって規定される部分を自然動態（または自然増減），移動により規定される部分を社会動態（または社会増減）と呼ぶ。

人口動態はジェンダー，年齢，配偶関係，教育程度，労働力状態などの人びとのもつ属性の状況によって影響を受けるが，こうした要素を人口構造または人口構成と呼ぶ。人口構造のなかでも重要な要素は年齢と性別である。年齢と性別の区分により人口を分類し視覚化した人口ピラミッドは，人口構造を示すもっとも基本的なものである。

自然動態に関わるもののうち出生の動向を示す指標が**出生率**である。出生率には出生数を全人口で割った粗出生率，出生数を 15 歳から 49 歳の女性（出産活動に従事できるとされる年齢層で，再生産年齢と呼ぶ）を分母にした総出産率などがあるが，出生率の状況を適切に表すとされているのが合計特殊出生率である。合計特殊出生率は再生産年齢女性のそれぞれの年齢別出生率を合計したもので，年齢構成や配偶者の有無などの人口構造の影響を受けないという特徴をもつ。

一方，死亡の動向を示すのは**死亡率**である。これは死亡者数を人口で割ることにより求められる。このうち，5歳未満の死亡率は**乳幼児死亡率**と呼ぶ。また，死亡率に関連する指標として**平均余命**がある。これは，ある年齢に到達した人が，その後あと何年生存するかの平均を統計的に算出したもので，0歳時点の平均余命を平均寿命と呼ぶこともある。

人口転換理論

ここまで整理した人口をとらえる視点を通して社会変動をみるときに重要な理論が，**人口転換理論**である。人口転換理論は，18世紀後半から20世紀前半までのヨーロッパの自然動態の推移をもとに構築された，人口動態が三つの段階を経るとする理論である。

最初の段階が，多産多死の段階である。この段階は出生率が高い一方で生産力の低さや疾病などにより死亡率が高い状況で，結果として人口が停滞する。第2の段階が多産少死の段階である。この段階では栄養状態の改善，医療・衛生水準の向上，重労働の減少などの要因により死亡率が減少するが，この際に注目できるのは乳幼児出生率である。多産多死の段階では乳児や幼児の死亡が多く死亡率を引き上げる重要な要因となるが，多産少死の段階では乳幼児死亡率の低下が死亡率全体を引き下げ，人口増加を生み出す。この段階が進行するにつれて価値観やライフスタイルの変化や出生抑制手段の開発・普及などにより出生率が低下して人口増加率が低下し，やがて第三の段階である少産少死の状況に到達する。

多産少死の発生期から終了までの時期を人口転換期と呼ぶが，古典的には人口転換が終了した段階で人口数の変動は小さなものになると想定されていた。しかし日本をはじめとする人口転換期をいち早く経験している国々の人口動向は，想定以上の出生率の低下と高齢化の進展が見られ，その結果として人口減少が生じている。この人口減少の段階を「ポスト人口転換期」と呼んでいる（佐藤・金子 2016。**図13-1**参照）。

佐藤と金子は，人口転換理論を検討するなかで人口システムと社会経済システムが「相互に影響を及ぼすもの」であり「両システムが外縁において影響しあうというよりも，システム内の諸要素が相互に（すなわち原因であり結果でもあるという関係で）作用しあっている」（佐藤・金子 2016: 22）として，人口の変

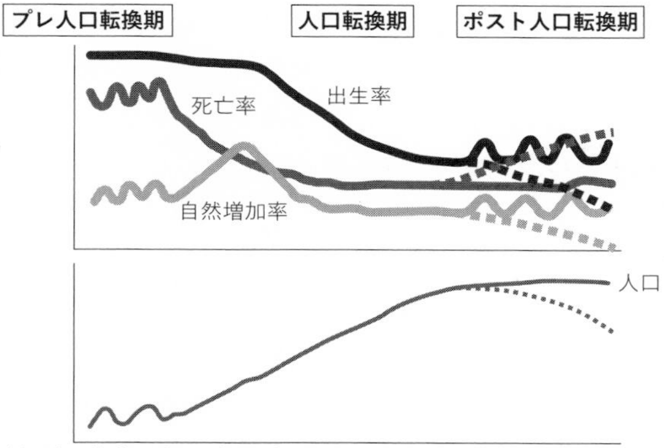

（出所） 佐藤・金子（2016）4 ページより。

図 13-1　人口転換の模式図

化と社会経済システムが強く連関していることを示唆している。そのうえで長期的な歴史区分の対応として，多産多死の段階が前近代社会，多産少死の段階が工業社会，少産少死の段階がポスト工業社会に対応すると指摘した（佐藤・金子 2016: 41）。

2 都市化の出現と都市社会学

地域社会の変動

前近代社会における地域社会は，家族経営による自給自足的農業社会を基本とする地域共同体であり「幼弱な小経営を維持し再生産する役割を果たしている小宇宙としての地域社会」（蓮見 1991: 18）とまとめられるものだった。こうした小宇宙としての地域共同体の人口動態の多くの部分は自然動態により決定され，社会動態の影響は限られたものだった。

この時代に続く工業社会は，近代または産業社会とも呼ばれる社会変動の段階で，技術革新や工場制生産が拡大し産業革命が生じた後の社会をさす。この段階で大規模に発生したのが**都市化**である。都市化とは，ある地域が産業構造や土地利用形態などさまざまな点で都市的になっていく過程であるが，人口動態では大幅に人口増加することをさす。この際には自然増のみではなく，工業が集積する都市への人口流入，すなわち社会増が重要な要素となる。そしてこの過程は地域共同体を解体するものととらえられた。

この前近代から近代への社会変動を定式化したものとして重要なのがフェルディナンド・テンニースの『ゲマインシャフトとゲゼルシャフト』である。テンニースは社会的結合を，信頼に満ちた共同生活である**ゲマインシャフト**と，市場などの利害関係にもとづく緊張と対立の関係にある**ゲゼルシャフト**の二つに類型化する。そのうえでテンニースはゲマインシャフトの事例として村落や自治共同体，ゲゼルシャフトの事例として大都市を提示し，ゲゼルシャフトが増大していくなかでゲマインシャフトが弱体化することへの危機感を表明した (Tönnies 1887)。これに関連する重要な視点を提示したのがエミール・デュルケムである。デュルケムは『社会分業論』において社会的連帯に着目して社会変動の趨勢をとらえた。ここでは社会的連帯を類似性にもとづく共同体的連帯である機械的連帯と職業的な分業にもとづく有機的連帯の二つに類型化したうえで，社会変動の趨勢を機械的連帯から有機的連帯への移行としてとらえたが，機械的連帯から有機的連帯への移行があまりに速い状態では，有機的連帯を支える社会的規範が生み出す**アノミー**（無規制状態，→Prologue）が生まれることを指摘した（Durkheim 1893)。ここで提示されたアノミーの概念とこれを導き出す論理はさまざまな形で展開するが（たとえば Merton 1957），都市・地域研究においても重要な視点として位置づけられるようになった。

都市化の典型例としてのシカゴ

工業化・都市化の代表的な事例としてあげられるのが 19 世紀後半から 20 世紀前半の時期のシカゴである。シカゴはアメリカ合衆国の中西部，五大湖のひとつであるミシガン湖に接する都市である。1837 年に市政施行された時の人口は約 4000 人だった。その後 1860 年には 10 万人を超え，1880 年には 50 万人，さらに 1890 年には 100 万人に到達し，これ以降 1950 年まで人口が増大し続ける（図 13-2)。

この人口増加は，結核による死亡者の大幅な減少などによる死亡率の低下の進展に加えて，国内外からの流入により引き起こされたものである。国内からの流入をみると 1840 年代から 70 年代にかけて，北東部からビジネスや専門職の人びとが流入して「市民エリート」層を形成し，1880 年代から 1940 年代にかけては中西部の農村の若年層が多く流入してきた。これに加えて世界各地からの移民もまたシカゴに流入する。1840 年代のアイルランド人を皮切りに，ドイツ，イギリス，スカンジナビア，チェコ，リトアニア，セルビア，ク

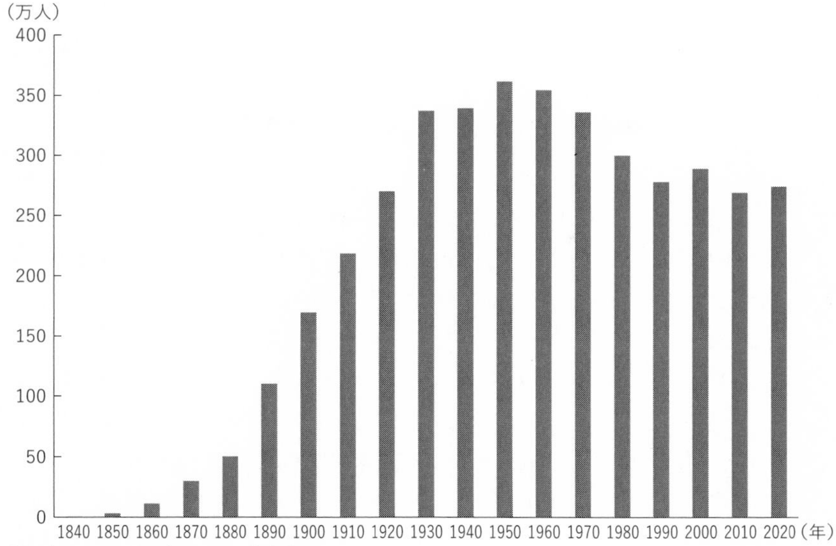

（出所） センサスデータより筆者作成。

図 13-2 シカゴの人口推移（1830～2020 年）

ロアチア，ギリシャ，中国などからの移民が 19 世紀末から 20 世紀初頭にかけて流入してきた（Nugent 2004）。

このように自然増と社会増が重なり，シカゴの工業化・都市化は大きく進展する。そして 1890 年代には経済的な繁栄が進み豊かさを誇るエリート層が生まれる一方，失業や貧困，劣悪な住宅環境が社会問題化し犯罪も多発するという極端な状況が現われ，後に「衝撃都市」（Briggs 1963）と評される状況が出現した。

シカゴ学派都市社会学の登場

1892 年，このシカゴに設立されたシカゴ大学に 1914 年に着任したロバート・パークは，1916 年に着任したアーネスト・バージェスとともに都市研究を主導する。ここで生み出されたシカゴ学派都市社会学は 1920 年代に黄金期を迎える（松本 2021）。

パークは 1914 年に「都市」というタイトルの論文を発表した（Park 1925＝2011）。この論文は，社会学の立場からの都市研究の方向性を示した論文である。ここでパークは，都市社会学の視点からみるときに，都市は物的装置や人工構成物ではなく，都市を構成している人びとの生活過程に関与しているものと規定する。そのうえで多種多様な人びとが集まり，不安定な状況にある都市において，社会的秩序が生まれる過程をとらえることを研究の焦点にすることを主張する。この立場は人間生態学と呼ばれ，シカゴ学派都市社会学の基本的な視点となった。

またバージェスは人間生態学の視点から，秩序がどのように都市空間上に現れるのかを検討し，「都市の成長」を発表した。この論文では同心円地帯理論を提示するとともに，都市空間上の秩序が生み出される過程を描き出した(Burgess 1925)。

そしてパークとバージェスは多くの大学院生を指導し，シカゴの具体的な社会の諸相の研究に導いた。大学院生たちは実際にフィールドに足を運び，参与観察などの手法を用いてシカゴのさまざまな社会問題の経験的研究を行ない，その成果は博士論文としてまとめられるとともに書籍として刊行された。こうした一連の作品は「シカゴ・モノグラフ」と呼ばれている。たとえばホーボーと呼ばれる渡り職人たちの生活世界を描き出したネルス・アンダーソン『ホーボー』(Anderson 1923＝2000)，客の男性が店に雇われた女性ダンサーに料金を払ってダンスをする娯楽施設に着目したポール・G・クレッシー『タクシーダンス・ホール』(Cressey 1932＝2017) などが代表的なものである。また，ボストンのイタリア人移民の若者たちの長期にわたる参与観察をおこなったウィリアム・F・ホワイト『ストリート・コーナー・ソサエティ』(Whyte 1943＝2000) もまた，この系譜に連なる重要な作品である。

そして黄金期のシカゴ学派の理論的総括ともいうべき研究がルイス・ワースの「生活様式としてのアーバニズム」(Wirth 1938＝2011) である。ワースは都市に特有な生活様式を検討するために，「都市」と「生活様式としてのアーバニズム」を概念的に区分する。そして都市をより人口が多く，人口密度が高く，より異質性が高い（多様なタイプの人がいる）地域として定義し，また生活様式としてのアーバニズムを社会的行為と社会組織の諸形態と定義したうえで，都市が生活様式としてのアーバニズムにどのような影響を及ぼすかを理論的に検討した。その議論は多面的で複雑だが，導き出された結論は，都市が家族関係や近隣社会などの一次関係の衰退や，伝統的な規範に代わる公的な統制の増大など，社会解体を生み出すというものであった。

ワースの提起したアーバニズムに関する議論は，その後の都市社会学の基本的なもののひとつとなり今日に至っている。そのなかでクロード・S・フィッシャーはワースの議論を批判的に継承し，都市が生み出すのは社会解体ではなく，多様な人びとが，他とは区別される独特の人間関係（ネットワーク）とこれに付随する文化を形成すると主張する下位文化理論を提唱した（Fischer 1975＝2012）。またバリー・ウェルマンはワースを起点とする一連の議論を「コミュニティ問題」として整理したうえで，都市における一次的関係を，地域的な範域をもつコミュニティに限定されないパーソナル・ネットワークとしてとらえる視点を提示した（Wellman 1979＝2006）。

3 都市圏の発展段階

都市化の動向

もう一度図 13-2 を見てみよう。シカゴの人口は 1950 年をピークに減少に転じ，1990 年まで減少が続く。シカゴに限らず，欧米の大都市は第二次世界大戦後に人口減少を経験する。このような状況のもとで，都市の変動をとらえるための研究が展開されるようになる。その代表例が，ヴァン・デン・ベルグらが人口動向に着目して提示した発展段階モデルである（Van den Berg et al. 1982）。この理論モデルはヨーロッパ大都市の比較調査プロジェクトから生み出されたもので，都市の内部を都心（都市中心部）と郊外（周辺部）に分割し，それぞれの人口動態を指標として段階を設定した。ここで設定されたのが都市化，郊外化，反都市化，再都市化の四つの段階である（図 13-3）。

都市化は社会全体が農業社会から工業社会へと移行するのに対応したもので，都市全体の人口が増大するなかで，郊外よりも中心部の人口が増大する段階である。郊外化は工業化のさらなる発展に対応するもので，都市圏全体の人口増大の過程で居住者や工場が郊外へと移動するために成長が郊外に見られる段階である。郊外化が進むと，それまで村落的な状況だった地域や中小の都市が，新たな産業の受け皿となるなどして勃興する一方で既存の大都市圏全体の人口が転出し，逆都市化の段階になる。最後に設定された再都市化は，国や自治体の中心部のリニューアル政策の実施により中心部への人口転入が生み出され，人口の増大がみられる段階である。ただしこの理論モデルが提示された 1980 年代初頭時点では再都市化の動きは萌芽的なものにとどまっており，将来への

発展段階	類　型	人口変化の特徴			
		中心部	周辺部	都市圏全体	
Ⅰ　都市化	絶対的集中	＋＋	－	＋	全体の成長
	相対的集中	＋＋	＋	＋＋＋	
Ⅱ　郊外化	相対的分散	＋	＋＋	＋＋＋	
	絶対的分散	－	＋＋	＋	
Ⅲ　逆都市化	絶対的分散	－－	＋	－	全体の衰退
	相対的分散	－－	－	－－－	
Ⅳ　再都市化	相対的集中	－	－－	－－－	
	絶対的集中	＋	－－	－	

（注）　図中の＋は人口増，－は人口減をモデル的に表している。たとえば都市化の第1段階（絶対的集中）では中心部が＋が二つ，周辺部が－が一つなので，これを合計すると都市圏全体は＋となる。

（出所）　Van den Berg et al.（1982）36 ページより筆者作成。

図 13–3　都市圏の発展段階（ヴァン・デン・ベルグらのモデル）

予測として示されていた。

このモデルを踏まえて松本康は日本の都市圏の発展段階モデルを検討した。松本は日本では逆都市化が明確には見出せなかったこと，また工業経済から情報経済への転換や経済のグローバル化などの構造的な転換の反映が不十分であると指摘し，第二次世界大戦後の日本の都市発展段階を経済的背景と結びつけて設定した。ここでは高度経済成長前期までを工業化に対応し都市の人口が増大する「都市化」，高度経済成長期後期から石油危機を経て 1980 年代前半までの時期をサービス経済化に対応する都心の人口が減少し郊外の人口が増加する「第一次郊外化」，1980 年代後半をバブル経済期に対応し人口の郊外移動がさらにすすむ「第二次郊外化」，1990 年代末から 2000 年代までを情報経済化に対応し都心の人口が増加する「再都市化」とする段階が提案されている（松本 2022。図 13–4）。

再都市化の動向

ヴァン・デン・ベルグらのモデルおよび松本のモデルで，もっとも新しい段階は再都市化である。しかしこの段階の出現した時期とメカニズムには違いがある。この点を見ておこう。

	中心都市	郊　外	都市圏	経済的背景
都 市 化	＋＋ ＋	＋ ＋＋	＋＋＋ ＋＋＋	工 業 化
第一次郊外化	− −	＋＋＋ ＋＋	＋＋ ＋	サービス経済化 石油危機
第二次郊外化	−	＋＋	＋	バブル経済
再都市化	＋ ＋	＋ ±	＋＋ ±	情報経済

（出所）　松本（2022）108 ページより。

図 13-4　都市圏の発展段階（松本モデル）

ヨーロッパの大都市においてヴァン・デン・ベルグらのモデルでは将来予測として提示されていた再都市化は 1980 年代には現実化するが，ここには大きな社会構造の変容があった。新自由主義化やグローバル化の進展のなかで，ニューヨークやロンドンなどの大都市はグローバルな経済の中枢管理機能を担う**世界都市（グローバル都市）**へと変貌する。企業などの中枢管理機能を集積させるための都心部の再開発が大規模に展開され，このなかで特に中枢管理機能を担う専門職・管理職をターゲットとした住宅が供給され，人口が増加した。

日本では 1980 年代後半から 1990 年代前半のバブル経済期に 3 大都市圏（東京圏，大阪圏，名古屋圏）で都心再開発が出現した。しかし地価の高騰が都市圏全体に広がるなかで都心部での土地価格は極めて高い水準となり住宅供給量は非常に低く，住居費も高水準になった結果として人口が流出した。この時期の住宅供給は相対的に地価の安い，都心から遠方の郊外でおこなわれたために第二次郊外化が出現したのである。再都市化はこの後に発生するが，都市圏ごとに大きな違いが見られる。東京圏ではバブル経済崩壊後に業績不振に陥った企業が都心部の社有地を放出する一方，政府が景気回復策として都市再開発を推進する政策をとったことから大規模な再都市化が発生した（高木 2016）。この状況のなかで供給された住宅は情報経済化の進展のなかで出現した専門・技術職層の流入の受け皿となり，再都市化が進展した。一方大阪圏では東京ほどの強力な経済成長要因がないことから人口増加率は低水準に留まり，2010 年以降は人口減少傾向にある。岐阜県と三重県を含む名古屋圏では分厚い製造業基盤に支えられて名古屋市の人口は増加傾向にある一方，名古屋圏全体では

2010 年以降人口が減少に転じている（松本 2022）。

ここまでみてきたように，人口動態を検討することで，都市や地域社会の長期にわたる変動をみることができる。しかし人口動態は社会構造の変動と分かちがたく結びついており，その地域の置かれている歴史的・政治的・経済的文脈に依存することから，人口動態に影響を及ぼす構造的な要因も検討することが重要となる。また，ワースが提起したアーバニズムに関わる議論に見られるとおり，社会変動と結びついた人口動態は，人びとの生活に大きな影響を及ぼす。都市の社会変動を見る際には，その動向を把握するとともに，なぜ変動が起きたのか（構造への視点）と，この変動が何をもたらしたのか（アーバニズムへの視点）をともに検討することが必要である。

2020 年以降の新型コロナウイルス禍の拡大による新たな人口動態の傾向として都心から郊外への人口流出が生じていることが指摘されているが，このことがどのような社会構造と人びとの生活にどのような影響をあたえるのかの検討が重要になるだろう。

Glossary——用語集

1 節のキーワード

出生率　自然動態のうち出生の動向を示す指標。いくつかある計算方法のうち，合計特殊出生率が状況を最も適切に表すとされている。

死亡率　死亡者数を人口で割ることにより求められる指標。死亡の動向を表す。

乳幼児死亡率　5 歳未満の子どもの死亡率。

平均余命　ある年齢に到達した人が，その後あと何年生存するかの平均を統計的に算出したもの。

人口転換理論　人口動態が三つの段階（多産多死，多産少死，少産少死）を経るとする理論。

2 節のキーワード

都市化　ある地域が，産業構造や土地の利用形態など，さまざまな点で都市的になっていく過程をさす。人口動態においては，大幅に人口増加することをさす。

ゲマインシャフト　テンニースの概念。村落や自治共同体を事例とする，信頼に満ちた共同生活として描かれる社会的結合。

ゲゼルシャフト　テンニースの概念。大都市を事例とする，市場などの利害関係にもとづく緊張と対立の関係にある社会的結合。

3 節のキーワード

世界都市（グローバル都市）　新自由主義化やグローバル化の進展のなかで生まれた，グローバル経済の中枢管理機能を担う大都市。ニューヨークやロンドンなど。

Report Assignment——レポート課題

■特定の都市を取り上げ，人口の動向について，統計データを用いて傾向を把握しよう。そのうえで人口動向の変化がなぜ，どのような要因で発生したのかを検討してみよう。

Reading Guide——読書案内

①松本康編『都市社会学・入門〔改訂版〕』有斐閣，2022年

都市社会学の学説・方法を幅広く紹介するとともに，近年の都市の動向を豊富な事例で紹介・検討しているテキスト。

②『都市社会学セレクション』（第1巻・松本康編「近代アーバニズム」，第2巻・森岡清志編「都市空間と都市コミュニティ」，第3巻・町村敬志編「都市の政治経済学」）日本評論社，2011〜12年。

内外の都市社会学の基本的文献25本をセレクトしたアンソロジー。これらの論文を読めば都市社会学が何を問題とし，どのような研究がされてきたのかが展望できる。各巻にはそれぞれのテーマに沿った解題も掲載されている。

③三田知実『グローバル化するアパレル産業と都市——裏原宿・表参道の都市社会学』花伝社，2022年

流行の発信地として著名な東京の裏原宿・表参道がどのような経緯で今日の姿となったのかを，長期にわたるフィールドワークにもとづいて描くとともに，グローバルな経済変容のなかでとらえる。小さな地域とグローバルな経済が密接に関連して変動している状況が描き出されている。

Chapter 14 メディアと情報化

Chapter Overview――本章の要約

メディアや情報化に関する研究は，「メディア研究」「コミュニケーション研究」「インターネット研究」などの学際的複合領域を形成しており，社会学はその中心的役割を担っている。人類にとって，他者と情報を交換することは，その社会生活において不可欠だが，人類は，対面で直接情報交換するだけではなく，筆写，絵画，活字，狼煙（のろし）など，情報交換のための多種多様な道具・装置・技術（つまり「メディア」）を創り出し，利用してきた。とくに，20世紀半ばから，コンピュータ（デジタル技術）の発達にともない，デジタル技術による社会的変化を「情報化」と呼ぶようになり，20世紀後半から21世紀，デジタル（コンピュータ），ネットワーク，モバイルが組み合わされることで，「情報化」が急速に進展してきた。本章では，このようなメディアと社会，ヒトとの関係を研究する枠組，理論を紹介し，一緒に考えていく。AI，メタバースも念頭に置き，技術の可能性を価値と結びつけ，実現するのは，やはり私たち人間であり，これまで社会科学が積み重ねてきた社会理論を手がかりとして，グローバルデジタルメディア社会で生きることを一人ひとりが考え，行動することの重要性を共有したい。

1 メディアと情報化

本章の主題は，メディアと情報化である。メディアや情報化に関する調査研究は，「メディア研究」「コミュニケーション研究」「インターネット研究」などの学際的複合領域を形成しており，社会学はその中心的役割を担っている。本章で展開する議論には，歴史学，心理学，政治学，経済学，法学，文芸批評，人類学などの多様な領域が関わっているが，いずれも社会学的研究にも組み込まれ，メディアと情報に関する社会学的探究を豊かにするものである。この点をはじめに明確にしておきたい。

メディアとはなにか？

さて，メディアときいて，どのようなイメージをもつだろうか。テレビ，新聞のような**マスメディア**という人もいれば，ソーシャルメディア，SNSを思い浮かべる人もいるだろう。

「メディア（media）」とは，英語のmediumの複数形であり，mediumは，「媒介」「仲立ち」の意味で，対面での直接的な情報交換ではなく，広く情報を媒介するものをさす。人類にとって，他者と情報を交換することは，その社会生活において不可欠であり，情報交換を積み重ねることで，集合知，文化を発展させることが可能となった。ただし，対面ではなく，情報を媒介するためには，「情報の表象」と「表象を具体化する道具・装置・技術」が必要であり，その表象と道具等の組合せ，あるいは，道具等のことを「メディア」と規定することができる。

たとえば，文字という表象があり，粘土版，石板，木簡，パピルス，羊皮紙などの記録媒体と鉄筆，インクなどの筆記具が工夫され，多様な文字（筆写）メディアが発達した。ラジオは音声・音楽という聴覚表象を，テレビは視覚情報という表象を表示する技術であり，情報の表象とともに道具としてのメディアでもある。「絵画」は，視覚表象と絵具，キャンバス等の道具から成り立つが，道具だけを「メディア」とは呼ばず，道具で表現されている表象も含め，「絵画」メディアと捉えることができる。このように「メディア」を規定すると，社会学的観点からは，狼煙，太鼓などで，周囲，遠隔に情報を伝える技術も，立看板やポスター，チラシなども「メディア」である。

さらに，万国博覧会（万博），オリンピック，サッカーワールドカップのよ

表 14-1　多様なメディア

書写メディア	粘土版，石板，木簡，竹簡，パピルス，羊皮紙，紙，巻物，写本など
アートメディア	音楽，壁画，絵画，彫刻，浮世絵，版画，服飾，ロゴ，意匠など
信号メディア	狼煙，太鼓，手旗信号，モールス信号（電信），標識など
紙・印刷メディア	新聞，雑誌，書籍，郵便，チラシ，看板，ポスター，車内広告など
アナログ光学・電子メディア	スライド，写真，映画，ラジオ，テレビ，レコード，磁気テープ，ビデオ，電話，電信，ファクスなど
興行メディア	映画，展覧会，観賞会など各種イベント，博物館，美術館などの展示
空間メディア	建築，都市，道路・交通など
デジタルメディア	コンピュータ，パソコン，CD，DVD，ゲーム，街頭ディスプレイ，プロジェクションマッピング，パソコン通信，インターネット，スマートフォンなど

（出所）筆者作成。

うな大規模イベント興行，舞台装置は，メディアを介してリアルタイムで配信されるとともに，イベント自体にもさまざまなメディア（ディスプレイ，音響機器など）が組み込まれ，（国ごとの）技術進歩，未来像，国威発揚，高度な身体能力などを表象し，媒介する巨大な装置，「メディア」である（吉見 2010；飯田 2020）。すると，都市といった空間も，多様なメディアをその一部に組み込んだ雑多な表情を見せる構成物とヒトやモノの流れが創り出す情報の表象を読みとくメディアと捉えることができ（遠藤・松本編 2015），私たちの身体も，身振り手振り，衣装，化粧，（身体）装飾などを含め，情報を媒介するメディアとなる（門林・増田編 2021）。

以上のように，メディアとは，多種多様な情報の媒介を指す多元的・複合的概念であり，単純に分類できるものではない。だが，読者にその概念的広がりを認識してもらうために，人類社会において，広く普及し，大きな役割を果たしてきたメディアを，（網羅的，排他的ではないが）筆者なりに例示的に列挙してみると，**表 14-1** のような一覧となる。ここに挙げたような人類社会において多様に展開されてきたメディアと，社会，ヒトとの関係を考える領域が「メディア研究（メディア論，media studies）」であり，冒頭に述べたとおり，社会学も中心的な役割を果たしてきた。

情報化とはなにか？

本章のもう一つの主題である「情報化」は，とりあえず，この一覧の最後にあるデジタルメディアの社会的普及を指す（それが何を意味するかは最後の4節で考える）。デジタル技術は，0と1の二進法により情報を表現し，演算する技術であり，電子計算機＝コンピュータとして第二次世界大戦期に研究開発が急速に進展した（弾道計算，フライトシミュレーターなどの軍事用途が促進力となった）。

第二次大戦後，東西冷戦下において，コンピュータは，宇宙開発（ロケットや探査機に搭載するには半導体の小型化，高性能化が不可欠）も含めた競争の中で開発が進み，政府，大企業，学術研究機関による限られた利用から，1970年代になると，家庭用コンピュータゲーム機（1977年Atari VCS，1983年ニンテンドーファミリーコンピュータ），パソコン（1981年IBM PC，1984年Apple Macintosh）と，一般社会に普及をはじめる。

コンピュータが単体で機能するだけであれば，メディアとして現在のように，これまでのアナログメディア全体を変革するような大きな影響をもつことはなかった。まず，コンピュータ同士がつながり，ネットワークとして機能することが重要な意味をもつ。コンピュータネットワークとして1960年代に開発されたインターネットは，冷戦時代，軍事，学術関係に利用が限定されていたが，冷戦崩壊を契機として，商用利用への制約が1990年代前半緩和され，1995年には撤廃される。**図14-1**はITU（国際電気通信連合）の推計にもとづいているが，1991年時点でわずか440万人だったインターネット利用者（世界）は，2001年5億，2005年11億，2020年には45億人超（世界総人口6割弱）へと拡大している。

さらに，コンピュータネットワークが，携帯電話，スマートフォン（以下「スマホ」と表記）として，モバイル化することで，24時間365日，私たちが情報ネットワークにアクセスできる状況が創り出された。携帯電話網は当初アナログだったが，1990年代からデジタルネットワーク（第2世代〔2G〕）へと移行し，2000年代にはインターネット接続（第3世代〔3G〕），2010年代に入ると，スマホ，タブレット端末，高速インターネット接続（LTE，WiMaxなど

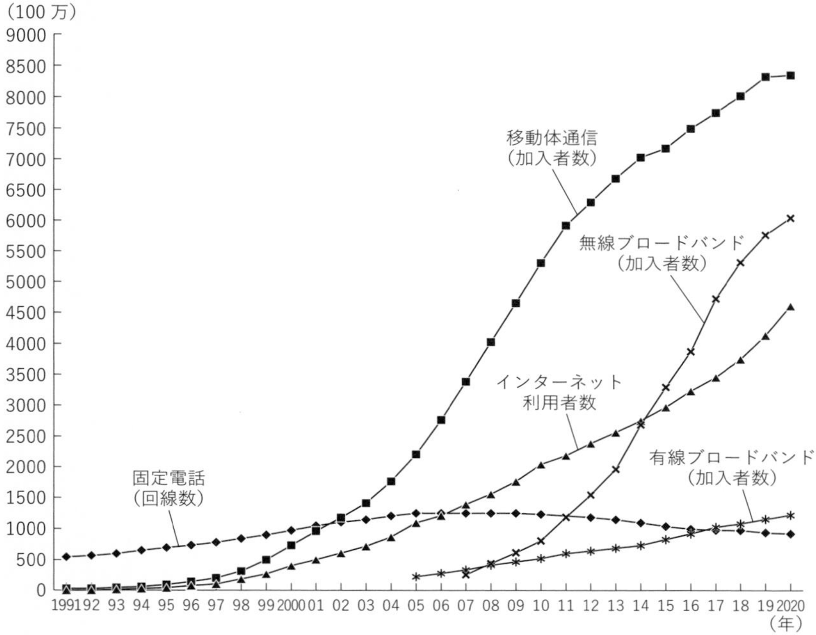

図 14-1　グローバルな情報ネットワークの爆発

（出所） ITU（https://www.itu.int/en/ITU-D/Statistics/Pages/facts/default.aspx）2022 年 8 月 20 日アクセス。

第 4 世代，2020 年代には第 5 世代〔5G〕）と，インターネットとの融合が進展してきた。スマホを含む携帯電話加入者数（世界）は，1991 年には 1600 万，2001 年には 10 億だったのが，2020 年にはついに 83 億と世界総人口（77 億）を凌駕している（一人で複数アカウント，法人アカウントも含まれるため，加入者数は実際の利用者数よりも多いことに留意する必要はある）。

このように，デジタル（コンピュータ），ネットワーク，モバイルが組み合わされることにより，20 世紀後半から 21 世紀に，「情報化」が急速に進展してきた。読者にとって YouTube，Twitter，Instagram，LINE などの**ソーシャルメディア**は生活に不可欠な存在とも思うが，いつサービスが開始されたのか知っているだろうか。これらは，YouTube＝2005 年，Twitter（現：X，以下本章では「Twitter」と表記）＝2006 年，Instagram＝2010 年，LINE＝2011 年と，わずか十数年の間に，世界規模で普及し，数億人から十億人単位が利用するメディアとなった。さらに，AI（人工知能）分野も含めた技術革新と社会的普及から，「IT 革命」「ソーシャルメディア革命」「DX（デジタルトランスフォーメーション）」「Society 5.0」など，社会全体の大きな変革を生み出しているとの言説も広く語られる。

2 アーキテクチャ論

多種多様なメディアと社会，ヒトとの関係に，どのような観点からアプローチすればよいだろうか。ここでは，インターネット研究において大きな反響を呼んだローレンス・レッシグ（1961–）の「アーキテクチャ論」を議論の基点としたい。

憲法学・サイバー法学者であるレッシグは，インターネットにおける自由を考えるために，ヒトの行動を制約する力（規制因〔regulator〕）として，「法（law）」「市場（market）」「社会規範（social norms）」に加え，「アーキテクチャ（architecture）」という概念を提示し，技術と社会との相互作用により形成される「アーキテクチャ」が，ネット社会のあり方を規定する決定的な力となりうることを説得的に議論した。

行動規制因としての法・市場・社会規範

まず，法（制度・政策）だが，メディアに即して，具体的に考えてみると，たとえば，「コンテンツの複製」は，技術的に可能であったとしても，法制度（著作権法）によって，私たちの行動は大きく左右される。デジタルコンテンツをめぐっては，海賊版サイトなどの違法アップロードとともに，著作権侵害と認識していてダウンロードした場合も違法とされ，罰則も強化されてきた。他方，本やパッケージゲームソフトは，個人消費者が一度適切に購入すると，著作権者がもつ譲渡権や頒布権は消尽されたと解釈されることで，古本市場，中古ソフト市場が合法的に形成された。

このように法制度，政策は，経済的利害，市場形成に大きな影響を与える（それゆえ，利害関係者が法制度，政策関係者に積極的なロビー活動を行う）。そこで，法制度的制約に境界付けられた市場において，経済的主体は，消費者がどのような経済的動因にいかに反応するかを探りながら，ビジネスモデルを工夫することになる。私たちが経済的動因により行動選択を行うがゆえに，無料だが広告表示，機能制約があるサービスと，有料だが広告のない高機能サービスといったビジネスモデルが形成される。

ビジネスモデルという観点からメディアを捉えると，情報を創り，発信する主体と，伝達先である受け手を媒介する経路も重要な構成要素となる。たとえば，新聞，雑誌，書籍，CD，ビデオ，DVD，ゲームソフト（パッケージ版）などは，製作，パッケージ化され，配送，販売される製造，流通過程が不可欠であり，映画や展覧会は，興行設備とともに，チケット販売網も重要となる。とくに産業化以降は，製作・流通・販売・マーケティングなどの複雑化する媒介経路を，出版産業，放送産業，アプリ産業などの「メディア産業」として捉え，どのような動因が私たちの行動に影響を与え，経済活動としてメディアが形成されるのかという観点も視野に含めておくことが必要である。

先ほど古本，中古ソフトの例を挙げたが，これらは一種の「転売」行為であり，法制度と市場経済の観点からは合理的（自分が不要になったものを破棄せず，他の必要な人に譲渡する）だ。しかし，希少なチケットや限定品を転売目的で購入し，利益をあげる行為については，社会的規範の観点から強い批判対象となり，法制度的規制が定められるに至る場合もある。また，携帯電話の電車内での利用のしかたや青少年のゲーム利用など，新たな技術としてメディアが社会に普及していく過程では，規範をめぐって議論が生じることも少なくない。LINE の既読無視，未読無視が気になったり，Twitter で「FF 外から失礼します」（フォロー，フォロワーでもないがコメントします）などの「作法」が生じるのも，私たちの生活世界において，法制度や経済合理性とは異なる社会的次元が重要であり，そこでは，一定の社会的規範が形成される必要があるからだと考えられる。

アーキテクチャとは？

さて，最後の「アーキテクチャ」だが，一般的には，建築（物，様式，学），構成・構造，枠組を意味する言葉を，レッシグは，社会的環境を物理的・技術的にデザイン，構造化することで，ヒトの行動を制約・制御する規制因として概念化する。レッシグが挙げている例の一つは，あるアメリカ航空会社についてである。月曜日早朝の搭乗客は，手荷物を受け取るまでの時間が，たとえ平均よりも短い場合でも，かかりすぎると不満をもちがちであることが判明した。そこで，飛行機の到着ゲートを，手荷物受取場から遠いゲートにし，搭乗客が受取場まで歩く時間を長くすることで，受取場での待ち時間をなくし，不満もなくすことに成功したという（Lessig 2006＝2007）。

この例にみられるように，アーキテクチャは，ヒトが行動する社会的環境を操作し，構造化することで，行為者がその動因を認識することなく，行動させる仕組みである。上記の航空会社の例では，飛行機到着ゲートを飛行機会社が決定することで，乗客たちは，長い時間をかけて手荷物受取場まで歩く行動が不可避となり，その結果，待たずに手荷物を受け取り，いらつくことがなくなったが，乗客たちは自分たちの行動が航空会社により統御されたアーキテクチャにより規定されていることを意識しない。

法制度，市場経済，規範の場合には，行為者が，罰則，費用便益，規範などを意識して行動するが，アーキテクチャの場合には，行為者はそうした意識なく，自動的に行動がコントロールされることとなり，事後的に規制するのではなく，（行為者にそうとは意識されず）事前に規制が行われる。

こうしたアーキテクチャの概念は，「環境管理型権力」と呼ばれることもある。また，行動経済学における「ナッジ（nudge）」の議論にも通じる。「ナッジ」とは，一般的には，「（注意や合図のため）肘で軽く突く（突いて動かす）」ことを意味するが，行動経済学において，経済的動因や法制度的罰則を用いず，ヒトの意思決定に関する認知バイアスを利用して，行動選択を禁じたり，経済的利益を損なうことなく，行動変容を促すものを指す。リチャード・セイラーとキャス・サンスティィーンが理論化し，学術的にも，社会的にも大きな反響を呼び，政策，ビジネスにおいて具体的適用も展開されている（Thaler and Sunstein 2008＝2009）。具体例としてよく参照されるのが，男性用便器に小さなイエバエ模様を加えることで，そこに向けて用を足すよう促し，とびはねを軽減するナッジであり，聞いたことがある読者も多いだろう。

アーキテクチャやナッジについては，社会，個人，自由に関する多様な論点を含んでおり，読者には関心をもって，さらに調べてほしいが，ここでは，メディアが，アーキテクチャとしての強力な力をもち，とくにデジタルメディアがもつ力が強大であることを指摘しておきたい。

アーキテクチャとしてのメディア

人びとの行動選択に影響を及ぼすために，現実の社会的空間のアーキテクチャを変更するには，膨大なコストがかかり，物理的制約が大きい。この観点からみると，たとえばテレビメディア（とくに地上波テレビ）は，構造的にきわめて強力な実空間でのアーキテクチャとして機能している。つまり，スカイツリーのような電波塔があり，周波数帯という希少資源（公共財）ゆえにチャンネル数が限られ，新規参入がない。こうしたインフラのアーキテクチャのもとに，リアルタイム一斉配信・プログラム編成という構造から，私たちは，テレビ番組に時間を合わせることで，生活リズムを形成してきた（そうであるとは意識しなくとも）。私たちは，テレビを見ないことも含め，番組を選択しているが，それは，事前に規制されたアーキテクチャの範囲内での選択と考えることができる。

さらに，テレビメディアは，視覚と聴覚に訴える映像と民放の場合には広告を利用し，アーキテクチャを工夫して，視聴を促し，注意を引くための多様なナッジを埋め込むことが可能である。ごく一部に集まっている人びとを切り取ることで，大勢が集まっている印象を与えるなど，印象操作や世論誘導も容易に可能となる。

デジタルメディアであるインターネットでは，システムに組み込まれたプログラムのアルゴリズム（コード）により，アーキテクチャを，アナログメディアよりもはるかに柔軟に，多様にデザインすることが可能となる（これが，レッシグの議論では中心的関心であった）。LINE の未読無視，既読無視も，LINE のアーキテクチャゆえである。GAFA をはじめとする IT 企業は，私たちのネットワーク上の行動を遍く収集し，いかに長く滞留，エンゲージメントさせるか，どのようなコンテンツをいかに表示すると関心を引き，購買に結び付きやすく，利益を最大化できるか，という観点から分析して，アルゴリズムを最適化しようとする。

ハイプ・ループ

シナン・アラル（1974–）は，このような意図をもって構築されるネットメディアを「ハイプ・マシン」と呼び，その技術とヒトとの相互作用を構造化するアーキテクチャを，「ハイプ・ループ」と規定する（**図 14-2**）。人びとのネット上の行動をシステム（AI）が感知し，アルゴリズムにもとづいた選択肢を推薦，提示。それを利用者が情報処理（消費）し，何らかの具体的な行動・反応することで，それがまたシステムへの入力となる（Arall 2021＝2022）。

たとえば，Google で考えれば，私たちがスマホの位置情報をオンにしていると，その情報を Google は収集して，道路や建物，店舗などの混雑情報を提

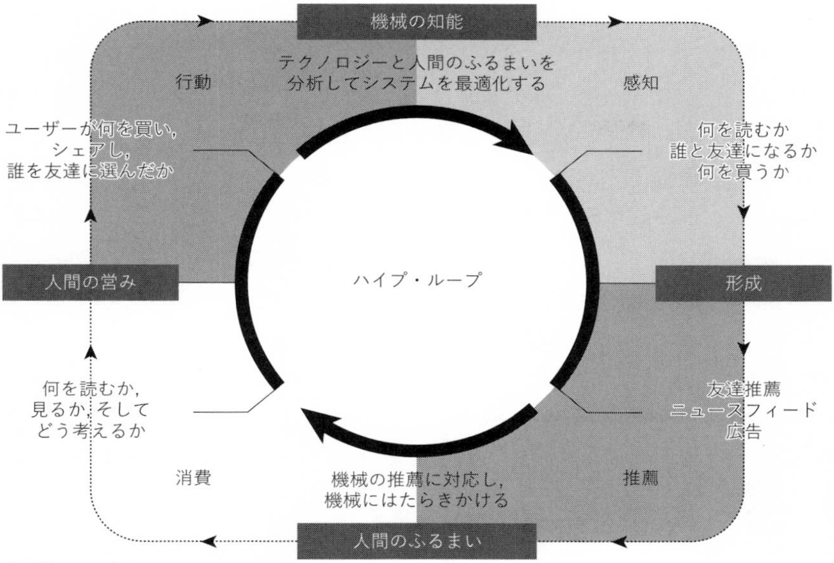

（出所） Aral（2021＝2022: 139）より。

図 14‒2　ハイプ・ループの構造

供するように，Google は，利用者の検索，地図，移動，動画，クリック，スワイプなどのログ情報を集積，分析し，提供する情報を更新，新規開発し続ける。そして，混雑情報をはじめ，多種多様なコンテンツに，利用者がアクセスすると，その利用者のネット行動履歴から，反応しそうな広告，コンテンツを提示し，私たちはその提示に，クリックや無視などの反応をする。Google を利用すればするほど，Google はその情報を分析して，より便利となり，それがまた利用を生み，収益が上がるという循環構造が形成されている。これは，Google が提供する検索をはじめとするサービスを無料で利用するのと引き換えに，私たちが Google のために無償労働する構造と解釈することもでき，いったんこのアーキテクチャに取り込まれると，抜け出すことは容易ではない。

このようなアーキテクチャ論の枠組は，社会，ヒトとメディアとの関係を研究する上で，基点となる視座を与えてくれる。ここで，社会学の観点から重要なのは，メディア研究には領域横断的，学際的アプローチが必要だが，法学，経済学，心理学，政治学，ネットワーク科学など，ほかの専門分野が，それぞれ固有の専門領域に閉じる傾向が強いのに対して，社会学は，複雑で多岐に分化した現代社会を，科学技術や社会環境，物理的環境との関係まで含め，多次元，複合的，そして批判的に分析する視座と方法を擁していることである。そこで，アーキテクチャがいかに構成され，機能し，法制度，市場経済，社会的規範と相互作用することで，メディアと社会との関係が形成され，変化していくかを，立体的，批判的に探究することが可能となる。

実際，20 世紀の発展した社会学的メディア研究は，人文学，社会科学の多様な領域と相互作用し，横断的に展開され，本節で展開したアーキテクチャ論の概念がそのまま用いられるわけではないが，その基本的な理論枠組は，アーキテクチャを法制度，市場経済，社会的規範との関係も含め，考究する議論と捉えられるのである。

3 メディア研究における主要理論

ここでは，20 世紀のアナログマスメディアを対象にした社会学的メディア研究の主要理論として，フランクフルト学派，トロント学派，アメリカにおけるメディア・コミュニケーション研究を紹介したい。いずれもアナログマスメディアを対象とした理論として発展したものではあるが，デジタルメディア，情報化に関しても，技術自体の革新はあっても，社会とメディアとの関係を考えるうえでは，依然として重要な役割を果たす。もちろん，メディア研究は膨大であり，これら 3 つはあくまで主要理論の例示にすぎず，また，それぞれ表面的な紹介に留まる。読者には関心をもってもらい，章末の読書案内などを手がかりにさらに多くの調査研究に触れてもらいたい。

フランクフルト学派

まず，フランクフルト学派（Frankfurt School）だが，1920 年代に設立されたフランクフルト大学社会研究所を基盤とし，1930 年代から精力的に活動したマックス・ホルクハイマー（1895–1973），テオドール・アドルノ（1903–1969），ヴァルター・ベンヤミン（1892–1940）らを中心とする研究者および彼らの議論を指す。第一次世界大戦後，新聞，ラジオ，映画，書籍，レコードなどのメディアが技術革新をともないながら，社会に広く普及する状況を背景とし，彼らは，大衆社会が形成され，複製技術によるメディアの進展がもたらす文化の産業化を批判的に分析した。

「文化産業」は，大衆を飼い慣らすための道具であり，資本主義体制の真の利益享受者である支配的階層は，利益を増大させ，自分たちを文化的人間だと称する。こうした批判的視点は，たとえば，ほぼ1世紀近くの時を経た東京オリンピックの招致活動やライセンス契約をめぐる贈収賄疑惑をみても依然として意味をもつだろう。

さらに，1960年代，ユルゲン・ハーバーマス（1929-）の「公共圏論」（Habermas 1962＝1973）が，世界的に大きな注目を集め，フランクフルト学派第2世代と呼ばれるようになる。ハーバーマスは，17世紀後半からのヨーロッパにおける市民社会の形成，発展において，多様な印刷物（とくに新聞）が流通し，文芸や政治的課題，論点について，人びとが自由に議論できる空間（たとえば，ロンドンのコーヒーハウスやパリの知的サロン）の重要性を指摘し，「公共圏」として概念化した。さらに，ハーバーマスは，19世紀半ば以降，産業化の進展により，私企業，メディアが社会を支配する産業消費社会が形成されるにしたがい，公共圏は，多様な利害団体がせめぎあう空間となり，私的利害を追求する主体による再封建化（たとえば公的事業の民間委託拡大）への構造転換が起きてきたと議論する。

トロント学派

フランクフルト学派が，資本主義，産業化という強大なアーキテクチャにおけるメディアの働きに着目したのに対して，トロント大学のハロルド・イニス（1894-1952），マーシャル・マクルーハン（1911-1980）らは，人類史的視野から，メディア自体がもつ特性がいかにアーキテクチャとして働くかを考察し，トロント学派とも呼ばれる。たとえば，イニスは，メディアがもつ「バイアス」に着目する（Innis 1951＝2021）。粘土板や石版は，移動しにくいが長もちする時間的バイアスをもち，パピルスや紙は，低い耐久性と高い可搬性の空間的バイアスをもっているとし，メディアのバイアスが支配的知識の特性を左右して，社会組織形態に強い影響を与えると議論した。たとえば，時間的バイアスのメディアは，長期にわたり持続的な宗教的知識と親和的であり，宗教的権力（たとえば，エジプト）が強くなるのに対して，空間的バイアスは，世俗的知識の伝播に適し，広大な空間を支配する帝国的政治権力（たとえばローマ帝国）を発展させる。

マクルーハンは，メディアは，人間の感覚器官，運動器官を外的に拡張するものであり，自律性をもって，人間の経験，社会関係を形成，構造化する力があることを強調し，その形成力・構造化力を「メディアはメッセージである」と表現した。マクルーハンは，人類史を，コミュニケーション・メディアの観点から，口承文化⇒手書き文化⇒活字印刷文化⇒電子文化への変遷と捉える。活字印刷は，活字の規格化を介した国語，国家を生み出す母胎となるとともに，複製された本を各自が手にし，活字が整然と印刷された紙を目で追い黙読する個人的経験（それ以前は，手書き本，写本は希少で，声に出して読む集合的経験）を促進することで，個人主義，抽象的思考を育み，社会を大きく変化させることとなった。こうした文字印刷文化に対して，ラジオ，テレビ，コンピュータなどの電子メディアは，文字で抑制されていた感覚を活性化し，私たちを相互に結び付ける「電子的相互依存（electronic interdependence）」関係を創り出す「グローバルビレッジ（地球村）」というイメージを提起した。

1964 年の『メディア論』（McLuhan 1964＝1987，第 1 章タイトルが “the medium is the message”〔「メディアはメッセージである」〕）は，メディア研究という学術領域を確立する上で大きな役割を果たすとともに，マクルーハンの議論には，インターネット社会を予見するような表現もあり，インターネット研究においても，影響を及ぼすこととなった。

アメリカにおけるメディア・コミュニケーション研究の発展

アメリカでは，第一次大戦期から，マスメディアを中心としたメディアが果たすコミュニケーションの機能についての議論が発展することとなった。第一次大戦は，国民全体を動員する総力戦となり，自国（士気高揚，敵意高揚，戦争支持世論を広げ，国債購入などをうながす），敵国（誤情報，偽情報で戦意を削ぐ，混乱させる，内部対立を生み分断する，敵兵に投降をうながす），中立国（自国への支持，同盟を呼びかける）向けの多種多様なプロパガンダが展開された。

プロパガンダとは，人びとの態度や行動を，情報発信者の意図する方向へと影響を与えようとする説得的コミュニケーションである。2016 年のアメリカ大統領選挙を契機として，ソーシャルメディアを駆使したフェイクニュース，世論操作が大きな注目を浴びることとなったが，2022 年におきたロシアによるウクライナ侵攻でも明らかなように，人類社会において，情報操作，プロパガンダは，口コミも含め，その時代に利用可能なメディアを総動員して行われてきた。

第一次大戦当時は，新聞，雑誌，ポスター，ビラ，パンフレット，チラシなどの印刷メディアが中心だったが，大戦後，プロパガンダの効果，世論形成に関する検証，研究とともに，ラジオ，映画が社会的に普及することで，ラジオや映画がどのように大衆社会の世論を形成し，影響を与えるかという観点から，マスコミュニケーション研究が発展することとなったのである。

プロパガンダ研究に深く関わり，アメリカにおけるメディア・コミュニケーション研究の祖の一人であるハロルド・ラスウェル（1902–1978）は，メディア・コミュニケーションを「誰が，何を，どのチャンネル（経路）で，誰に対して，どのような効果をもたらすか（発信者→コンテンツ→チャンネル→受信者→効果）」という一連の流れとして捉えるモデルを提示し，これら５つの構成要素に対応する「統制研究」「内容研究」「メディア分析」「オーディエンス分析」「効果分析」という研究領域からメディア・コミュニケーション研究は成り立つと論じた（Lasswell 1948）。

このラスウェルモデルは，マスメディア研究にもとづくため，発信者と受信者が明確に区別され，一方向的な情報の流れを措定している限界もあるが，モデルの構成要素は，メディア・コミュニケーションを分析するうえで，欠かすことのできない基点となる。

たとえば，メディアがアーキテクチャとして，いかに人々の行動，態度に影響を与えるか（あるいは与えないか；「メディア効果論」）について，マスメディアの直接的で強力な影響力，大衆説得の力に焦点を置く観点からは，議題設定機能論（マスメディアは，単にニュースを伝えるのではなく，何がニュースかを伝えることで，社会的に重要な議題，争点，優先順位を形成し，接触者の知覚に影響を与える），培養理論（テレビの影響力に関して，短期的効果ではなく，テレビ〔特にフィクション〕に長期的，反復的に接触することで，テレビが描写，提示するイメージに近い現実認識が培養されるとする），メディア文化帝国主義（欧米圏の巨大資本メディアが，自らの価値観，イメージを，映画やテレビを介して，グローバルに展開し，小国，少数民族の文化を衰退させるとの批判）などがこれまで展開されてきた。これらは，Twitter，Facebook などのソーシャルメディアに関する影響という観点からも，調査研究が取り組まれている。

他方，ポール・ラザースフェルド（1901–1976）らは，大統領選投票行動の意思決定に関する体系的な実証的研究から，人びとはマスメディアの報道に直接影響を受けるのではなく，対面での小規模な人的ネットワークにおけるコミュニケーションが重要であり，小集団のオピニオンリーダーが，マスメディアの情報を解釈し，それが，ほかのメンバーたちに影響を与えるという，「コミュニケーションの2段階の流れモデル」（two-step flow model of communication）を提示した（Lazarsfeld et al. 1968＝1987）。デジタルメディアにおいても，インフルエンサー（インスタグラマー，アルファブロガーなど）が重要な役割を果たすのも，こうした人びとのメディアコミュニケーション行動の構造が基底に働いていると考えることができる。

さらに，ラザースフェルドらの研究では，情報を解釈する際，選挙に関心が高くなるほど，その人の選好（選挙であれば党派や政策の選好）が，どのような情報に接するかに影響を与えることが示され，選好（先有傾向〔predisposition〕と呼ぶ）による選択的情報接触研究という領域を開拓することにつながった。選択的情報選択については，マスコミの情報が人々の態度，行動を変えるよりもむしろ，既存の態度・行動を強化する方向に働くとの議論や，近年では，インターネットにおける議論の分極化，クラスター化，エコーチェンバー現象の研究，さらには，ネットの特性による選択的情報共有研究へと展開している。

インターネット，スマホ，ソーシャルメディアといったデジタルメディアに関しては，技術革新の速度，新規性，変化に目を奪われがちだが，ヒトや社会の変化は中長期的に捉える必要がある。アナログマスメディアを対象として培われたメディア，コミュニケーションに関する社会学的研究は，デジタルメディアの研究にも大きな示唆に富んでいるのである。

4 情報化社会から Society 5.0 へ

本書の読者にとって，デジタルメディア，ソーシャルメディアは物心ついた頃から当たり前の身近な存在だろうが，ここまでの議論からわかるように，人類史という観点からみれば，デジタルメディア（デジタル＋ネットワーク＋モバイル）の発展は，20世紀から21世紀にかけて，ここ半世紀ほどにすぎない。

アナログメディアからデジタルメディアへ

アナログメディアからデジタルメディアへの大きな移行は，単純に，既存のアナログメディアの情報がデジタル情報（二進法）に置き換えられるというものではない。アナログメディアは，新聞，テレビ，（家庭用）電話，レコードなど，活字，動画，音声，音楽といった，媒介される表象の特性によって，相互に独立した物理的メディアであり，媒介経路が異なり，それぞれ独自の端末（テレビ受像機，電話機，レコード再生機など）が必要となることも多い。他方，デジタルメディアは，メディアごとの情報（記事，番組，会話，楽曲など）がすべてデジタル化された「コンテンツ」，媒介経路も「ネット」に一元化され，端末は，スマホのようなネットに接続できる情報端末であれば，コンテンツの種類を問わない。

このようなメディアとしての異なる特性から，紙の書籍と電子書籍，アナログレコードとネット音楽配信では，私たちのメディア経験が異なり，デジタルでは経験できないアナログの特性も依然として存在する。新聞，雑誌，書籍などの紙メディア，映画やイベントなどの興行メディアを考えれば，アナログの物質性が，デジタルにはない利点であり，レコード，カセット，同人誌などのアナログメディアに根強い利用者がいる。また，テレビも，視聴覚に強く訴えることができるメッセージを，同時に数百万，数億の人に伝える技術，番組編成による生活リズムの構成は，ネットには馴染みにくい特性であり，番組から伝送路，端末までデジタル化されてはいるが，ネットとは独立したメディアとして社会的に認知され，影響力を保つ面がある。

デジタル＋ネットワーク＋モバイル＋AI

他方，デジタルメディアの経済性，アナログにはない利便性，特性は大きく，既存のアナログコンテンツが，デジタルへと移行するとともに，端末やデジタルの特性を生かしたコンテンツへと発展する。たとえば，ガラケー時代には，ケータイ小説やケータイ向けカジュアルゲーム，スマホであれば，縦スクロールマンガ（ウェブトゥーン）などが生み出され，貨幣や希少なコレクターズアイテムを，ブロックチェーン技術を用いた仮想通貨や NFT（Non-Fungible Token：「非代替性トークン〔貨幣代替シンボル〕」）で実現する。

さらに，アナログメディアでは情報として表象し，媒介することが難しい，位置情報，操作履歴，検索行動，購買行動などがデジタル化されるとともに，アナログメディアで実現困難であった，膨大な情報の累積的蓄積・更新・検索・共有，一般個人による（不特定）多数への情報発信，未知の個人同士，（不特定）多数同士の情報や商品の交換が可能となり，Facebook，Twitterなどのソーシャルメディア，アマゾン，eBay，メルカリなどの商取引サイトが生まれ，飛躍的に発展した。

そして，検索・ポータルサイト，ソーシャルメディア，オンライン商取引等により収集されるデジタル情報がビッグデータとして分析され，ハイプ・マシンの精度を上げるための情報科学としてAI研究が積極的に活用される。とくに2010年代，深層学習というブレイクスルーが，分析精度を飛躍的に高めることとなったのである。

このように，2010年代，デジタル＋ネットワーク＋モバイル＋AIが，社会に広範に浸透することなり，これまでの社会のあり方を大きく変革するとの認識が醸成されてきている。社会的変革について，一方では，監視社会，個人格付け社会（個人のネット上でのさまざまな情報から信用スコアや能力スコアが算出され格付けが行われる），AIとの競争（AIによる職業・職種の激変）といった懸念が示される。2016年のイギリスEU離脱（ブレグジット），アメリカ大統領選挙に関して，フェイスブックなどのソーシャルメディアデータを駆使して，世論操作を行い，大きな影響を与えたといわれるケンブリッジアナリティカで，データサイエンティストとして活動したクリストファー・ワイリーが，内部告発者として内幕を語った著作（Wylie 2019＝2020）には，ハイプ・マシンが私たちのプライバシーを裸にし，詳細なプロファイリングをもとに，心理情報戦を仕掛けている様子が生々しく描かれている。

産業社会が見る夢

他方，Society 5.0のように，積極的な未来像もまた提示される。Society 5.0は，内閣府の第5期科学技術基本計画で提示された，日本が目指す未来社会のあり方である。これまでの人類の歩みを，狩猟社会（Society 1.0），農耕社会（2.0），工業社会（3.0），情報社会（4.0）とし，次の社会（5.0）への移行期と捉える。5.0とは，「サイバー空間（仮想空間）とフィジカル空間（現実空間）を高度に融合させたシステムにより，経済発展と社会的課題の解決を両立する，人間中心の社会（Society）」と規定する。内閣府は，次のように述べる。

> Society 5.0で実現する社会は……必要な情報が必要な時に提供されるようになり，ロボットや自動走行車などの技術で，少子高齢化，地方の過疎化，

貧富の格差などの課題が克服されます。社会の変革（イノベーション）を通じて，これまでの閉塞感を打破し，希望の持てる社会，世代を超えて互いに尊重し合える社会，一人一人が快適で活躍できる社会となります。

読者の皆さんはどう感じるだろうか。実は，「情報化」「**情報化社会**」とは，日本で1960年代後半に成立した，学術的とともに政策的でもある概念である。人類の主たる生産手段は，狩猟採集，農耕，工業（製造業），産業（サービス産業）と展開してきたが，その次に情報化が到来し，情報技術が，それまでの画一的な大量生産，大量消費，非創造的で拘束的労働から，社会を解放して，「人間性の実現」「創造性の発揮」「自由度の拡大」「価値観の多様化」「参加民主主義の実現」「個性の実現」といった価値をもたらすと主張された。これは，国内向けには，日本経済の高度成長を背景として，その後の日本の進路を模索する言説ツールとなり，対外的には，日本の経済的成功が「情報化」にあるとの認識を形成するものでもあった。

このように，情報化によって社会が革新されるという言説は，1960年代から繰り返しかたちを変えて語られ（「脱工業化社会」「ネットワーク組織」「ニューメディア社会」「マルチメディア社会」「ネット社会」「IT革命」「モバイル革命」「ブロードバンド社会」など），そこで描かれる社会変革の未来像もまた類似した概念が繰り返し現れてきた。こうした言説の繰り返しを，佐藤俊樹は「情報化社会論のパラドクス」と批判的に呼んだ（佐藤 1996）。

情報技術には，さまざまな可能性があり，技術がもたらす可能性と，私たちが実現したい価値を結びつけるのだが，技術の可能性を価値と結びつけ，実現するのは，やはり人間であり，社会なのである。情報技術があれば，「人間性の実現」「創造性の発揮」ができるわけではない。Society 5.0が提示する社会像についても，ロボットやAIがあれば少子高齢化，地方の過疎化，貧富の格差などの課題が克服されるというわけではない。

技術決定論ではない社会構想へ

私たちは，技術がもつ可能性を，実現したい価値と安易に結びつけ，技術決定論的思考におちいるリスクに常に注意する必要がある。実際に，現代社会において，情報メディア技術の発展を方向づける大きな力となっているのは，ハイプ・マシンを支配する巨大IT企業である。GoogleやFacebookは，広告媒体としての価値を最大化しようとしており，広告媒体としてネットメディアがマスメディアよりも優れているからこそ，ネットに資本が投入され，AI をはじめとする研究開発が進展する。

新聞やテレビといったアナログマスメディアの力の源泉は，数百万，数千万単位の人々に同期的に同一のメッセージを伝えるマスターゲティングの力であった。アナログ世界において，それは強大な力であったが，誰が何をみて，どう行動したかを，広告主側がほとんど捕捉できない。他方，インターネットは**マイクロ・ターゲティング**が可能であり，その力こそ，広告メディアとしてのインターネットの力である。人びとのネット上の行動，端末操作を収集，深層学習を用いたビッグデータ解析により，属性，態度，行動，興味・関心，意見等の相関関係をモデル化し，個々の利用者に対して，最も効果的な反応を引き出す刺激（リコメンド，広告，コンテンツなど）を提示することが絶えず試みられる。

このような観点からは，SNS，YouTube などのソーシャルメディアも，あくまで IT 企業の利益を最大化するための手段であり，法制度，市場経済原理，社会規範に従いながら，私たちの認知バイアスを利用したアーキテクチャをいかに開発するかに邁進（まいしん）しているとも解釈しうる。もちろん，それによって，私たちは，多大な利便性を享受するのだが，少子高齢化，地方の過疎化，貧富の格差などの社会的課題にはつながらない。

その意味では，私たちが，どのような社会を目指すのかが重要であり，それを考えるためには，これまで社会科学が積み重ねてきた社会理論を参照することが有用となる。「情報化」は，英語では，informatization と表現されるが，これは和製英語である。「情報社会」（information society）というと，もともと英語では，information＝intelligence（諜報）の意味にとられ，スパイが暗躍し，密告しあうような社会といったイメージすらあったが，日本の情報化社会論が，英語圏にも影響を与え（とくに増田米二『原典情報社会』〔1985 年〕は英語に翻訳され，現在でも引用，参照される文献となっている），information society（情報社会）という語も 1990 年代には一般化した。

フランク・ウェブスター（1950–）の *Theories of the Information Society*（Webster 1995＝2001）は，多様な社会理論を手がかりに情報社会を考える試みで，1995 年の初版は大きな反響を呼び，2014 年の第 4 版まで改訂を繰り返した。そこで取り上げられているのは，脱工業社会論，レギュレーション理論，ネットワーク社会論，情報資本主義論，情報と民主主義，再帰的近代化論，ポストモダン論など多様な社会理論である。

デジタルメディアの革新は留まるところを知らず，人工知能，ロボティクス，メタバース（現実空間と仮想空間の融合）を含め，2050年の人類社会がどのようになっているか，想像することも困難である。読者であるデジタルネイティブたちには，ウェブスターの論を手がかりに，優れた社会理論をもとに，人類社会を分析する視点を自ら考え，グローバルデジタルメディア社会で生きることを真剣に探索してもらいたい。技術は触媒であり，どのような社会になるかは，一人ひとりがどのように行動するかにかかっているのである。

Glossary——用語集

1節のキーワード

マスメディア　基本的には，活字印刷メディアである新聞，雑誌，電子メディアであるラジオ，テレビをさす。これらのメディアは，19世紀半ば以降，産業化，近代化により国民国家が形成される過程で，大衆を対象とする情報を流通させることにより，国家，地域といった社会的空間を情報空間として形成し，社会的現実を構築する役割を果たしてきた。

ソーシャルメディア　2000年代半ばからウェブマーケティングの世界で用いられ，広まった概念。具体的には，ブログ，電子掲示板（BBS），SNS，動画共有サイトなどを指す。これらのサービスは，ユーザがテキスト，写真，動画などの（マルチメディア）コンテンツを発信，共創，共有，さらに，多様なエンゲージメントをうながし，視覚的に把握するようデザインされている。そのため，コンテンツの集積が，たんにユーザ間コミュニケーションではなく，メディアとして社会的現実を構成し，提示するほどの力をもちうるようになった。

4節のキーワード

情報化社会　日本で1960年代後半に成立した，学術的とともに政策的でもある概念。第二次世界大戦で敗戦した日本社会が，復興し，戦後高度経済成長を成し遂げた状況を背景に，コンピュータの発展を基盤とした，さらなる日本の進路を模索する言説ツールであり，対外的には，日本の経済的成功が「情報化」にあるとの認識を形成するものでもあった。

マイクロ・ターゲティング　選挙運動やマーケティングなどの説得行為において，ターゲットとなる人々について，性別，年代，職業，地域などの人口学的変数だけではなく，心理的態度，嗜好，移動，消費，行動パターンなどの詳細なデータを，ソーシャルメディアなどを介して収集し，プロファイリングを行い，細分化された（マイクロ）ターゲットに適したメッセージや働きかけを考案することで，より効果的に説得（態度変容，行動変容）しようとする戦略。

Report Assignment――レポート課題

■2021 年 1 月 6 日，トランプ大統領（当時）支持者によるアメリカ合衆国議会議事堂襲撃という世界史に残る政治的事件が発生したが，この事件におけるソーシャルメディアが果たした役割について，社会学的分析を行いなさい。

Reading Guide――読書案内

①フランク・ウェブスター『「情報社会」を読む』田畑暁生訳，青土社，2001 年

日本語訳は初版の訳で，一部省略されているところもある。原著 *Theories of the Information Society* は，2014 年に第 4 版が出ており，内容も大きく刷新されているので，可能であれば原著第 4 版を読んでもらいたい。

②井上俊・伊藤公雄編『メディア・情報・消費社会』（社会学ベーシックス 6）世界思想社，2009 年

本章の主題であるメディア，情報に加え，消費社会に関する，古今東西の優れた社会学的著作 23 編について，それぞれ 1 章とし，著作の概要，著者の履歴，学説史上の背景，意義，影響関係を紹介してくれる。本書を手がかりとして，興味をもった著作を積極的に手に取ってもらいたい。

③井川充雄・木村忠正編『入門メディア社会学』ミネルヴァ書房，2022 年

現代のメディアがどのように生成されてきたのか，「メディア」の社会学と，「メディア社会」の学，という 2 側面がある「メディア社会学」を体系的に解説する初学者向けテキスト。

Chapter 15　環　境

新石垣島空港の開港を待つ石垣市街地（筆者撮影）

Chapter Overview——本章の要約

私たちの日常のなかでは単一のものと考えられがちな自然・環境は，じつは社会のあり方によってその姿が異なってみえている。本章では環境問題を扱う社会学的な思考を養うために，まず自然・環境に対する多様なとらえ方を押さえる。そのうえで，人びとにとっての環境問題とはどのように立ちあらわれているかを事例とともに概観し，その対立軸をみつつ，社会学的な考え方を養っていく。

Learning Objectives——学修目標

・社会学で環境問題を考えるための基礎的な考え方・背景を身につける。
・自然や環境という言葉が意味するものの多様性について概要を理解する。
・環境問題がどのような主体に関わる社会問題であるかを理解する。

1 どんな自然をどう守るのか？

複数の自然観・環境観

自然とか環境という言葉で意味されるものは，やっかいだ。時代や社会によって，それが意味することが異なっているからである。古典古代から今日にいたるまでの自然観をみても，その変化はドラスティックである。たとえば，自然や生命などの諸現象はそのもつ目的を実現するために秩序をもって変化するという目的論的自然観があり，次に自然は機械のように内的なしかけに従って動いているという機械論的自然観が台頭し，人間と自然とがひとつの有機体のごとく相互に関連しているという有機体的自然観が優勢になってきた。

しかしながら，自然観の変化は，社会ダーウィニズムが示すような，一方から他方への単線的な移行ではない。どの時代のどの社会においても自然観は一つではなく，複数の自然観が原理的には存在する。さらに，種に固有な Umwelt（環世界／環境世界）があるように（Uexküll and Kriszat 1934＝1973, 2005），社会の多様性は環境の多様性を意味し，その多様性が自然のなかに書き込まれている。

たとえば，里山や人工林などの自然が，人間の干渉が途切れた時に「荒廃」するように，利用することで維持される自然がある。阿蘇の野焼きや奈良の若草山焼きは，定期的に火入れすることで自然を遷移させることなく，独自の景観を保つことを可能にする。そこでの自然は，自然の「独白（モノローグ）」ではなく，その社会との「対話（ダイアローグ）」による歴史的・文化的な営みの表現である（関 1997: 55）。社会が多様であるように，自然や環境もそれぞれの社会に固有なものとして立ち現れてくるのである。

そのため，自然を守る，環境を守ることが合意されていても，自然や環境をどう定義するかによって，問題解決のあり方は異なってくる。とらえ方によっては，結果的に，自然や環境をうまく守れないという事態も生じてしまう（宮内編 2013）。そこで，どんな自然や環境をどう守るのかが重要になってくる（関 1999）。

三つの方向性

複数の自然観が同じ時代・同じ社会に同居し，それぞれが異なる問題解決の方向性を示唆するとは，どのようなことを意味するのか。環境社会学の鳥越皓之らの議論を参照するならば，問題解決のためには，近代技術主義，自然環境主義，生活環境主義という三つの方向性がある（鳥越 1997a: 18–20; 嘉田 1993: 148–150）。

近代技術主義は，環境問題の解決を科学技術に委ねようとする。都市の大気汚染は，自動車の排ガスをクリーンにする技術開発で緩和・克服されてきたし，ハイブリッドや電気自動車，水素エンジンの登場により，技術の発展は，順次，自然や環境の問題を抑止してきたかのようにみえる。省エネ家電や再生可能エネルギーの利用促進は，**地球温暖化**対策のために，国や自治体によって推奨されている。だが，そもそも科学技術は環境問題を引き起こす原因でもあったし，科学技術による解決は，部分最適になっても，全体最適とはなりにくい。

対して，自然環境主義は，自然の価値を認めることで環境問題の解決に寄与しようとする。この場合，たとえば，白神山地の世界遺産登録の際に問題になったように，自然を守るための入山規制という規制的手法によって，伝統的な山林利用の生業や暮らしが営めなくなるという問題が生じる（井上 1997）。もちろん，尾瀬の自然保護のように，国有林の利用規制が地域の人びとを排除し，従来の生活文化を細らせたとしても，その地域が観光産業に転換すれば，何ら問題は生じないという見方もできる。だが，観光には波があるから，観光業のみに地域の生活を依存することは好ましくないし，オーバーツーリズムが問題になれば，観光業そのものにも規制の動きが波及する。

生活環境主義は，環境問題を生存ではなく生活の問題としてとらえ，生活者の視点から問題を解決する方途を見出そうとする。大規模開発などでは地域が賛否に分かれて対立するのも常であるが，水環境の保全や環境づくりなど，地域の問題を自律的に解決したり，より良い地域を創出しようという際に，有効な視点を提示しうる。

2 エコロジーと自然・環境・社会

コモンズとしての自然

私たちは，望むと望まざるとにかかわらず，ある環境のなかで，つまり，歴史的に培われた風土の自然や生活文化のなかで暮らしている。自然や環境がもつこうした本源的意味は，社会の持続性を考えるうえで重要である。

沖縄のある集落の話である。調査で居候していた家の「お母さん」のところには，しばしば近所の高齢の女性がやってきた。血縁関係はないが，お母さんはその女性を「姉さん」と呼んだ。

経済的には決して豊かでない姉さんは，春から初夏にかけて，潮の満ち引きをみながら，よく海に行った。集落の浅瀬の海は，アオサやモズクがとれ，貝を掘ることもできた。こうした採取活動はウミクジと呼ばれ，姉さんにとっては，ちょっとした小遣い稼ぎであった。姉さんは，塩漬けのモズクや砂抜きした貝の量をきっちり測って袋詰めし，近所に持って歩いた。普段はモノのやりとりに金銭を介さないのに，お母さんは，「分けてちょうだいね」と言いながら，1袋につき500円を渡していた。

姉さんが海藻をとり，貝を掘った海は，「コモンズとしての海」（玉野井 1995）であった。コモンズは「入会（いりあい）（共有地）」と訳される。山野に入会権があるように，海には「入浜権」があると述べたのが「入り浜権宣言」（1975年）である。宣言は，「古来，海は万民のものであり，海浜に出て散策し，景観を楽しみ，魚を釣り，泳ぎ，あるいは汐を汲み，流木を集め，貝を掘り，のりを摘むなど生活の糧を得ることは，地域住民の保有する法以前の権利であった」とうたった。

コモンズには「弱者生活権」があり，伝統的に，困った人が優先的にそれを使う権利が認められていたという（鳥越 1997b）。姉さんのウミクジも，現金を得る手段であることが了解されていた。恩恵や慈悲ではなく，ともに生活し続けるための当たり前の人間関係が，コモンズの海を媒介に形成されていたのである。

集落での生活や人間関係だけではない。女性が身体を清める3月の浜下り（サンガチヤー）や豊漁を願う5月のハーリー（伝統的な舟での競漕）などの伝統行事，海の地形を教える微小地名や干瀬（ひし）にたつ波で天候を予測する自然知などを含めて，集落が「この集落」であり続けるためには，経験，文化，伝統，歴史が世代間で不断に更新されていかなくてはならない。だが，それらはモノのように手から手に引き渡すことはできないがゆえに，媒介として自然や環境を必要とする。その自然や環境が問題になるということは，その社会が問題に直面しているということである。

エコロジーは「エコ」か？

自然や環境はどうあるべきかという生活者の視点は，個人の視点ではなくその社会の視点として現れる。何らかの出来事に遭遇して，将来が予測不能な事態となれば，その社会は自らの社会を持続させるために問題解決の方途を模索する。生活環境主義は，それゆえ，ある一定の領域で生じる環境問題についての基本的な視座を与えてくれる。

環境には二つの含意がある。もともと，フランス語で環境は milieu であった。そこに「取り巻くもの（environ）」を英訳した environment が逆輸入されて，フランス語の environnement として定着した。「環境（environnement）の意味を示唆するとすれば，それはもはや作用・反作用を行う環境 milieu ではない」（George 1971: 7＝1972: 10）という場合，前者は客体としての物理的環境という意味が強く，後者は一人ひとりが生活する場としての社会という意味——climate ではなく milieu としての「風土」（Berque 1986），ないし「郷土」として了解しうるもの——を押し出してくる。

作用・反作用とその連鎖として，環境と人間，社会の具体性や固有性を動的にとらえる概念に**エコロジー**がある。エコロジーは，ギリシャ語のオイコス（oikos, 家）とロゴス（logos, 理論）に由来し，ある生物とそれをとりまく環境との関係を明らかにする生態学を意味する。生物を「人間」に，環境を「社会」に置き換えれば，生態学は，ある人間とその人間をとりまく社会との関係を探求する社会学の相似形であることがわかる。そうすると，生物が他の個体や環境と〈作用—反作用〉しながら生態系が遷移するように，シカゴ学派の人間生態学（human ecology）が，都市空間の遷移を描き出したことも納得しうるだろう（→Ch. 13）。

社会的エコロジー

生物の世界に擬態させて社会を論じるのではなく，生物と人間社会のつながりを考える「社会的エコロジー」が論じられるには，先進国で**公害**や環境汚染が問題になった1970年代を待たねばならなかった。1970年はアメリカでアースデーが誕生した年である。1972年にはローマクラブの「成長の限界」が発表され，同年にストックホルムで国連人間環境会議が開催された。ヨーロッパでは「緑の党」が芽吹いた。エコロジーは，新しい社会運動の一つとして，フォーディズムに抵抗し，政治や経済，社会の変革を求める鍵概念になった（**環境的公正**という考え方や，**持続可能な発展**という概念もこの頃に端を発している）。

冷戦後の1990年代になると，国内問題であった環境問題は，地球環境問題という国際問題になっていく。1992年のリオの地球サミット（国連環境開発会議）は，東西対立の終焉と南北対立の浮上という世界秩序の転換を印象づけた。この新しい秩序をめぐり，北ではアメリカ，ヨーロッパ，日本の三つのブロックが主導権争いをするとみられたが（Lipietz 1992: 5），アメリカはその後消極的かつ自国経済中心のふるまいに転じ，日本は中国の台頭に存在感を失ってきた。

日本国内では，エコロジーは「エコ」，すなわち「環境にやさしい」という意味で急速にファッション化し，生活者である市民の環境活動や保護運動が持つ批判力に共鳴する世論も弱くなってきた。それにともない，人間と自然，人間と環境を取り結ぶエコロジーの具体性，多様性，複雑性といった観点が見えにくくなってきた。

南方熊楠と精神・社会・生態のエコロジー

そこで，日本におけるエコロジーが，その土地ごとの生活や文化，伝統や歴史を守るために提示されたことを思い起こしてみよう。日本で最初にエコロジーという概念を用いて自然保護にたちあがったのは，南方熊楠（1867–1941）である。熊楠は，イギリス，ドイツの遺跡や文化財保護，アメリカのヘッチヘッチーダム建設反対運動（自然保護を語るうえで重要な事例。カリフォルニア市の水不足を解消するためのダム建設か，価値ある自然を守るためのダム建設阻止かの論争が起こった）にも関心を寄せていた（飯倉 2006: 214–215）。その南方が，1906（明治39）年の神社合祀令（1町村に1社を基本として統廃合する）に反対し，神社の統廃合がもたらす危機に警鐘を鳴らしたのである。

神社合祀は，人びとの信仰心を失わせ，融和を妨げ，地方を衰退させ，人びとの慰安を奪い，人情を薄くし，風俗を害し，愛国心を損なうと，南方は述べた。治安を悪くし，鎮守の森が育んできた水資源を枯渇させ，害虫を増やし，史跡や古くからの言い伝え，天然の風景や天然記念物もなくしてしまうのだ，と主張した（南方 1971）。

南方の反対運動は，神社合祀令を廃止に導いた。社会学者の鶴見和子（1918–2006）は，熊楠を「エコロジーの立場に立つ公害反対」の先駆だと評している（鶴見 1981: 222）。思想家の中沢新一は，「ナチュラリストとしての熊楠は，生態のエコロジーにたいする危機感から立ち上がったが，同時に民俗学者としての熊楠は，それが社会のエコロジーの問題に深くリンクしていることを理解していた。そして，森の秘密儀に通じたマンダラの思想家としての熊楠は，その問題が精神のエコロジーと結びつかないかぎりは，けっして豊かな未来を開くものではないと見抜いた」と論じ（中沢 1992: 329），熊楠のエコロジー思想が，「社会のエコロジー」「精神のエコロジー」「生態のエコロジー」を結合したものだと指摘した。それは，のちに哲学者のフェリックス・ガタリが論じる『三つのエコロジー』（Guattari 1989＝1993）を先取りするものだった。

「自然と文化」は「心」を守る

社会，精神，生態という3つの点からとらえられた南方のエコロジーは，人びとが「土地に安着」し（南方 1971: 561），「国福を増進」（南方 1971: 565）するために，神社の統廃合という国策で，鎮守の森を伐採し，神殿を潰し，神田を売り払うことを戒めた。これは同じ頃に「真の文明は山を荒さず，川を荒さず，村を破らず，人を殺さざるべし」とした田中正造（1841–1913）や，その約100年後に「豊かな国土とそこに国民が根を下ろして生活していることが国富」とした大飯原発3，4号機運転差止訴訟福井地裁判決（2014年）にも通じて，社会・精神・生態（自然環境）からなるエコロジーの重要性を指摘した思想とみてよいだろう。

同様に1970年代，熊楠のエコロジー思想を彷彿させる主張を掲げたのが，「沖縄の文化と自然を守る十人委員会」である。1972年に日本に復帰した沖縄では，1975年の海洋博開催をまえに，本土企業による土地買い占めに拍車がかかっていた。各地の乱開発も問題になった。沖縄の知識人10人は，「沖縄の文化と自然を守る要望書」（1973年）のなかで，「沖縄の歴史的展開，文化的展開の沖縄二千年史における『沖縄の心』を強力に守り育てたものが沖縄の自然であった」「沖縄の自然は沖縄人の感性の純粋さを育て上げて沖縄固有文化に化身していった」「その自然の美しさがまさに破壊され，文化が破壊され，

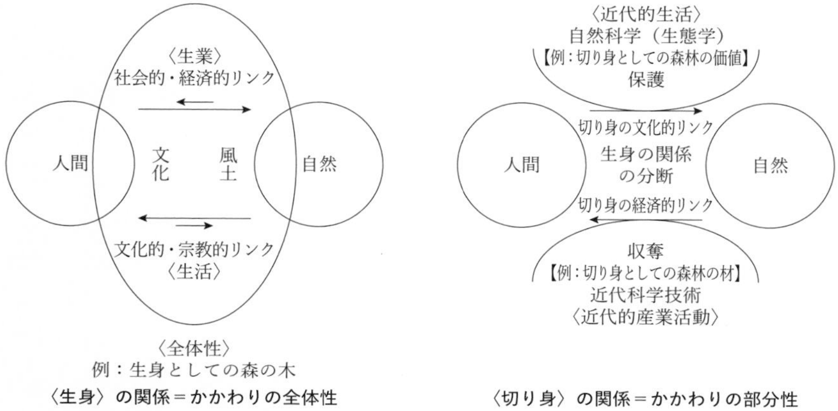

（出所）　鬼頭（1996）130 ページ。

図 15-1　社会的リンク論における〈生身〉と〈切り身〉

自然が破壊された時に，沖縄は遂に沖縄を喪い，そのよりどころを失う」と述べている（沖縄の文化と自然を守る十人委員会 1973: 3-4）。

「沖縄の心」「よりどころ」とは，人間を人間たらしめる精神的・知的な活動が自然に依存・従属しているという「自然の本源的優越性」（松井 1997, 2005）の表現である。また，「沖縄」の喪失とは，自然と文化，社会の有機的なつながりが失われるということを意味する。「社会的リンク論」（鬼頭 1996）を借りて述べるならば，「沖縄」という「生身」の関係が失われ，「切り身」の関係に分断されてしまうということである（図 15-1）。

3　行政の無謬性をめぐって

鉱害・公害問題と国策

経済活動も，「生身」の関係か「切り身」の関係かで，自然や環境に対する意識は異なってくる。企業に在地性という「生身」の関係の意識があれば，自然や環境の問題をともに解決する姿勢も生まれる。

たとえば，住友は，明治の時代に，深刻な煙害をもたらした別子銅山の製錬所を移転させ，自然の恩に報いるために煙害で荒れた山に植林した。移転先の四阪島の煙害は，最終的に，脱硫技術の開発で克服した。このような住友の対応は，企業の在地性が成し遂げた問題解決例として，第二代総理事の伊庭貞剛

（1847–1926）の名前とともに記憶されている。

逆に，企業と国とのリンケージは，地域の人びとと生活，さらには健康や生命を脅かしてきた。国力増強という国策に寄り添って，松木村と谷中村という二つの村を廃村に導いた足尾銅山は，田中正造の名とともに悲劇の歴史として刻まれている。

重厚長大型産業による経済政策では，公害病という顕著な人権侵害が生じた。1956年に発生が公式確認された水俣病では，加害企業と国とが原因究明を遅らせ，9年後には阿賀野川流域で第二の水俣病の発生をゆるした。だが，水俣病の被害を拡大させた国の責任が認められるには，2004年の関西訴訟最高裁判決を待たねばならなかった。第二の新潟水俣病に至っては，国の責任を認めた判決はまだない（2024年2月末現在）。

行政が強い指導力のもとで企業を監督・保護する「護送船団方式（強い企業だけを後押しするのではなく，業界全体を守るために，弱い企業も生き残れるようにする施策）」のなかで，深刻な環境汚染や健康被害が生じても，国の規制権限不行使など不作為責任を認めさせるには大きなハードルがあった。「日本史上，最大かつ最悪の公害」（伊東 2012: 38）とされる福島原発事故でも，国策民営で原子力エネルギー政策を推進してきた国の責任は，2022年6月の最高裁判決で否定されている（この最高裁判決を克服する裁判運動戦略もはじまっている）。地域をないがしろにし，犠牲にしながら，法的責任という点で長期にわたり無謬（むびゅう）であり続ける国は，自然，環境，エコロジーの観点から遠のいていく。

公共事業と自然保護

公共事業も悩ましい。「公共」であるがゆえに，生活環境主義が示すような生活者の視点からの反対運動は「住民エゴ」とみなされがちだったからである。「公共性」の名のもとに，当たり前の「生活」の価値が無力化されるなかで，反対運動は自然や生態系の希少性・貴重性を強調した自然環境保護として理論武装した（関 1999）。

公共事業は，公共性があるだけでなく，当該地域の経済に貢献すると説明されてきた。少なくとも，建設事業は地域に雇用を生み，一時期であっても経済を活性化する。それによって利益を享受する人もいる。そのような状況に抗するには，自然の価値を主張することが有効であった。

たとえば，公共事業による海浜埋め立てからコモンズの海を守りたい。だが，それだけでは公共事業は止まらない。そこで，自然の価値が持ち出される。最もシンボリックなのは，「サンゴの海」の希少性・貴重性である。

住民の反対運動が希少・貴重なサンゴを「発見」した最も有名な例に，沖縄の新石垣空港建設反対運動がある。1979 年に白保集落地先の海に新空港を建設する案が発表されると，白保住民たちの反対運動がはじまった。そのなかで，世界最大級のアオサンゴ群落があることがわかり，反対運動は，世界最大級の国際 NGO である WWF（世界自然保護基金）の支援を受けたグローバルな自然保護運動になった。その結果，新空港計画地が地元主導で再選定され，最終的にカラ岳陸上案が選ばれた（松村 2018: 104–106）。

サンゴの海が守られた 2000 年に，白保には WWF ジャパンの「サンゴ礁保護研究センター しらほサンゴ村」が開設され，WWF のスタッフと住民とが協力しながらサンゴの保護と地域振興の活動が展開された。なかでも，地元の特産品を扱う「白保日曜市」は，集落に足を運ぶ人を増やしてきた。このサンゴ村の施設は 2021 年に白保公民館に譲渡され，サンゴの保護活動の取り組みは地元の NPO に引き継がれている。

自然保護 vs 自然保護

公共事業が自然破壊と批判される場合であっても，行政は自然保護に無頓着ではない。行政もまた自然保護を語り，（時に無謀のように思われるような）技術によって問題解決の回路を見出そうとする。

たとえば，サンゴの移植や養殖の技術は，豊かな漁場を育み，海岸線が波に削られるのを防ぐために使われるならば，おおいに歓迎されるだろう。だが，この技術は，住民が望まない開発行為を推進し，住民が訴える自然保護の矛先をかわす代替案として提示されることもあった。

高知県の夜須町（町村合併により現在香南市）にある大手の浜で，県によるマリーナ建設計画が浮上したのは，1987 年である。地元住民が建設反対運動を開始し，その過程で埋め立て予定地に北限のサンゴが群生していることが明らかになった。「発見」されたサンゴ礁は，自然保護を前面に打ち出した運動展開を可能にした。

他方で，県はサンゴの移植によって自然保護を実現する方針を示した。この場合，目の前にあるサンゴの海の危機は，別のところにサンゴの海をつくることで回避されうることになる（もっとも，移植にむけた調査のなかで，サンゴにプレートが打ち込まれ，移植保護されるはずのサンゴはダメージを受け，批判を浴びることになった）。

マリーナ建設事業は，バブル経済崩壊後の1996年に，採算がとれないこと，自然保護の高まりがあることを理由に，正式に中止がきまった。自然保護運動によって「発見」されたサンゴの海は，現在，埋め立てから浜を守った住民の生活とともにあり，シュノーケリングの穴場にもなっている。サンゴの状況は，周囲の開発や水温上昇など，海の変化を示すリトマス試験紙にもなっており，人びとの意識に自然や環境の重要性を植えつけることにも貢献している。

大手の浜のマリーナ建設中止の判断は，新石垣空港建設地再検討と同様に，1990年代の地方分権時代の出来事であった。この時期，公共事業のあり方に変化が生まれていた。止まらない公共事業に一石を投じたのが，1997年の北海道の「時のアセスメント」である。施策が長期間停滞し，その価値や効果が社会の変化やニーズで低迷し，円滑な実施に課題を抱えている事業については，「時間」という尺度から事業を再評価しようという「時のアセスメント」は，行政の無謬性を否定しない仕組みとして受け入れられ，国も公共事業再評価制度として制度化した。自然保護運動が見直しを求めてきた事業もいくつか再検討され，時代は地球温暖化対策，脱炭素社会の実現などに移行しはじめた。

4 自然・環境の定義をめぐる「抗争」

保護をめぐる言説の変化

他方で，生活者の声も，自然保護運動の声も，自治体の声でさえも，届きにくい領域がある。統治行為論が及ぶ安全保障の領域はその最たる例である。この論理にもとづき，米軍基地拡張をめぐる反対運動で7人が逮捕・起訴された砂川事件では，在留米軍がそもそも違憲であるという被告らの主張に対し，高度な統治行為には明らかな違憲無効でなければ司法は違憲審査をしないという最高裁判決が下された（1959年）。

沖縄県の米軍普天間基地の辺野古移設問題では，普天間返還が合意された1996年から紆余曲折を経て辺野古移設が決まり（熊本 2021），海域の埋め立てが進められている。この海域は，絶滅危惧種のジュゴンの生息域であると主張され，また希少種サンゴがみつかったことから，自然保護を根拠とする反対運動も展開されてきた。埋め立てのための土砂は，沖縄だけでなく，県外でも採取されることから，県外の自然環境への悪影響も懸念されてきた。

そこに新たに出てきたのが，戦没者遺骨の収集がおこなわれきた沖縄本島南部の土砂採取問題である。軟弱地盤が含まれる辺野古移転地の埋め立てに，遺骨の混じった土砂を使わないようにという声があがり，全国の地方議会でも次々に意見書が採択された。遺骨の埋もれる土への「ある種の礼節」（荒川 2006：245）を欠いた事業は，土砂の採取や埋め立てが生態系という意味での自然環境を壊すだけではなく，激しい沖縄戦で命を落とした人びとを悼む精神や社会のエコロジーに関わる問題となって浮上した。自然や環境の問題は，沖縄戦の「記憶」と結びついた歴史的環境の問題となり，戦没者の遺骨の尊厳を踏みにじる人道上の問題へと焦点を移してきたのである。

構築と抗争

辺野古の埋め立てひとつをみても，問題は時期ごとに異なる様相を帯びて立ち現れてくる。だが，沖縄の基地負担，ジュゴンやサンゴ礁の保護，土砂採掘問題を経て，沖縄戦の歴史や遺骨の尊厳と，文脈を変化させながらも，埋め立て阻止という点で反対運動は揺るがない。

どんな自然や環境を守るのか。何を自然や環境と呼ぶのか。ある具体的な場所の自然や環境をめぐって，誰が，どんな定義を勝ち取るかは，「その時空間の構造とルール」（中澤 2009：45）の決定に関わる問題である。自然や環境の問題は社会の中で構築され，自然や環境をめぐって，複数の自然観・環境観が合意を獲得すべく抗争する。この抗争において，沈黙し，中立する傍観者は存在しない。暴れずにいる犠牲の子羊はその運命を変えないし，子羊を傍観している人びとは儀式を見届ける聴衆として，儀式の進行に正当性を付与するのみである。

Glossary——用語集

1節のキーワード

地球温暖化　社会の産業化を背景に，二酸化炭素やメタンガスなどの温室効果ガスが大量に排出され，大気中の濃度が高まり熱の吸収が増えた結果として，気温が上昇していること。最近 30 年の各 10 年間は，1850 年以降のどの 10 年間よりも高温を記録している（環境省ウェブサイト）。

2節のキーワード

エコロジー　環境と人間，社会の具体性や固有性を動的にとらえる概念。ギリシャ語のオイコスとロゴスに由来し，ある生物とそれをとりまく環境との関係を明らかにする生態学という意味をもつ。

公　害　日本の法律（環境基本法）で定義される公害は，①事業活動その他の人の活動にともなって生ずる，②相当範囲にわたる，③大気の汚染，水質の汚濁，土壌の汚染，騒音，振動，地盤の沈下及び悪臭によって，④人の健康又は生活環境に係る被害が生ずること，である。社会学では，被害者運動の研究（社会運動論，〈加害―被害〉論，被害構造論，受益圏・受苦圏論など）がよく知られている。

環境的公正　属性や世代，そのほかの社会的条件によらず，すべての人びとが公平に自然環境への負荷・配慮を分かち合うべきだとする考え方。

持続可能な発展　世代間の不均衡を帰結することなく（つまり未来世代に環境的負荷をかけることなく），現世代の生産や経済的発展を実現しようという考え方。

Report Assignment――レポート課題

■身近な出来事や新聞記事，ニュースを題材に環境問題を一つ取り上げ，それについて本章で学んだキーワードを使って議論することで，社会学的な問題として論じてみよう。

Reading Guide――読書案内

①関礼子・中澤秀雄・丸山康司・田中求『環境の社会学』有斐閣，2009年

激しく移り変わる環境と社会との関わりのなかで，環境問題を実際の身体や暮らしをとおして考えるために編まれた「環境の社会学」の教科書。

②レイチェル・カーソン『沈黙の春』青樹簗一訳，新潮文庫，1974年

1964年に『生と死の妙薬――自然均衡の破壊者「化学薬品」』というタイトルで翻訳書が出た。化学薬品（DDT）規制のきっかけになったベストセラー。

③『シリーズ環境社会学講座（全6巻）』新泉社，2023年～

公害，エネルギー，福島原発事故，自然保護，持続可能社会，環境問題解決の実践について論じている。

Column ④——社会変動

1　社会変動論からはじまる社会学

社会学はフランスのオーギュスト・コントにはじまるとされるが，その関心は社会変動にあった。ここでいう社会変動は，景気変動のような短期的変化ではなく，社会構造や人間関係・組織・集団のあり方の根本的変化をさし，もっと長期的なスパンで捉えるものである。

草創期の社会変動論では，産業化に伴う一方向的な発展的展開が追究された。コントは神学的精神に根ざす軍事的段階，形而上学的精神に根ざす法律的段階，実証的精神に根ざす産業的段階の三段階説を唱え，観察を重視し，それにもとづいて社会を構築する実証的段階にふさわしい学問として社会学を意義づけた。一方，イギリスのハーバート・スペンサーは，軍事型社会を勝ち抜いて成立した産業型社会という社会進化論を提唱した。経済学を中心に社会科学全般に影響を及ぼしたカール・マルクスの唯物史観は，イデオロギー的にはスペンサーと相容れないが，一方向的に進化，発展する社会観に立脚する点は同じである。

またドイツのフェルディナンド・テンニース（1855–1936）は，自然発生する本質意志にもとづくゲマインシャフト（例として地域社会，家族，友人関係）の社会から，産業化の進行で，人為的・打算的な選択意志にもとづくゲゼルシャフト（例として企業，大都市）主体の社会に移行すると述べた。フランスのエミール・デュルケムは，類似した人びとが集う機械的連帯の社会から，分業により異質な個人が機能的に補完しあうことで結束する有機的連帯の社会に変化すると主張した。

これらは高名な社会変動論の要旨だが，中でも重要なのはマックス・ヴェーバーであろう。彼の関心は，近代とは何か，近代化がいかにして起きたのか，という問いで概括できる。

近代の特徴を端的に示すなら，合理性ということになろう。ただよく知られるように，ヴェーバーが言及する合理性には価値合理性と目的合理性があり，ここで重要なのは後者である。官僚制は，合法的支配により規則にもとづいて運営される目的合理性を具現化した組織体系だ。人びとの独立性や平等性を維持するため普遍性や形式性を重視し，個別の文脈には配慮しない。このような官僚制組織は，近代以降，日常的に観察される。組織の合理化は，課業管理に代表される科学的管理法や，フォード・システムのような大量生産システムの導入というかたちで結実する。

人びとは伝統的しがらみから解放され，選択の自由や平等な権利が基本的人権として受け入れられる。そのことは，個人が独立した存在として自ら思考，選択しなければならなくなり，その思考や選択の根拠として科学的知見や論理性が求められることを意味する。

アメリカのデイヴィッド・リースマン（1909–2002）は『孤独な群衆』において，社会的性格の変化を，伝統指向型から内部指向型，そして他者指向型へ，というかたちで説明した。人びとは伝統を無批判に守るだけでは済まなくなり，社会での自分の立ち位置を気にするジャイロスコープのような内部指向型人間に変化し，サービス業が主流になるにつれ，他者の考えをレーダーのように探知し，それに応じて選択行動する他者指向型人間が求められるという。

2　大きな物語の終焉

20世紀半ばまでに，社会学の学問的中心はヨーロッパからアメリカに移った。それゆえ，アメリカを中心とする西洋の姿を到達点と見なし，そこに至る過程を説明する理論がもてはやされた。シーモア・リプセット（1922–2006）は，経済発展と民主化は連動すると主張し，ダニエル・ベル（1919–2011）は，物質的に豊かな社会が実現すると，マルクス主義的革命は現実味を失うとして「イデオロギーの終焉」を唱えた。その後ベルは，経済活動の中心が製造業から，情報産業，専門職，サービス業優位の脱工業社会へ移行すると述べた。

1989年のベルリンの壁の崩壊に続き，1991年にソ連が消滅，東西冷戦は終結した。これをもってフランシス・フクヤマ（1952–）が「歴史の終焉」説を唱え，アメリカを中心とする自由主義経済と民主主義が勝利を収めたかに見えた。

だが，その後の展開はどうだっただろう。むしろ地域紛争が顕在化し，テロの脅威が叫ばれるようになった。一党独裁支配の中国が急速に経済力をつけ，世界への影響力を増している。自由主義や民主主義と，経済発展との関連という楽観的な見方には疑問符がつく。

かつてウィリアム・オグバーン（1886–1959）が，新しい文化の浸透は，技術的文化，社会的文化，精神的文化の順に遅くなる文化遅滞（cultural lag）説を唱えた。インターネットをはじめとする新しい情報技術は，世界中に広まっている。しかしその技術の活用のされ方は国や地域次第である。新しいメディアが西洋的価値観の普及に寄与してきた部分もあるだろうが，逆にテロリストや非民主的権力がこうした情報技術を自分たちに都合よく扱う例も珍しくない。つまり新しい商品，技術は世界中に素早く普及するが，人びとの考え方，価値観，ライフスタイルはそう簡単に変わらない。

そもそも経済発展は，普遍的に達成されたわけではない。南北の経済格差問題があり，南側諸国は貧しいままだ。これを踏まえ，経済学者ウォルト・ロストウ（1916–2003）に代表されるような，どの社会も順調に経済発展を遂げるという収斂論に異議を唱えたのが**従属理論**である。その従属理論を洗練させたのが，イマニュエル・ウォーラスティン（1930–2019）の**近代世界システム論**だ（→Column ①）。近代資本主義の発展は中核，半周辺，周辺という三極構造のもとで成立し，富は主に植民地であった周辺から，半周辺，中核へと移動する。この構造がある限り，世界は同一方向に発展するかたちで収まるどころか，経済的不平等は崩れないというのである。

同様に収斂論に対する批判として，イエスタ・エスピン－アンデルセン（1947–）の福祉レジーム論も挙げられよう。共産主義革命への脅威から，19世紀のプロイセン（ドイツ）でビスマルクが社会政策を導入して以来，福祉が政府の役割と認識され一般化してゆく。これを受け，イギリスのトマス・マーシャル（1893–1981）は社会権を基本的人権に位置づけ，アメリカのハロルド・ウィレンスキー（1923–2011）は国民総生産と社会保障サービスの相関関係を実証し，経済発展と社会保障の充実は関連すると述べた。しかし現実には，産業化の進んだ社会でも，政府の社会保障への取り組みに温度差がある。エスピン－アンデルセンは，脱商品化と階層化の二つの指標を用いて社会民主主義，保守主義，自由主義の三つの体制（レジーム）に分類し，産業化の進んだ国でも，社会保障システムが一元的に収斂する様子は見られないことを示した。

このように，西洋を単一モデルと考え，多くの社会がそれに向かって発展，進化を遂げているという説明は，いわゆるポストモダン思想の影響もあって，批判を浴びることが多い。

3　個人化する社会

もちろんグローバリゼーションといわれるように，国境の枠を越えた社会変動論が完全に説明力を失ったわけではない。ただそのメッセージは，陰鬱（いんうつ）なものが多い。

1986年，当時ソ連のチェルノブイリ（チョルノビリ）原子力発電所の事故に触発されたドイツのウルリヒ・ベック（1944–2015）は，リスク社会論を唱える。産業化の行きつく果てにさまざまな制御不能なリスクが出現し，それに対して一国の政治や行政は無力だ。地球温暖化をはじめとする環境問題，東日本大震災による福島の原発事故，そしてCOVID-19のパンデミックなど，ベックの懸念が今や架空の物語ではなく，現実化している。

携帯電話やインターネットの普及は，さまざまな選択行為を個人単位で行うことを可能とし，個人主義化を進めた。それは人びとが求めた面もあるが，一方で人びとの共通基盤が失われ，「私」が優先される潮流を生む。こうなると社会全体が流動化し，将来の見通しも立てにくくなり，個人は茫漠とした不安に苛まれる。ポーランド出身のジグムント・バウマン（1925–2017）は，このような社会の変化を液状化と呼んだ。

またドイツのユルゲン・ハーバーマス（1929–）によれば，政府役割の肥大化が生活世界の植民地化を進めたが，政府は役割遂行のため機能分化（官僚制化）せざるを得ない。それはコミュニケーション不全とテクノクラート支配に堕することを意味する。結果として人びとの政府や公共領域への信頼は失われ，民主主義が危機に瀕していくのだ。

こうして公は喪失され，個人主義は先鋭化する。人びとは孤独に耐えられず，癒しを求めるセラピー文化を生み出すが，アメリカのロバート・ベラー（1927–2013）らは『心の習慣』において，対症療法に過ぎないと喝破する。カウンセリングなど，心理学的知識の需要が高まるのも，そうした風潮の反映だ。今や問題が起きても助けてくれる人はなく，個人で解決しなければならない。だから社会のリアリティが失われ，自己中心的なミーイズムが跋扈（ばっこ）する。

行きすぎた合理主義を批判し，価値基準の相対化や多元主義を意識する。これは社会学の学問的志向だが，一方で個人主義化とも整合的な風潮だ。この趨勢を，フランスのジャン－フランソワ・リオタール（1924–1998）がポストモダンとして取り上げブームとなった。しかしイギリスのアンソニー・ギデンズ

(1938–）によれば，近代（モダン）における理性重視の徹底がこうした懐疑論を生み出したのであって，今はポストモダンに移行したのではなく，ハイ・モダニティと呼ぶべき時代なのだという。

モダンは，形式性・合理性を重視し，脱文脈的である。だから出身などの属性は価値をもたず，メリトクラティックな業績がすべてとなる。ということは，ギデンズによれば，近代とは常に，自分とは何か，自分が何をなしうるかという問いを突きつける再帰的プロジェクトなのだ。

社会のリアリティは失われたと述べた。しかし再帰的プロジェクトの主体は個人だが，他者の存在，つまり社会との関係なくして成立しない。逆説的だが，こういう時世だからこそ，社会変動論を考える重要性はますます高まっているといえるのである。

参 考 文 献

Prologue

阿閉吉男．1957.「社会学の起源と成立」阿閉吉男・内藤莞爾編『社会学史概論』勁草書房.

Durkheim, Émile. 1893. *De la division du travail social*. P.U.F.（田原音和訳『社会分業論』青木書店，1971 年）

Durkheim, Émile. 1897. *Le suicide: étude de sociologie*. P.U.F.（宮島喬訳『自殺論』中央公論社，1985 年）

Engels, Friedrich. 1883. *Die Entwicklung des Sozialismus von der Utopie zur Wissenschaft*.（大内兵衛訳『空想より科学へ――社会主義の発展〔改訳版〕』岩波書店，1966 年）

五島茂・坂本慶一．1980.「ユートピア社会主義の思想家たち」五島茂・坂本慶一編『世界の名著42　オウエン　サン・シモン　フーリエ』中央公論社.

松本康．2021.『「シカゴ学派」の社会学――都市研究と社会理論』有斐閣.

Mills, C. Wright. 1959. *The Sociological Imagination*. Oxford University Press.（伊奈正人・中村好孝訳『社会学的想像力』筑摩書房，2017 年）

Parsons, Talcott. 1937. *The Structure of Social Action: A Study in Social Theory with Special Reference to a Group of Recent European Writers*. McGraw Hill.（稲上毅・厚東洋輔訳『社会的行為の構造 1　総論』木鐸社，1976 年，稲上毅・厚東洋輔・溝部明男訳『社会的行為の構造 2　マーシャル　パレート論』木鐸社，1986 年，稲上毅・厚東洋輔訳『社会的行為の構造 3　デュルケーム論』木鐸社，1989 年，稲上毅・厚東洋輔訳『社会的行為の構造 4　M. ウェーバー論〔Ⅰ〕』木鐸社，1974 年，稲上毅・厚東洋輔・溝部明男訳『社会的行為の構造 5　M. ウェーバー論〔Ⅱ〕』木鐸社，1989 年）

Parsons, Talcott. 1951. *The Social System*. Free Press.（佐藤勉訳『社会体系論』青木書店，1974 年）

清水幾太郎．1978.『オーギュスト・コント――社会学とは何か』岩波書店.

清水幾太郎．1980.「コントとスペンサー」清水幾太郎編『世界の名著 46　コント　スペンサー』中央公論社.

友枝敏雄．1981.「社会進化論」安田三郎・塩原勉・富永健一・吉田民人編『基礎社会学Ⅴ　社会変動』東洋経済新報社.

Weber, Max. 1920. “Die protestantische Ethik und der »Geist« des Kapitalismus” *Gesammelte Aufsätze zur Religionssoziologie*. Bd.1. SS.17–206.（大塚久雄訳『プロテスタンティズムの倫理と資本主義の精神』岩波書店，1989 年）

Weber, Max. 1956a. “Soziologie der Herrschaft” In *Wirtschaft und Gesellschaft der verstehenden Soziologie*. vierte, neu herausgegebene Auflage, besorgt von Winckelmann, Kapitel IX, Tübingen: Mohr. SS.541–632.（世良晃志郎訳『支配の社会学Ⅰ』創文社，1960 年）

Weber, Max. 1956b. “Typologie der Städte” In *Wirtschaft und Gesellschaft der verstehenden Soziologie*. vierte, neu herausgegebene Auflage, besorgt von Winckelmann, Kapitel IX, Tübingen: Mohr. SS.735–822.（世良晃志郎訳『都市の類型学』創文社，1964 年）

Chapter 1

Blumer, Herbert. 1969. *Symbolic Interactionism: Perspective and Method*. Prentice-Hall.（後藤将之訳『シンボリック相互作用論――パースペクティヴと方法』勁草書房，1991 年）

Durkheim, Émile. 1895. *Les Régles de la méthode sociologique*. Félix Alcan.（宮島喬訳『社会学

的方法の規準』岩波書店，1978 年）
Marx, Karl. 1867. *Das Kapital*.（向坂逸郎訳『資本論』(1) ～ (3)，岩波書店，1968 年）
マルクス，カール．1954.「ドイツ労働者党綱領評注」選集刊行委員会訳『ゴータ綱領批判　エルフルト綱領批判』大月書店.
Marx, Karl und Friedlich Engels. 1848. *Manifest der Kommunistischen Partei*.（マルクス・レーニン主義研究所訳『共産党宣言・共産主義の原理』大月書店，1952 年）
Merton, Robert K. 1957. *Social Theory and Social Structure: Toward the Codification of Theory and Research*. Free Press.（森東吾・森好夫・金沢実・中島竜太郎訳『社会理論と社会構造』みすず書房，1961 年）
日本社会学会倫理綱領（https://jss-sociology.org/about/ethicalcodes/）2024 年 1 月 22 日最終閲覧.
日本社会学会倫理綱領にもとづく研究指針（https://jss-sociology.org/about/researchpolicy/）2024 年 1 月 22 日最終閲覧.
Parsons, Talcott. 1951. *The Social System*. Free Press.（佐藤勉訳『社会体系論』青木書店，1974 年）
Parsons, Talcott. 1954. "The Present Position and Prospects of Systematic Theory in Sociology" In Talcott Parsons, *Essays in Sociological Theory*. Revised Edition. Free Press.
Thomas, William Issac and Florian Znaniecki. 1958（1918–20）. *The Polish Peasant in Europe and America*. Dover.（桜井厚訳〔部分訳〕『生活史の社会学――ヨーロッパとアメリカにおけるポーランド農民』御茶の水書房，1983 年）
Whyte, William F. 1943（2nd ed. 1955; 3rd ed. 1981; 4th ed. 1993）. *Street Corner Society: The Social Structure of an Italian Slum*. University of Chicago Press.（奥田道大・有里典三訳〔4th ed. の全訳〕『ストリート・コーナー・ソサエティ』有斐閣，2000 年）
Zeisel, Hans. 1985. *Say it with Figures*. 6th ed. Harper & Brothers.（佐藤郁哉訳『数字で語る――社会統計学入門』新曜社，2005 年）

Chapter 2

Anderson, Benedict. 1983. *Imagined Communities: Reflections on the Origin and Spread of Nationalism*. Verso.（白石隆・白石さや訳『定本 想像の共同体――ナショナリズムの起源と流行』書籍工房早山，2007 年）
Bourdieu, Pierre. 1979. *La distinction: Critique sociale du jugement*. Éditions de Minuit.（石井洋二郎訳『ディスタンクシオン――社会的判断力批判〔I・II〕』藤原書店，1990 年）
Carson, Rachel. 1962. *Silent Spring*. Houghton Mifflin.（青樹簗一訳『沈黙の春』新潮社，1964 年）
Du Bois, William E. B. 1952. *In Battle for Peace*. Masses and Mainstream.（本田量久訳『平和のための闘い』ハーベスト社，2018 年）
Durkheim, Émile. 1893. *De la division du travail social: Etude sur l'organisation des sociétés supérieures*. Preses Universitaires de France.（田原音和訳『社会分業論』筑摩書房，2017 年）
Durkheim, Émile. 1912. *Les formes élémentaires de la vie religieuse: Le système totémique en Australie*, Félix Alcan.（古野清人訳『宗教生活の原初形態〔上・下〕』岩波書店，1975 年）
Florida, Richard. 2002. *The Rise of the Creative Class: and How It's Transforming Work, Leisure, Community and Everyday Life*. Basic Books.（井口典夫訳『クリエイティブ資本論――新たな経済階級の台頭』ダイヤモンド社，2008 年）
Gellner, Ernest. 1983. *Nations and Nationalism*. Cornell University Press.（加藤節監訳『民族とナショナリズム』岩波書店，2000 年）

Hobsbawm, Eric. J. and Terence O. Ranger eds. 1983. *The Invention of Tradition*. Cambridge University Press.（前川啓治・梶原景昭訳『創られた伝統』紀伊國屋書店，1992 年）
Horkheimer, Max und Thedor. W. Adorno. 1947. *Dialektik der Aufklärung: Philosophische Fragmente*. Querido Verlag.（徳永恂訳『啓蒙の弁証法――哲学的断想』岩波書店，2007 年）
Marx, Karl und Friedrich Engels. 1848. *Manifest der Kommunistischen Partei*. Burghard.（的場明弘訳『新訳 共産党宣言』作品社，2010 年）
Marx, Karl und Friedrich Engels. 1933. "Die deutsche Ideologie" Marx-Engels Gesamtausgabe, Erste Abteilung, Band 5, Moskau/Leningrad.（古在由重訳『ドイツ・イデオロギー』岩波書店，1954 年）
Meadows, Dennis et al. 1972. *The Limits to Growth*. Universe Books.（大来佐武郎監訳『成長の限界――ローマクラブ「人類の危機」レポート』ダイヤモンド社，1972 年）
宮島喬．1994．『文化的再生産の社会学――ブルデュー理論からの展開』藤原書店．
Nye, Joseph. 2004. *Soft Power: The Means to Success in World Politics*. Perseus Books.（山岡洋一訳『ソフトパワー――21 世紀国際政治を制する見えざる力』日本経済新聞社，2004 年）
Smith, Anthony D. 1986. *The Ethnic Origins of Nations*. Blackwell.（巣山靖司・高城和義ほか訳『ネイションとエスニシティ――歴史社会学的考察』名古屋大学出版会，1999 年）
Sumner, William Graham. 1906. *Folkways: A Study of the Sociological Importance of Usages, Manners, Customs, Mores, and Morals*. Ginn and Co.（青柳清孝・園田恭一・山本英治訳『フォークウェイズ』青木書店，1978 年）
Willis, Paul. 1977. *Learning to Labour: How Working Class Kids Get Working Class Jobs*. Ashgate Publishing.（熊沢誠・山田潤訳『ハマータウンの野郎ども』筑摩書房，1996 年）

Chapter 3

Becker, Howard S. 1963. *Outsiders: Studies in the Sociology of Deviance*. Free Press.（村上直之訳『完訳 アウトサイダーズ――ラベリング理論再考』現代人文社，2011 年）
Berger, Peter L. and Thomas Luckmann. 1966. *The Social Construction of Reality: A Treatise in the Sociology of Knowledge*. Anchor Books.（山口節郎訳『日常世界の構成――アイデンティティと社会の弁証法』新曜社，1977 年）
Cooley, Charles H. 1902. *Human Nature and the Social Order*. Scribner's.
Garfinkel, Harold. 1967. *Studies in Ethnomethodology*. Englewood Cliffs. Prentice-Hall.（山田富秋・好井裕明・山崎敬一訳〔部分訳〕「アグネス，彼女はいかにして女になり続けたか」H. ガーフィンケルほか『エスノメソドロジー――社会学的思考の解体』せりか書房，1987 年）
Goffman, Erving. 1959. *The Presentation of Self in Everyday Life*. Anchor Books.（中河伸俊・小島奈名子訳『日常生活における自己呈示』筑摩書房，2023 年）
Goffman, Erving. 1961a. *Encounters: Two Studies in the Sociology of Interaction – Fun in Games & Role Distance*. Bobbs-Merrill.（佐藤毅・折橋徹彦訳『出会い――相互行為の社会学』誠信書房，1985 年）
Goffman, Erving. 1961b, *Asylums: Essays on Social Situation of Mental Patients and Other Inmates*. Doubleday Anchor.（石黒毅訳『アサイラム――施設被収容者の日常世界』誠信書房，1984 年）
Goffman, Erving. 1963. *Behavior in Public Places: Notes on the Social Organization of Gatherings*. The Free Press.（丸木恵祐・本名信行訳『集まりの構造――新しい日常行動論を求めて』誠信書房，1980 年）
Goffman Erving. 1967. *Interaction Ritual: Essays on Face-to-Face Behavior*. Doubleday An-

chor.（浅野敏夫訳『儀礼としての相互行為——対面行動の社会学』法政大学出版局，2012 年）
Goffman, Erving. 1983. "The Interaction Order: American Sociological Association. 1982 Presidential Address" *American Sociological Review*, 48（1）: 1–17.
Hughes, Everett C. 1945. "Dilemmas and Contradictions of Status" *American Journal of Sociology*, 50（5）: 353–9.
Linton, Ralph. 1936. *The study of man: an introduction*. Appleton-Century.
McHugh, Peter. 1966. "Social Disintegration as a Requisite of Resocialization" *Social Forces*, 44（3）: 355–63.
Mead, George H. 1934. *Mind, Self, and Society*. University of Chicago Press.（山本雄二訳『精神・自我・社会』みすず書房，2021 年）
Merton, Robert K. 1957. *Social Theory and Social Structure: Toward the Codification of Theory and Research*. Free Press.（森東吾・森好夫・金沢実・中島竜太郎訳『社会理論と社会構造』みすず書房，1961 年）
Parsons, Talcott. 1951. *The Social System*. Free Press.（佐藤勉訳『社会体系論』青木書店，1974 年）
Parsons, Talcott and Robert F. Bales. 1953. *Family, Socialization and Interaction Process*. Free Press.（橋爪貞雄・溝口謙三・高木正太郎・武藤孝典・山村賢明訳『家族——核家族と子どもの社会化』黎明書房，2001 年）
Sacks, Harvey. 1972. "An Initial Investigation of the Usability of Conversational Data for Doing Sociology" In D. N. Sudnow ed. *Studies in Social Interaction*. Free Press.（北澤裕・西阪仰訳「会話データの利用法——会話分析事始め」G. サーサス・H. ガーフィンケル・H. サックス・E. シェグロフ『日常性の解剖学——知と会話』マルジュ社，1989 年）
Simmel, Georg. 1917. *Grundfragen der Soziologie*. Göschen.（清水幾太郎訳『社会学の根本問題——個人と社会』岩波書店，1979 年）

Chapter 4

Barnard, Chester Irving. 1938. *The Functions of the Executive*. Harvard University Press.（山本安次郎・田杉競・飯野春樹訳『新訳 経営者の役割』ダイヤモンド社，1968 年）
Coleman, James S. 1990. *Foundations of Social Theory*. Harvard University Press.（久慈利武監訳『社会理論の基礎〔上・下〕』青木書店，2004, 2006 年）
Cooley, Charles H. 1909. *Social Organization: A Study of the Larger Mind*. Charles Scribner's Sons.（大橋幸・菊池美代志訳『社会組織論——拡大する意識の研究』青木書店，1970 年）
Granovetter, Mark S. 1973. "The Strength of Weak Ties" *American Journal of Sociology*, 78（6）: 1360–1380.（大岡栄美訳「弱い紐帯の強さ」野沢慎司編・監訳『リーディングス ネットワーク論——家族・コミュニティ・社会関係資本』勁草書房，2006 年）
Hochschild, Arlie Russell. 1983. *The Managed Heart: Commercialization of Human Feeling*. University of California Press.（石川准・室伏亜希訳『管理される心——感情が商品になるとき』世界思想社，2000 年）
Kunda, Gideon. 1992. *Engineering Culture: Control and Commitment in a High-Tech Corporation*. Temple University Press.（金井壽宏解説・監修，樫村志保訳『洗脳するマネジメント——企業文化を操作せよ』日経 BP 社，2005 年）
Lin, Nan. 2001. *Social Capital: A Theory of Social Structure and Action*. Cambridge University Press.（筒井淳也・石田光規・桜井政成・三輪哲・土岐智賀子訳『ソーシャル・キャピタル——社会構造と行為の理論』ミネルヴァ書房，2008 年）
MacIver, Robert M. 1917. *Community: A Sociological Study*. Macmillan and Co.（中久郎・松本

通晴監訳『コミュニティ――社会学的研究：社会生活の性質と基本法則に関する一試論』ミネルヴァ書房，1975 年）

Mayo, Elton. 1933. *The Human Problems of an Industrial Civilization*. The Macmillan Company.（村本栄一訳『新訳 産業文明における人間問題――ホーソン実験とその展開』日本能率協会，1967 年）

Merton, Robert K. 1957. *Social Theory and Social Structure: Toward the Codification of Theory and Research*. Free Press.（森東吾・森好夫・金沢実・中島竜太郎訳『社会理論と社会構造』みすず書房，1961 年）

Michels, Robert. 1910. *Zur Soziologie des Parteiwesens in der modernen Demokratie: Untersuchungen über die oligarchischen Tendenzen des Gruppenlebens*. Klinkhardt.（広瀬英彦訳『政党政治の社会学』ダイヤモンド社，1975 年）

中野勉．2011.『ソーシャル・ネットワークと組織のダイナミクス――共感のマネジメント』有斐閣.

中野勉．2017.『ソーシャル・ネットワークとイノベーション戦略――組織からコミュニティのデザインへ』有斐閣.

Putnam, Robert D. 2000. *Bowling Alone: The Collapse and Revival of American Community*. Simon & Schuster.（柴内康文訳『孤独なボウリング――米国コミュニティの崩壊と再生』柏書房，2006 年）

Roethlisberger, Fritz J. and William J. Dickson. 1939. *Management and the Worker: An Account of a Research Program Conducted by the Western Electric Company, Hawthorne Works, Chicago*. Harvard University Press.

Simmel, Georg. 1908. *Soziologie: Untersuchungen über die Formen der Vergesellschaftung*. Duncker & Humblot.（居安正訳『社会学〔上・下〕』白水社，1994 年）

Sumner, William Graham. 1906. *Folkways: A Study of the Sociological Importance of Usages, Manners, Customs, Mores, and Morals*. Ginn.（青柳清孝・園田恭一・山本英治訳『フォークウェイズ』青木書店，1975 年）

Tönnies, Ferdinand. 1887. *Gemeinschaft und Gesellschaft: Grundbegriffe der reinen Soziologie*. Fues's Verlag.（杉之原寿一訳『ゲマインシャフトとゲゼルシャフト――純粋社会学の基本概念〔上・下〕』岩波文庫，1957 年）

若林直樹．2009.『ネットワーク組織――社会ネットワーク論からの新たな組織像』有斐閣.

Weber, Max. 1904. "Die »Objektivität« sozialwissenschaftlicher und sozialpolitischer Erkenntnis" *Archiv für Sozialwissenschaft und Sozialpolitik*, 19 (1): 22–87.（富永祐治・立野保男訳，折原浩補訳『社会科学と社会政策にかかわる認識の「客観性」』岩波文庫，1998 年）

Weber, Max. 1922. *Wirtschaft und Gesellschaft*. J.C.B. Mohr.（世良晃志郎訳『支配の社会学』Ⅰ・Ⅱ，創文社，1960–1962 年．／世良晃志郎訳『支配の諸類型』創文社，1970 年）

山田真茂留．2017.『集団と組織の社会学――集合的アイデンティティのダイナミクス』世界思想社.

Chapter 5

Becker, Howard S.［1963］1973. *Outsiders: Studies in the Sociology of Deviance*. Free Press.（村上直之訳『〔完訳〕アウトサイダーズ――ラベリング理論再考』現代人文社，2011 年）

Chesney-Lind, Meda. 2017. "Linking Criminal Theory and Social Practice" Sharon Dolovich and Alexandra Natapoff eds. *The New Criminal Justice Thinking*. New York University Press, 99–107.

Durkheim, Émile.［1893］1960. *De la division du travail social: étude sur l'organisation des sociétés supérieures*. PUF.（田原音和訳『社会分業論』青木書店，1971 年）

Durkheim, Émile. 1895. *Les regles de la methode sociologique*. Felix Alcan.（宮島喬訳『社会学的方法の規準』岩波書店，1978 年）

Hirschi, Travis. 1969. *Cause of Delinquency*. University of California Press.（森田洋司・清水新二監訳『非行の原因——家庭・学校・社会へのつながりを求めて〔新装版〕』文化書房博文社，2010 年）

法務総合研究所編．2020.『法務総合研究所研究部報告 61 第 5 回犯罪被害実態（暗数）調査——安全・安心な社会づくりのための基礎調査』（https://www.moj.go.jp/housouken/housouken03_00019.html）2024 年 1 月 22 日最終閲覧.

Merton, Robert K. 1957. *Social Theory and Social Structure: Toward the Codification of Theory and Research*. Free Press.（森東吾・森好夫・金沢実・中島竜太郎訳『社会理論と社会構造』みすず書房，1961 年）

Quinney, Richard. 1970. *The Social Reality of Crime*. Little, Brown.

Sutherland, Edwin H. and Donald R. Cressey. 1960. *Principles of Criminology*, 6th ed. Lippincott Company.（平野龍一・所一彦訳『犯罪の原因——刑事学原論 I』有信堂，1964 年）

Chapter 6

Blau, Peter M. and Otis Dudley Duncan. 1967. *The American Occupational Structure*. The Free Press.

Bol, Thijs, Christina Ciocca Eller, Herman G. van de Werfhorst, and Thomas A. DiPrete. 2019. "School-to-Work Linkages, Educational Mismatches, and Labor Market Outcomes" *American Sociological Review*. 84（2）: 275–307.

Bourdieu, Pierre. 1979. *La distinction: Critique sociale du jugement*. Éditions de Minuit.（石井洋二郎訳『ディスタンクシオン——社会的判断力批判〔I・II〕』藤原書店，1990 年）

Bukodi, Erzsébet and John H. Goldthorpe. 2019. *Social Mobility and Education in Britain: Research, Politics and Policy*. Cambridge University Press.

Erikson, Robert and John H. Goldthorpe. 1992. *The Constant Flux: A Study of Class Mobility in Industrial Societies*. Clarendon Press.

布留川正博．2019.『奴隷船の世界史』岩波新書.

橋本健二．2018.『新・日本の階級社会』講談社現代新書.

平沢和司．2021.『格差の社会学入門——学歴と階層から考える〔第 2 版〕』北海道大学出版会.

石田浩．2021.「世代間階層移動と教育の趨勢」中村高康・三輪哲・石田浩編『シリーズ　少子高齢社会の階層構造 1　人生初期の階層構造』東京大学出版会.

石田浩・三輪哲．2009.「階層移動から見た日本社会——長期的趨勢と国際比較」『社会学評論』59（4）: 648–662.

神林博史．2015.「階層帰属意識からみた戦後日本——総中流社会から格差社会へ」数土直紀編『社会意識からみた日本——階層意識の新次元』有斐閣.

吉川徹．2014.『現代日本の「社会の心」——計量社会意識論』有斐閣.

Killewald, Alexandra, Fabian T. Pfeffer and Jared N. Schachner. 2017. "Wealth Inequality and Accumulation" *Annual Review of Sociology*. 43: 379–404.

近藤博之．2000.「『知的階層制』の神話」近藤博之編『日本の階層システム 3　戦後日本の教育社会』東京大学出版会.

近藤博之．2011.「社会空間の構造と相同性仮説——日本のデータによるブルデュー理論の検証」『理論と方法』26（1）: 161–177.

Lenski, Gerhard H. 1954. "Status Crystallization: A Non-Vertical Dimension of Social Sta-

tus" *American Sociological Review*. 19（4): 405–413.
Lewis, Oscar. 1959. *Five Families: Mexican Case Studies in the Culture of Poverty*. Basic Books.（高山智博・染谷臣道・宮本勝訳『貧困の文化——メキシコの〈五つの家族〉』筑摩書房, 2003 年）
中澤渉・藤原翔. 2015.『格差社会の中の高校生——家族・学校・進路選択』勁草書房.
西澤晃彦. 2019.『人間にとって貧困とは何か』放送大学教育振興会.
Pearce, Diane. 1978. "The Feminization of Poverty: Women, Work, and Welfare" *Urban and Social Change Review*. 11: 28–36.
Sorokin, Pitirim A. 1959. *Social and Cultural Mobility*. The Free Press.
富永健一・友枝敏雄. 1986.「日本社会における地位非一貫性の趨勢——1955–1975 とその意味」『社会学評論』37（2): 152–174.
筒井清輝. 2022.『人権と国家——理念の力と国際政治の現実』岩波書店.
Vaid, Divya. 2014. "Caste in Contemporary India: Flexibility and Persistence" *Annual Review of Sociology*. 40: 391–410.
Wright, Erik Olin. 1997. *Class Counts: Comparative Studies in Class Analysis*. Cambridge University Press.
Young, Michael. 1958. *The Rise of Meritocracy, 1870–2033: An Essay on Education and Equality*. Thames and Hudson.

Column ①

足立眞理子. 2019.「ローザ・ルクセンブルク再審——新しい収奪の形態をめぐって」『思想』1148: 5–22.
ダラ・コスタ, ジョヴァンナ・フランカ. 1991.『愛の労働』（伊田久美子訳）インパクト出版会.
Frank, Andre G. 1969. *Capitalism and Underdevelopment in Latin America: Historical Studies of Chile and Brazil.* Revised and Enlarged. Monthly Review Press.
Fröbel, Folker. 1982. "The Current Development of the World-Economy: Reproduction of Labor and Accumulation of Capital on a World Scale" *Review*（Fernand Braudel Center), 5（4): 507–555.
Fröbel, Folker, Jürgen Heinrichs and Otto Kreye. 1978. "The World Market for Labor and the World Market for Industrial Sites" *Journal of Economic Issues*, 12（4): 843–858.
ギデンズ, アンソニー. 1993.『近代とはいかなる時代か？——モダニティの帰結』（松尾精文・小幡正敏訳）而立書房.
ハーヴェイ, デヴィッド. 2011.『〈資本論〉入門』（森田成也・中村好孝訳）作品社.
Latham, Michael E. 2000. *Modernization as Ideology: American Social Science and "Nation Building" in the Kennedy Era*. The University of North Carolina Press.
ルクセンブルク, ローザ. 2013.『資本蓄積論——帝国主義の経済的説明への一つの寄与　第三篇　蓄積の歴史的諸条件』（小林勝訳『ローザ・ルクセンブルク選集』編集委員会編）御茶の水書房.
マルクス, カール. 1972a.『マルクス・エンゲルス全集版　資本論〔1〕』（岡崎次郎訳）大月書店.
マルクス, カール. 1972b.『マルクス・エンゲルス全集版　資本論〔3〕』（岡崎次郎訳）大月書店.
ミース, マリア／クラウディア・ヴェールホフ／ヴェロニカ・B. トムゼン. 1995.『世界システムと女性』（古田睦美・善本裕子訳）藤原書店.
ミース, マリア. 1997.『国際分業と女性——進行する主婦化』（奥田暁子訳）日本経済評論社.
Oxford English Dictionary, "globalization, n" *Oxford English Dictionary*（https://www.oed.com/dictionary/globalization_n?tab=factsheet#3012225）2024 年 1 月 22 日最終閲覧.
ロストウ, W. W. 1961.『経済成長の諸段階——一つの非共産主義宣言』（木村健康・久保まち子・村上泰亮訳）ダイヤモンド社.
サッセン，サスキア．2017.『グローバル資本主義と〈放逐〉の論理——不可視化されゆく人々と空間』（伊藤茂訳）明石書店.
植村邦彦．2019.「世界システム論とローザ」『思想』1148: 23–37.
ヴェールホフ，クラウディア．1995.「農民と主婦が資本主義世界システムの中で消滅しないのはなぜか——継続的「本源的蓄積」の経済学に向けて」（吉田睦美・善本裕子訳『世界システムと女性』藤原書店，1995 年）
ウォーラーステイン，イマニュエル．1981.『近代世界システム I——農業資本主義と「ヨーロッパ世界経済」の成立』（川北稔訳）岩波書店.
ウォーラーステイン，イマニュエル．1987.『資本主義世界経済 I——中核と周辺の不平等』（藤瀬浩司・麻沼賢彦・金井雄一訳）名古屋大学出版会.
ウォーラーステイン，イマニュエル．1999.『史的システムとしての資本主義』（川北稔訳）岩波書店.
World Inequality Lab. 2021. *WORLD INEQUALITY REPORT 2022*,（https://wir2022.wid.world/www-site/uploads/2023/03/D_FINAL_WIL_RIM_RAPPORT_2303.pdf）2024 年 1 月 22 日最終閲覧.

Chapter 7

Barker, Martin. 1981. *The New Racism*. Junction Books.
Brubaker, Rogers, Mara Loveman and Peter Stamatov. 2004. "Ethnicity as Cognition" *Theory and Society*. 33: 31–64.（Rogers Brubaker, *Ethnicity without Groups*. Harvard University Press, 2004 に採録。佐藤成基・髙橋誠一・岩城邦義・吉田公記編訳「認知としてのエスニシティ」『グローバル化する世界と「帰属の政治」——移民・シティズンシップ・国民国家』明石書店，2016 年）
Castles, Stephen and Mark J. Miller. 2009. *The Age of Migration: International Population Movements in the Modern World*, 4th ed. Palgrave Macmillan.（関根政美・関根薫監訳『国際移民の時代〔第 4 版〕』名古屋大学出版会，2011 年）
Cohen, Robin. 2003. *Global Diasporas: An Introduction* 2nd ed. Routledge.（駒井洋監訳『グローバル・ディアスポラ』日外アソシエーツ，2012 年）
ELLE U.K. 電子版 2016 年 12 月 22 日 "Meghan Markle: I'm More Than An 'Other': 'Suits' star Meghan Markle on creating her identity and finding her voice as a mixed race woman. Originally written in July 2015 published in ELLE Magazine in 2015"（http://www.elleuk.com/life-and-culture/news/a26855/more-than-an-other/）2024 年 1 月 22 日最終閲覧.
Giddens, Anthony and Philip W. Sutton. 2017. *Sociology*. 8th ed. Polity Press.
法務省民事局『帰化許可申請者数，帰化許可者数及び帰化不許可者数の推移』（http://www.moj.go.jp/content/001392228.pdf）2024 年 1 月 22 日最終閲覧.
Ishii, Sari K. 2016. "Child Return Migration from Japan to Thailand" In Sari K. Ishii ed., *Marriage Migration in Asia: Emerging Minorities at the Frontiers of Nation States*, Kyoto University Press.
ニューズウィーク アメリカ版 電子版 2017 年 11 月 27 日 Lauren Gill "Meghan Markle 'Won't Be Allowed to Be Black Princess' by Royal Family, Experts Say" *Newsweek* U.S. editon "Meghan Markle"（http://www.newsweek.com/meghan-markle-will-be-told-royal-teachers-hide-her-biracial-identity-wont-be-723737）2024 年 1 月 22 日最終閲覧.
小熊英二．1995.『単一民族神話の起源——〈日本人〉の自画像の系譜』新曜社.

Sen, Amartya. 2006. *Identity and Violence: The Illusion of Destiny*. W. W. Norton.（大門毅監訳・東郷えりか訳『アイデンティティと暴力――運命は幻想である』勁草書房，2011 年）
出入国管理庁 2020.『在留外国人統計（旧登録外国人統計）2020 年 12 月末』（https://www.e-stat.go.jp/stat-search/files?tclass=000001048670&cycle=1&year=20200&month=24101212）2024 年 1 月 22 日最終閲覧.
総務省統計局「令和 2 年国勢調査　調査の結果」（https://www.stat.go.jp/data/kokusei/2020/kekka.html）2024 年 1 月 22 日最終閲覧.
Suzuki, Nobue. 2017. "Citizenship Struggles in/and the Family: Neoliberalism and (Im) Migrants in Pacific Asia" *Migration and Citizenship*. 5 (1): 31–38.
Urry, John. 2000. *Sociology beyond Societies: Mobilities for the twenty-first century*. Routledge.（吉原直樹監訳『社会を越える社会学――移動・環境・シチズンシップ』法政大学出版局, 2006 年）
Vertovec, Steven. 2009. *Transnationalism*. Routledge.（水上徹男・細萱伸子・本田量久訳『トランスナショナリズム』日本評論社，2014 年）

Chapter 8
Ainsworth, Claire. 2015. "Sex redefined" *Nature*, 518: 288–291.（「揺れる性別の境界」『Nature ダイジェスト』12（5）（https://www.natureasia.com/ja-jp/ndigest/v12/n5/揺れる性別の境界/62908）2024 年 1 月 22 日最終閲覧.
赤枝香奈子．2011.『近代日本における女同士の親密な関係』角川学芸出版.
赤川学．1999.『セクシュアリティの歴史社会学』勁草書房.
AVEN, the Asexual Visibility and Education Network（https://www.asexuality.org/）2024 年 1 月 22 日最終閲覧.
Baumgardner, Jennifer and Amy Richards. 2000. *Manifesta: Young Women, Feminism, and the Future*. Farrar Straus & Giroux.
Butler, Judith. 1993. *Bodies That Matter: On the Discursive Limits of "Sex"*. Routledge.（佐藤嘉幸・竹村和子・越智博美訳『問題＝物質となる身体――「セックス」の言説的境界について』以文社，2021 年）
Connell, Raewyn W.［1995］2005. *Masculinities*. Polity Press.（伊藤公雄訳『マスキュリニティーズ――男性性の社会科学』新曜社，2022 年）
Diamond, Lisa. 2009. *Sexual Fluidity: Understanding Women's Love and Desire*. Harvard University Press.
江原由美子，2021.『ジェンダー秩序〔新装版〕』勁草書房．（初版 2001 年）
Enke, Finn A. 2013. "The Education of Little Cis: The Education of Little Cis: Cisgender and the Discipline of Opposing Bodies" *The Transgender Studies Reader* 2. Routledge.
Fausto-Sterling, Anne. 2012. *Sex/Gender: Biology in a Social World*. Taylor & Francis.（福富護・上瀬由美子・宇井美代子・立脇洋介・西山千恵子・関口元子訳『セックス／ジェンダー――性分化をとらえ直す』世織書房，2018 年）
Fischer, Nancy L., Laurel Westbrook and Steven Seidman. 2022. *Introducing the New Sexuality Studies, Original Essays*. 4th ed. Routledge.
堀あきこ・守如子編．2020.『BL の教科書』有斐閣.
石田仁編．2008.『性同一性障害――ジェンダー・医療・特例法』御茶の水書房.
石井由香理．2018.『トランスジェンダーと現代社会――多様化する性とあいまいな自己像をもつ人たちの生活世界』明石書店.
岩間暁子．2008.『女性の就業と家族のゆくえ――格差社会のなかの変容』東京大学出版会.

岩見照代監修．2010–2011.『時代が求めた「女性像」――大正・戦中・戦後にみる「女の一生」』全14巻，ゆまに書房.
釜野さおり・石田仁・岩本健良・小山泰代・千年よしみ・平森大規・藤井ひろみ・布施香奈・山内昌和・吉仲崇．2019.『大阪市民の働き方と暮らしの多様性と共生にかんするアンケート報告書（単純集計結果）』国立社会保障・人口問題研究所.
河口和也．2003.『クイア・スタディーズ』岩波書店.
町田奈緒士．2022.『トランスジェンダーを生きる――語り合いから描く体験の「質感」』ミネルヴァ書房.
前川直哉．2017.『〈男性同性愛者〉の社会史――アイデンティティの受容／クローゼットへの解放』作品社.
松浦優．2021「アニメーション的な誤配としての多重見当識――非対人性愛的な『二次元』へのセクシュアリティに関する理論的考察」『ジェンダー研究』25: 139–157.
Millet, Kate. 1970. *Sexual Politics*. Doubleday & Company.（藤枝澪子・加地永都子・滝沢海南子・横山貞子訳『性の政治学』ドメス出版，1985年）
三宅大二郎・平森大規．2021.「日本におけるアロマンティック／アセクシュアル・スペクトラムの人口学的多様性――『Aro/Ace調査2020』の分析結果から」『人口問題研究所』77（2）: 206–232.
溝口彰子．2015.『BL進化論――ボーイズラブが社会を動かす』太田出版.
Money, John and Patricia Tucker. 1976. *Sexual Signatures: On Being a Man or a Woman*. Little Brown and Company.（朝山新一訳『性の署名――問い直される男と女の意味』人文書院，1979年）
守如子．2010.『女はポルノを読む――女性の性欲とフェミニズム』青弓社.
森山至貴．2012.『「ゲイコミュニティ」の社会学』勁草書房.
額賀美紗子・藤田結子．2022.『働く母親と階層化――仕事・家庭教育・食事をめぐるジレンマ』勁草書房.
大槻奈巳．2015.『職務格差――女性の活躍推進を阻む要因はなにか』勁草書房.
Przybylo, Ela. 2022. "Unthinking Compulsory Sexuality: Introducing Asexuality" In Nancy Fischer, Laurel Westbrook and Steven Seidman eds. *Introducing the New Sexuality Studies*, 4th ed. Routledge.［kindle］
Rubin, Gayle, S. 1975. "The Traffic in Women: Notes on the 'Political Economy' of Sex" In Rayna R. Reiter ed. *Toward an Anthropology of Women*. Monthly Review Press.
Rubin, Gayle, S. 1984. "Thinking Sex: Notes for a Radical Theory of the Politics of Sexuality" In Vance, Carole, ed. *Pleasure and Danger: Exploring Female Sexuality*. Routledge & K. Paul.
坂本佳鶴恵．2019.『女性雑誌とファッションの歴史社会学――ビジュアル・ファッション誌の成立』新曜社.
佐倉智美．2006.『性同一性の社会学』現代書館.
佐倉智美．2022.『性別解体新書』現代書館.
三部倫子．2014.『カムアウトする親子――同性愛と家族の社会学』御茶の水書房.
佐々木掌子．2017.『トランスジェンダーの心理学』晃洋書房.
Sedgwick, Eve Kosofsky. 1990. *Epistemology of the Closet*. University of California Press.（外岡尚美訳『クローゼットの認識論――セクシュアリティの20世紀』青土社，1999年）
澁谷知美．2013.『立身出世と下半身――男子学生の性的身体の管理の歴史』洛北出版.
品田知美・水無田気流・野田潤・高橋幸．2023.『離れていても家族』亜紀書房.

新ヶ江章友．2013.『日本の「ゲイ」とエイズ――コミュニティ・国家・アイデンティティ』青弓社.
周燕飛．2019.『貧困専業主婦』新潮社.
Stoller, Robert J. 1968. *Sex and Gender*. Science House.（桑畑勇吉訳『性と性別――男らしさと女らしさの発達について』岩崎学術出版社，1973 年）
砂川秀樹．2015.『新宿二丁目の文化人類学――ゲイ・コミュニティから都市をまなざす』太郎次郎社エディタス.
鈴木彩加．2019.『女性たちの保守運動――右傾化する日本社会のジェンダー』人文書院.
高橋幸．2020.『フェミニズムはもういらないと，彼女は言うけれど――ポストフェミニズムと「女らしさ」のゆくえ』晃洋書房.
武内今日子．2022.「未規定な性のカテゴリーによる自己定位――X ジェンダーをめぐる語りから」『社会学評論』72（4): 504–520.
田中東子．2012.『メディア文化とジェンダーの政治学――第三波フェミニズムの視点から』世界思想社.
鶴田幸恵．2009.『性同一性障害のエスノグラフィ――性現象の社会学』ハーベスト社.
上野千鶴子．2009.『家父長制と資本制――マルクス主義フェミニズムの地平』岩波現代文庫.（初版 1990 年）
Wolf, Naomi. 1990. *The Beauty Myth: How Images of Beauty are used Against Women*. Harper-Perennial.（曽田和子訳『美の陰謀――女たちの見えない敵』TBS ブリタニカ，1994 年）
Walker, Rebecca. 1992. “Becoming the Third Wave” *Ms*. January/February 1992: 39–41.
山口智美・斎藤正美・荻上チキ．2012.『社会運動の戸惑い――フェミニズムの「失われた時代」と草の根保守運動』勁草書房.
大和礼子・木脇奈智子・斧出節子編．2008.『男の育児・女の育児――家族社会学からのアプローチ』昭和堂.
Young, Elis. 2019. *THEY/ THEM/ THEIR: A Guide to Nonbinary and Genderqueer Identities*. Jessica Kingsley Publishers.（上田勢子訳『ノンバイナリーがわかる本――he でも she でもない，they たちのこと』明石書店，2022 年）

Column ②

天野正子．1999.『老いの近代』岩波書店.
Butler, Robert N. 1969. Age-ism: Another Form of Bigotry. *The Gerontologist*. 9: 243–6.
Cumming, Elaine and William E. Henry. 1961. *Growing Old, The Process of Disengagement*. Basic books.
原田謙．2020.『「幸福な老い」と世代間関係――職場と地域におけるエイジズム調査分析』勁草書房.
古谷野亘．2008.「サクセスフル・エイジング」古谷野亘・安藤孝敏編『改訂・新社会老年学』ワールドプランニング.
Lemon, B. W., V. L. Bengtson and J. A. Peterson. 1972. “An Exploration of the Activity Theory of Aging: Activity Types and Life Satisfaction among In-movers to a Retirement Community” *Journal of Gerontology*. 27（4): 511–23.
日本老年学会・日本老年医学会．2017.『「高齢者に関する定義検討ワーキンググループ」報告書』日本老年学会・日本老年医学会.
WHO. 2021. Global Report on Ageism（https://www.who.int/publications/i/item/9789240016866）2024 年 1 月 22 日最終閲覧.

Chapter 9

Brake, Elizabeth. 2012. *Minimizing Marriage: Marriage, Morality, And The Law*. Oxford University Press.（久保田裕之監訳『最小の結婚――結婚をめぐる法と道徳』白澤社，2019 年）

Burgess, Ernest W. and Harvey J. Locke. 1945. *The Family: From Institution to Companionship*. American Book.

Ciabattari, Teresa. 2017. *Sociology of Families: Change, Continuity, and Diversity*. Sage.

Elder, Glen H. Jr. 1974. *Children of the Great Despression*. Routledge.（本田時雄・川浦康至・伊藤裕子・池田政子・田代俊子訳『大恐慌の子どもたち』明石書店，1997 年）

Esping-Andersen, Gøsta and Bruno Palier. 2008. *Trois leçons sur l'État-providence, Document Transcript*. Seuil.（林昌宏訳『アンデルセン，福祉を語る――女性・子ども・高齢者』NTT 出版，2008 年）

Fineman, Martha Albertson. 2004. *The Autonomy Myth: A Theory of Dependency*. The New Press.（穐田信子・速水葉子訳『ケアの絆――自立神話を超えて』岩波書店，2010 年）

Giddens, Anthony. 1992. *The Transformation of Intimacy*. Polity Press.（松尾精文・松川昭子訳『親密性の変容』而立書房，1995 年）

Giddens, Anthony. 1999. *Runaway World: How Globalisation is Reshaping Our Lives*. Profile Books.（佐和隆光訳『暴走する世界』ダイヤモンド社，2001 年）

Giele, Janet Z. and Glen H. Elder. 1988. *Methods of Life Course Research: Qualitative and Quantitative Approaches*. Sage.（正岡寛司・藤見純子訳『ライフコース研究の方法――質的ならびに量的アプローチ』明石書店，2003 年）

Gubrium, Jaber F. and James A. Holstein. 1990. *What Is Family?* Mayfield Publishing Company.（中河伸俊・湯川純幸・鮎川潤訳『家族とは何か――その言説と現実』新曜社，1997 年）

Hochschild, Arlie R. 1989. *The Second Shift: Working Parents and the the Revolution at Home*. Viking Press.（田中和子訳『セカンド・シフト』朝日新聞社，1990 年）

厚生労働省．2023.「賃金構造基本統計調査」（https://www.mhlw.go.jp/toukei/list/chinginkouzou.html）2024 年 1 月 22 日最終閲覧．

Litwak, Eugene. 1960. "Geographic Mobility and Extended Family Cohesion" *American Sociological Review*. 25（3）: 385–394.

森岡清美・望月嵩．1997.『新しい家族社会学〔四訂版〕』培風館．

Murdock, George P. 1949. *Social Structure*. Macmillan.（内藤莞爾訳『社会構造――核家族の社会人類学』新泉社，1978 年）

Oakley, Ann. 1974. *Housewife*. Allen Lane.（岡島芽花訳『主婦の誕生』三省堂，1986 年）

落合恵美子．2019.『21 世紀家族へ――家族の戦後体制の見かた・超えかた〔第 4 版〕』有斐閣．

落合恵美子．2022.『近代家族とフェミニズム〔増補新版〕』勁草書房．

嶋﨑尚子．2008.『ライフコースの社会学』学文社．

総務省統計局．2017.「平成 28 年社会生活基本調査――生活時間に関する結果」（https://www.stat.go.jp/data/shakai/2016/kekka.html）2024 年 1 月 22 日最終閲覧．

杉浦浩美．2009.『働く女とマタニティ・ハラスメント――「労働する身体」と「産む身体」を生きる』大月書店．

上野千鶴子．1994.『近代家族の成立と終焉』岩波書店．（新版，2020 年）

山田昌弘．1989.「家族の定義をめぐって」江原由美子・長谷川公一・山田昌弘・天木志保美・安川一・伊藤るり『ジェンダーの社会学――女たち／男たちの世界』新曜社．

Chapter 10

ブロムリー，ディヴィッド，G.／アンソン・D. シュウプ Jr. 1986.『アメリカ「新宗教」事情』（稲沢五郎訳）ジャプラン出版.

デュルケーム，エミール．2014.『宗教生活の基本形態』（山崎亮訳）ちくま学芸文庫.

イングルハート，ロナルド．2021.『宗教の凋落？——100 か国・40 年間の世界価値観調査から』（山崎聖子訳）勁草書房.

岸本英夫．1961.『宗教学』大明堂.

マルクス，カール．2014.『ユダヤ人問題に寄せて／ヘーゲル法哲学批判序説』（中山元訳）光文社古典新訳文庫.

渡辺光一・黒崎浩行・弓山達也．2011.「日米の宗教概念の構造とその幸福度への効果——両国の共通性が示唆する普遍宗教性」『宗教と社会』17: 47–66.

ウェーバー，マックス．2010.『プロテスタンティズムの倫理と資本主義の精神』（中山元訳）日経BP.

山折哲雄．1990.『天皇の宗教的権威とは何か』河出書房新社.

Chapter 11

Baudrillard, Jean. 1970. *La société de consommation: ses mythes, ses structures*. Denoël.（今村仁司・塚原史訳『消費社会の神話と構造』紀伊國屋書店，2015 年）

Braverman, Harry. 1974. *Labor and Monopoly Capital: The Degradation of Work in the Twentieth Century*. Monthly Review Press.（富沢賢治訳『労働と独占資本』岩波書店，1978 年）

Granovetter, Mark S. 1995. *Getting a Job: A Study of Contacts and Careers*. University of Chicago Press.（渡辺深訳『転職——ネットワークとキャリアの研究』ミネルヴァ書房，1998 年）

Luhmann, Niklas. 1988. *Die Wirtschaft der Gesellschaft*. Suhrkamp.（春日淳一訳『社会の経済』文眞堂，1991 年）

Marx, Karl. 1844. *Ökonomisch-philosophische Manuskripte aus dem Jahre 1844*.（長谷川宏訳『経済学・哲学草稿』光文社，2010 年）

Marx, Karl. 1867. *Das Kapital*. Verlag von Otto Meisner.（向坂逸郎訳『資本論』(1) ～ (3)，岩波書店，1967 年）

Milanovic, Branko. 2019. *Capitalism, Alone: The Future of the System That Rules the World*. Belknap Press.（西川美樹訳『資本主義だけ残った——世界を制するシステムの未来』みすず書房，2021 年）

Piketty, Thomas. 2013. *Le Capital au XXIe siècle*. Seuil（山形浩生・守岡桜・森本正史訳『21 世紀の資本』みすず書房，2014 年）

Polanyi, Karl. 1944. *The Great Transformation*. Farrar & Rinehart.（野口建彦・栖原学訳『大転換——市場社会の形成と崩壊』東洋経済新報社，1975 年）

Riesman, David, Nathan Glazer and Reuel Denney. 1950. *The Lonely Crowd: A study of the changing American Character*. Yale University Press.（加藤秀俊訳『孤独な群衆〔上・下〕』みすず書房，1964 年．改訳版，2013 年）

Sassen, Saskia. 1998. *Globalization and its Discontents*. The New Press.（田淵太一・尹春志・原田太津男訳『グローバル空間の政治経済学——都市・移民・情報化』岩波書店，2004 年）

Simmel, Georg. 1900. *Philosophie des Geldes*. Duncker & Humblot.（居安正訳『貨幣の哲学』白水社，1999 年）

Weber, Max. 1920. “Die prodestantische Ethik und der »Geist« des Kapitalismus” *Gesammelte Aufsätze zur Religionssoziologie*. Bd. 1, SS.17–206.（大塚久雄訳『プロテスタンティズ

ムの倫理と資本主義の精神』岩波書店，1989 年）
Whyte, William H. 1956. *The Organization Man*. Simon & Schuster（岡部慶三・藤永保・辻村明・佐田一彦訳『組織のなかの人間――オーガニゼーション・マン〔上・下〕』東京創元社，1959 年）
山口一男，2017.『働き方の男女不平等――理論と実証分析』日本経済新聞出版社.

Chapter 12

Bachrach, Peter and Morton S. Baratz. 1962. "Two Faces of Power" *American Political Science Review*. 56（4）: 947–52.
Blumer, Herbert. 1969. *Symbolic Interactionism*. University of California Press.（後藤将之訳『シンボリック相互作用論――パースペクティヴと方法』勁草書房，1991 年）
Dahl, Robert A. 1961. *Who Governs? Democracy and Power in an American City*. Yale University Press.（河村望・高橋和宏訳『統治するのはだれか――アメリカの一都市における民主主義と権力』行人社，1988 年）
Davies, James C. 1962. "Toward a Theory of Revolution" *American Sociological Review*. 27（1）: 5–19.
DeSilver, Drew. 2019. "Despite global concerns about democracy, more than half of countries are democratic"（https://www.pewresearch.org/fact-tank/2019/05/14/more-than-half-of-countries-are-democratic/）2024 年 1 月 22 日最終閲覧.
Foucault, Michel. 1975. *Surveiller et punir: Naissance de la prison*.（田村俶訳『監獄の誕生――監視と処罰』新潮社，1977 年）
Gellner, Ernest. 1983. *Nations and Nationalism*. Basil Blackwell.（加藤節監訳『民族とナショナリズム』岩波書店，2000 年）
Held, David. 1996. *Models of Democracy*, 2nd ed. Polity Press.（中谷義和訳『民主政の諸類型』御茶の水書房，1998 年）
Hunter, Floyd. 1953. *Community Power Structure: A Study of Decision Makers*. The University of North Carolina Press.（鈴木広監訳『コミュニティの権力構造――政策決定者の研究』恒星社厚生閣，1998 年）
Lukes, Steven. 1974. *Power: A Radical View*. Macmillan.（中島吉弘訳『現代権力論批判』未来社，1995 年）
Marx, Karl and Friedrich Engels. 1848. *Das Kommunistische Manifest*.（大内兵衛・向坂逸郎訳『共産党宣言』岩波文庫，1951 年）
Melucci, Alberto. 1989. *Nomads of the Present: Social Movements and Individual Needs in Contemporary Society*. Hutchinson Radius.（山之内靖・貴堂嘉之・宮崎かすみ訳『現在に生きる遊牧民（ノマド）――新しい公共空間の創出に向けて』岩波書店，1997 年）
Merton, Robert K. 1957. *Social Theory and Social Structure: Toward the Codification of Theory and Research*. Free Press.（森東吾・森好夫・金沢実・中島竜太郎訳『社会理論と社会構造』みすず書房，1961 年）
Mills, Charles Wright. 1956. *The Power Elite*. Oxford University Press.（鵜飼信成・綿貫譲治訳『パワー・エリート』筑摩書房，2020 年）
Park, Robert E. and Ernest W. Burgess. 1921. *Introduction to the Science of Sociology*. University of Chicago Press.
Smelser, Neil J. 1962. *Theory of Collective Behavior*. Free Press.（会田彰・木原孝訳『集合行動の理論』誠信書房，1973 年）

高畠通敏，1965，「政治の発見」栗原彬・五十嵐暁郎編『高畠通敏集２　政治の発見』岩波書店，2009年再録．
高畠通敏，1994，「政治」見田宗介・栗原彬・田中義久編『社会学事典〔縮刷版〕』弘文堂．
Tilly, Charles. 1978. *From Mobilization to Revolution*. Addison-Wesley.（堀江湛監訳『政治変動論』芦書房，1984年）
Touraine, Alain. 1969. *La société post-industrielle*.（寿里茂・西川潤訳『脱工業化の社会』河出書房新社，1971年）
Weber, Max. 1922. *Soziologische Grundbegriffe*.（清水幾太郎訳『社会学の根本概念』岩波文庫，1972年）
Weber, Max. 1925. "Wirtschaft und Gesellschaft" *Grundriss der Sozialökonomik*, III.（濱嶋朗訳『権力と支配』講談社学術文庫，2012年）
ウェーバー，マックス．1980．『職業としての政治』（脇圭平訳）岩波文庫．

Column ③

橋本英樹・盛山和夫．2015．「社会階層と健康」『社会と健康――健康格差解消に向けた統合科学的アプローチ』東京大学出版会．
Kawachi, Ichiro, S. V. Subramanian and Daniel Kim eds. 2008. *Social Capital and Health*. Springer.（藤澤由和・高尾総司・濱野強監訳『ソーシャル・キャピタルと健康』日本評論社，2008年）．
近藤克則編．2013．『健康の社会的決定要因――疾患・状態別「健康格差」レビュー』日本公衆衛生協会．
Putnam, Robert D. 2000. *Bowling Alone: The Collapse and Revival of American Community*. Simon & Schuster.（柴内康文訳『孤独なボウリング――米国コミュニティの崩壊と再生』柏書房，2006年）
杉澤秀博．2021．「高齢期における格差」杉澤秀博・長田久雄・渡辺修一郎・中谷陽明編『老年学を学ぶ――高齢社会の学際的研究』桜美林大学出版会．
Wilkinson, Richard G. 2005. *The Impact of Inequality: How to Make Sick Societies Healthier*. The New Press.（池本幸生・片岡洋子・末原睦美訳『格差社会の衝撃――不健康な格差社会を健康にする法』書籍工房早山，2009年）

Chapter 13

Anderson, Nels. 1923. *The Hobo: The Sociology of the Homeless Man*. University of Chicago Press.（広田康生訳『ホーボー――ホームレスの人たちの社会学〔上・下〕』ハーベスト社，2000年）．
Briggs, Asa,1963., *Victorian Cities*. Harper & Row.
Burgess, Ernest. 1925. "The Growth of the City: An Introduction to a Research Project" In Robert E. Park and Ernest W. Burgess eds. *The City: Suggestions for Investigation of Human Behavior in the Urban Environment*. University of Chicago Press.（松本康訳「都市の成長――研究プロジェクト序説」松本康編『都市社会学セレクションⅠ　近代アーバニズム』日本評論社，2011年）
Cressy, Paul G. 1932. *The Taxi-Dance Hall: a Sociological Study in Commercialized Recreation and City Life*. University pf Chicago Press.（桑原司・石沢真貴・寺岡伸悟・高橋早苗・奥田憲昭・和泉浩訳『タクシーダンス・ホール――商業的娯楽と都市生活に関する社会学的研究』ハーベスト社，2017年）

Durkheim, Émile. 1893. *De la division du travail social: Etude sur l'organisation des sociétés supérieures*. Preses Universitaires de France.（田原音和訳『社会分業論』筑摩書房, 2017 年）
Fischer, Claude S. 1975. "Toward a Subculture Theory of Urbanism" *American Journal of Sociology*. 80（6）: 1319–41.（広田康生訳「アーバニズムの下位文化理論に向かって」森岡清志編『都市社会学セレクションII　都市空間と都市コミュニティ』日本評論社, 2012 年）
蓮見音彦. 1991.「現代地域社会論」蓮見音彦編『ライブラリ社会学 3　地域社会学』サイエンス社.
河野稠果. 2007.『人口学への招待——少子・高齢化はどこまで解明されたか』中央公論新社.
松本康. 2021.『「シカゴ学派」の社会学——都市研究と社会理論』有斐閣.
松本康. 2022.「都市圏の発展段階——都市化・郊外化・再都市化」松本康編『都市社会学・入門〔改訂版〕』有斐閣.
Merton, Robert K. 1957. *Social Theory and Social Structure: Toward the Codification of Theory and Research*. Free Press.（森東吾・森好夫・金沢実・中島竜太郎訳『社会理論と社会構造』みすず書房, 1961 年）
Nugent, Walter. 2004. "Demography" James R. Grossman, Ann Durkin Keating and Janice L. Reiff eds. *The Electronic Encyclopedia of Chicago*. University of Chicago（http://encyclopedia.chicagohistory.org/pages/962.html）2024 年 1 月 22 日最終閲覧.
Park, Robert E. 1925. "The City: Suggestions for Investigation of Human Behavior in the Urban Environment" In Robert E. Park and Ernest W. Burgess eds. *The City: Suggestions for Investigation of Human Behavior in the Urban Environment*. University of Chicago Press.（松本康訳「都市——都市環境における人間行動研究のための提案」松本康編『都市社会学セレクションI　近代アーバニズム』日本評論社, 2011 年）
佐藤龍三郎・金子隆一. 2016.「ポスト人口転換期の到来」佐藤龍三郎・金子隆一編『ポスト人口転換期の日本』原書房.
高木恒一. 2016.「ジェントリフィケーションと都市政策——東京都心の社会-空間構造変容を事例として」『日本都市社会学会年報』34: 59–73.
Tönnies, Ferdinand. 1887. *Gemeinschaft und Gesellschaft: Grundbegriffe der Reinen Soziologie*.（杉之原寿一訳『ゲマインシャフトとゲゼルシャフト——純粋社会学の基本概念〔上・下〕』岩波書店, 1957 年）
Van den Berg, Leo, Roy Drewett, Leo H. Klaassen, Angelo Rossi and Cornelis H. T. Vijverberg. 1982. *Urban Europe 1: A Study of Growth and Decline*. Pergamon Press.
Wellman, Barry. 1979. "The Community Question: The Intimate Networks of East York" *American Journal of Sociology*. 84: 1201–31.（野沢慎司・立山徳子訳「コミュニティ問題——イーストヨーク住民の親密なネットワーク」野沢慎司編・監訳『リーディングスネットワーク論』勁草書房, 2006 年）
Whyte, William F. 1943（2nd ed. 1955; 3rd ed. 1981, 4th ed. 1993）*Street Corner Society: The Social Structure of an Italian Slum*. University of Chicago Press.（奥田道大・有里典三訳〔4th ed. の全訳〕『ストリート・コーナー・ソサエティ』有斐閣, 2000 年）
Wirth, Louis. 1938. "Urbanism as a Way of Life" *American Journal of Sociology*. 44: 1–24.（松本康訳「生活様式としてのアーバニズム」松本康編『都市社会学セレクションI　近代アーバニズム』日本評論社, 2011 年）

Chapter 14

Aral, Sinan. 2021. *The Hype Machine: How Social Media Disrupts Our Elections, Our Economy, and Our Health and How We Must Adapt*. Currency.（夏目大訳『デマの影響力——なぜデマ

は真実よりも速く，広く，力強く伝わるのか？』ダイヤモンド社，2022 年）
遠藤英樹・松本健太郎編．2015.『空間とメディア――場所の記憶・移動・リアリティ』ナカニシヤ出版.
Habermas, Jürgen. 1962. *Strukturwandel der Öffentlichkeit: Untersuchungen zu einer Kategorie der bürgerlichen Gesellschaft*. Luchterhand.（細谷貞雄・山田正行訳『公共性の構造転換――市民社会の一カテゴリーについての探究』未來社，1973 年）
飯田豊．2020.『「メディア論の地層――1970 大阪万博から 2020 東京五輪まで』勁草書房.
Innis, Harold. 1951. *The Bias of Communication*. University of Toronto Press.（久保秀幹訳『メディアの文明史――コミュニケーションの傾向性とその循環』ちくま学芸文庫，2021 年）
門林岳史・増田展大編．2021.『メディア論』フィルムアート社.
Lasswell, Harold. 1948. "The Structure and Function of Communication in Society" In Lyman Bryson ed. *The Communication of Ideas: The Institute for Religious and Social Studies*. Harper and Row.
Lazarsfeld, Paul F., Bernard Berelson and Hazel Gaudet. 1968. *The people's choice*. Columbia University Press.（有吉広介監訳『ピープルズ・チョイス――アメリカ人と大統領選挙』芦書房，1987 年）
Lessig, Lawrence. 2006. *Code: And Other Laws of Cyberspace, Version 2.0*. Basic Books.（山形浩生訳『Code Version 2.0』翔泳社，2007 年）
McLuhan, Marshall. 1964. *Understanding Media: The Extensions of Man*. McGraw Hill.（栗原裕・河本仲聖訳『メディア論――人間の拡張の諸相』みすず書房，1987 年）
佐藤俊樹．1996.『ノイマンの夢・近代の欲望』講談社.
Thaler, Richard and Cass Sunstein. 2008. *Nudge: Improving Decisions about Health, Wealth, and Happiness*. Yale University Press.（遠藤真美訳『実践 行動経済学』日経 BP，2009 年）
Webster, Frank. 1995. *Theories of the Information Society*. Routledge.（田畑暁生訳『「情報社会」を読む』青土社，2001 年）
Wylie, Christopher. 2019. *Mindf*ck: Cambridge Analytica and the Plot to Break America*. Random House.（牧野洋訳『マインドハッキング――あなたの感情を支配し行動を操るソーシャルメディア』新潮社，2020 年）
吉見俊哉．2010.『博覧会の政治学』講談社学術文庫.

Chapter 15

荒川康．2006.「墓地山開発と公共性――公と私の再定義にむけて」宮内泰介編『コモンズをささえるしくみ――レジティマシーの環境社会学』新曜社.
Berque, Augustin. 1986. *Le Sauvage et l'artifice: Les Japonaise Devant La Nature*.（篠田勝英訳『風土の日本――自然と文化の通態』筑摩書房，1988 年）
George, Pierre. 1971. *L'environnement*. Presses Universitaires de France.（寿里茂訳『環境破壊』白水社，1972 年）
Guattari, Félix. 1989 *Les Trois Écologies*. Galilée（杉村昌昭訳『三つのエコロジー』大村書店，1993 年）
飯倉照平．2006.『南方熊楠――梟のごとく黙坐しおる』ミネルヴァ書房.
井上孝夫．1997.『白神山地の入山規制を考える』緑風出版.
伊東達也．2012.「福島原発事故から 1 年――何が進み，どこに問題があるのか」『季論 21 Intellectual and Creative』16: 36–48.
嘉田由紀子．1993.「環境問題と生活文化――水環境汚染を手がかりに」飯島伸子編『環境社会学』

有斐閣.
鬼頭秀一. 1996.『自然保護を問いなおす——環境倫理とネットワーク』筑摩書房.
熊本博之. 2021.『交差する辺野古——問いなおされる自治』勁草書房.
Lipietz, Alain. 1992. *BERLIN, BAGDAD, RIO: Le XXI siècle est commencé*. EDIMA（若森章孝・井上泰夫・若森文子訳『ベルリン—バグダッド—リオ』大村書店，1992 年）
松井健. 1997.『自然の文化人類学』東京大学出版会.
松井健. 2005.「生活の質をめぐって——『自然の本源的優越性』のための実践的覚書」新崎盛暉・比嘉政夫・家中茂編『地域の自立・シマの力〔上〕』コモンズ.
松村正治. 2018.「自衛隊配備問題から考える島の未来の選び方——地政学的思考よりも深い島人の経験的世界をもとに」関礼子・高木恒一編『多層性とダイナミズム——沖縄・石垣島の社会学』東信堂.
南方熊楠. 1971.「神社合祀に関する意見（原稿）」『南方熊楠全集　第 7 巻　書簡 I』平凡社.
宮内泰介編. 2013.『なぜ環境保全はうまくいかないのか——現場から考える「順応的ガバナンス」の可能性』新泉社.
中澤秀雄. 2009.「環境という風景とアイデンティティ」関礼子・中澤秀雄・丸山康司・田中求『環境の社会学』有斐閣.
中沢新一. 1992.『森のバロック』せりか書房.
沖縄の文化と自然を守る十人委員会. 1973.『沖縄の文化と自然を守る要望書』沖縄の文化と自然を守る十人委員会.
関礼子. 1997.「『人間中心主義』の自然観再考——二元論批判と空間・時間」『年報社会学論集』10: 49–60.
関礼子. 1999.「どんな自然を守るのか——山と海との自然保護」鬼頭秀一編『環境の豊かさをもとめて——理念と運動』昭和堂.
玉野井芳郎. 1995.「コモンズとしての海」中村尚司・鶴見良行編『コモンズの海』学陽書房.
鳥越皓之. 1997a.『環境社会学の理論と実践——生活環境主義の立場から』有斐閣.
鳥越皓之. 1997b.「コモンズの利用権を享受する者」『環境社会学研究』3: 5–14.
鶴見和子. 1981.『南方熊楠——地球志向の比較学』講談社.
Uexküll, Jacob von, and Kriszat Georg. 1934［1970］. *Streifzüge durch die Umwelten von Tieren und Menschen*.（日高敏隆・野田保之訳『生物から見た世界』思索社，1973 年，日高敏隆・羽田節子訳『生物から見た世界』岩波書店，2005 年）

Column ④

Bellah, Robert N., Richard Madsen, William Sullivan, Ann Swidler and Stephen M. Tipton. 1985. Habits of the Heart: Individualism and Commitment in American Life. University of California Press.（島薗進・中村圭志訳『心の習慣——アメリカ個人主義のゆくえ』みすず書房，1991 年）
Riesman, David, Nathan Glazer and Reuel Denney. 1950. *The Lonely Crowd: A study of the changing American Character*. Yale University Press.（加藤秀俊訳『孤独な群衆〔上・下〕』みすず書房，1964 年；改訳版，2013 年）

索　引

文中のキーワードはゴシック体，キーワード解説のページは太字で表記した。

■事項・あ行

■事項・か行

■事項・さ行

■人名・か行

■人名・さ行

■人名・た行

■人名・な行

■人名・は行

■人名・ま行

■人名・や行

■人名・ら行

■人名・わ行

社会学の基礎
Basics of Sociology

2024年3月30日　初版第1刷発行

監修者　松本　康
編　者　小池　靖・貞包英之
発行者　江草貞治
発行所　株式会社有斐閣
〒101-0051 東京都千代田区神田神保町2-17
https://www.yuhikaku.co.jp/
装　丁　高野美緒子
印　刷　株式会社理想社
製　本　牧製本印刷株式会社
装丁印刷　株式会社亨有堂印刷所

落丁・乱丁本はお取替えいたします。定価はカバーに表示してあります。

Printed in Japan ISBN 978-4-641-17493-1